두더지 하늘로 날다

K-행정전산망의 도전과 성공 신화

지은이 소개

이용태	미국 유타대학교 대학원 이학박사(통계물리학 전공) 한국데이타통신주식회사 사장
백인섭	프랑스 그르노블(Grenoble) 1 대학교 대학원 컴퓨터공학박사 한국데이타통신주식회사 정보통신연구소장
이동욱	명지대학교 대학원 공학박사(데이타통신 전공)·정보처리 기술사(전자계산기 조직응용) 한국데이타통신주식회사 행정전산망개발본부장
이철수	KAIST 컴퓨터공학박사 한국데이타통신주식회사 정보통신연구소장
김대규	서울대학교 공과대학 금속공학과 학사·서울대학교 경영대학 최고경영자과정(AMP) 수료 한국데이타통신주식회사 전무이사(정보통신부문 사업총괄)
이성흠	미국 인디애나대학교 대학원 철학박사(교수체제공학 전공) 중앙공무원교육원(현재 국가공무원인재개발원) 사이버교육팀장

두더지 하늘로 날다: K-행정전산망의 도전과 성공 신화

1판 1쇄 인쇄 2025년 9월 15일
1판 1쇄 발행 2025년 9월 22일

지은이 ● 이용태·백인섭·이동욱·이철수·김대규·이성흠
발행인 ● 이성흠
편 집 ● 손인문
펴낸곳 ● 사람과삶

주   소 ‖ 03303 서울특별시 은평구 진관4로 77, 703동 706호
전   화 ‖ 010-9023-1177
전자우편 ‖ suhlee17@hanmail.net
출판등록 ‖ 2021. 12. 21. 제2021-000258

ⓒ 2025, 사람과삶, Printed in Korea

ISBN 979-11-982484-0-4

두더지 하늘로 날다

K-행정전산망의 도전과 성공 신화

이용태·백인섭·이동욱·이철수·김대규·이성흠

사람과삶
LIFE

일러두기

- 이 책에서 언급되는 등장인물의 직장과 직책은 내용의 전개 시점을 기준으로 하였다.

- 이 책에서 기술된 정부 조직의 명칭은 내용이 전개되는 시점을 기준으로 하였으며, 현재의 명칭은 괄호에 표기하였다. 새로운 정부 조직과 기관 명칭은 2025년 6월 30일을 기준으로 하였다.

- 이 책의 내용은 제1차 행정전산망 사업을 중심으로 기술되었으나, 독자의 이해를 돕기 위하여 행정전산망 사업과 관련된 이론적 배경과 데이콤이 행정전산망을 구축하는 기간의 전후에 수행한 업적도 포함되었음을 밝힌다.

- 이 책에서 기술하는 직접 인용은 특별한 경우를 제외하고는 새로운 문단으로 작성하였으며, 가독성 향상을 위하여 제목을 달고 내용은 음영陰影으로 처리하였다.

- 참고 자료의 출처는 학술논문지, 신문과 인터넷은 〈 〉, 단행본은 《 》의 문자표를 사용하였다. 참고문헌은 미주尾註에서 상세하게 밝히고 따로 종합하지는 않았다.

- 미주에서 참고문헌의 표기 방식은 미국심리학회(美國心理學會, American Psychological Association: APA) 출판 지침에 따랐다.

- 이 책의 내용은 장章별로 전후 맥락에 따라 시간순으로 기술하였지만, 각 장의 내용은 독립적으로 완성되어 있으므로 독자는 관심 주제에 따라 순서와 관계없이 장을 선택하여 읽을 수 있도록 구성하였다.

▲ 데이콤 사기(社旗)

經營理念

情報社會 先導
信賴받는 企業
人間中心 經營

▲ 데이콤 경영이념

社員精神

創意
協同
奉仕

▲ 데이콤 사원정신

데이콤

심벌마크의 의미

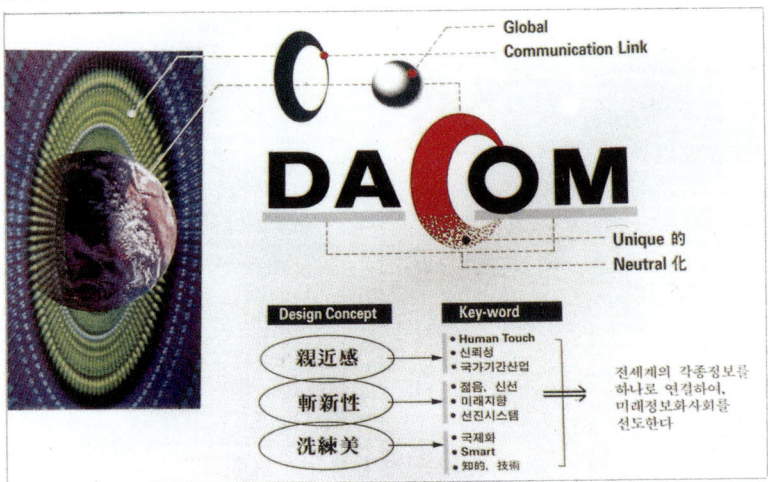

▲ 데이콤 CI (Corporate Identity)

▲ 한국데이타통신주식회사 창업식 (1982. 4. 28.)

▲ 온라인 체신예금 개통식 (1984. 2. 29.)

▲ 김재익 경제수석비서관의 임명장 수여식에서 선서 장면

▲ '행정전산망의 바람직한 방향' 주제를 강연하는 홍성원 박사 (1985. 10. 26.)

▲ 공중정보통신망 개통 기념식 (1984. 7. 25.)

▲ 정보통신훈련센터 개원식 (1984. 11. 30.)

▲ 한국형 비디오텍스 천리안 서비스 시연 (1986. 9. 2.)

▲ 한국형 비디오텍스 천리안 서비스 개통

▲ 86아시안게임 개막과 영광의 얼굴들, 그리고 종합정보망

▲ 88서울올림픽 종합정보망인 WINS를 이용하고 있는 기자 모습

▲ 초창기 데이콤 직원 단합 체육대회

▲ 직원 단합 체육대회

▲ 설봉산에서 한마음대행진 행사

▲ 경기 이천시 소재 설봉산에서 한마음대행진 행사 (1987. 1.)

▲ 노동부 취업 알선시스템 개발 보고회 (1986. 8. 28.)

▲ 노동부 전문인력 취업정보센터 개소식 (1986. 10. 17.)

▲ 노동부 취업알선 시스템 개통 (1987. 5. 1.)

▲ 행정전산망용 주전산기 I

▲ 통신망 종합상황실

▲ 온라인 주민등록관리 활용 현장

▲ 행정전산망용 주전산기 II 개발 보고회 (1991. 11. 8.)

▲ 데이콤플라자 멀티-큐브: 정보화 영상물 홍보실

▲ 정보문화 확산과 정보통신 이용자 저변확대를 위한 교육장

▲ 홍보관에 설치된 미래통신도시 모형

▲ 데이콤종합연구소 전경

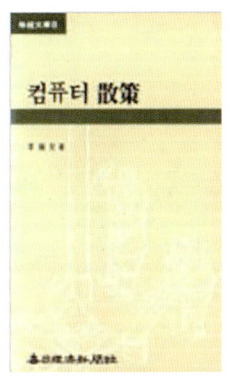

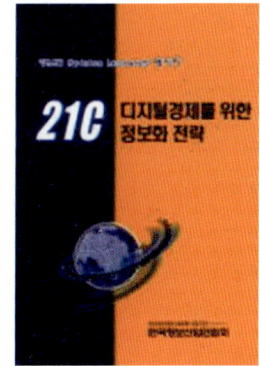

▲ 정보화 계몽 활동을 위한 서적들

김재익(金在益)

대통령비서실 경제수석비서관

오명(吳明)

체신부차관

홍성원(洪性源)

대통령비서실 과학기술 연구관

이용태(李龍兌)

데이콤 사장

백인섭(白寅燮)

데이콤 정보통신연구소 소장

이동욱(李東郁)

데이콤 본부장

이철수(李哲洙)

데이콤 본부장

김대규(金大圭)

데이콤 본부장

전길남(全吉男)

KAIST 교수

차례

제II부 ——————————————————— 111
행정전산망 구축으로 디지털 행정서비스 기반을 조성하다

'가지 않는 길'에서 '정보통신혁명'을 이루다

프롤로그 1

서문을 대신하여: 두더지 하늘로 날다

1987년 5월 1일 노동부(현재 고용노동부)에서는 행정전산망 우선 추진사업으로 선정된 고용관리 전산화 중에서 첫 작품인 '취업 알선 시스템'이 개통되어 서비스가 시작되었었다.[1] 두더지가 하늘로 나는 순간이었다. 이날 개통된 취업 알선 시스템은 전국 36개 노동부 지방사무소 및 중앙직업안정소, 전문인력취업정보센터 등 49개소에서 전국의 구인자와 구직자를 온라인으로 연결해 주었다. 이 시스템은 인력과 사업체를 효율적으로 관리하고 고용을 촉진함으로써 대외적으로는 대민 행정서비스의 질을 높일 뿐만 아니라, 대내적으로는 업무의 경제성과 효율성을 높인다는 목표에 따라서 추진되었다. 행정전산망 사업효과로 나타나는 하나의 예시자료다.

이같이 행정업무의 전산화에 의한 고용관리 업무가 전국적 정보망으로 연결되면서 지방의 구직 희망자가 서울에 있는 직장을 알아보려고 서울에 직접 올라올 필요가 없게 되었고, 마찬가지로 서울에 사는 사람이 부산이나 광주에 있는 직장을 알아보기 위하여 직접 현지에 내려갈 필요가 없게 되었다. 그것은 전국에 있는 노동부 지방사무소의 고용관리 전산망을 통하여 자신이 원하는 직장을 쉽게 알아볼 수 있기 때문이다.

취업 알선의 혜택은 우리나라 국민이면, 누구나 받을 수 있으며, 주민등록증을 가지고 자기 거주지와 가까운 지방노동사무소에 찾아가 구직표를 작성하여서 제출하면 된다. 반면에 구인자는 가까운 지방노동사무소에 전화하거나 방문하여 구인서를 제출하면 된다. 고용노동부에서는 2024년 9월 23일부터 기존의 '취업 알선 시스템'을 확대·개편하여 '고용24[2]를 도입함으로써 여러 시스템에 흩어져 있던 정보들의 통합·연계가 가능해지면서 인공지능Artificial Intelligence: AI을 활용한 맞춤형 서비스를 대폭 강화하고, 자동심사, 로봇자동화Robotic Process Automation: RPA[3] 도입을 통해 업무처리도 크게 효율화했다.

이 책의 제목은 행정전산망을 최일선에서 지휘한 내(이용태 사장)가 직접 작명하였다. 나는 1992년에는 무소속으로, 1996년에는 개혁당으로 미국 대통령선거 후보로 출마했던 사업가이자 정치인 로스 페로Henry Ross Perot의 요청으로 켄 폴리트Ken Follett가 1983년에 집필한 비소설, 등장인물들로부터 사건 내용을 구술받아서 실화를 바탕으로 쓴 일종의 전기소설documentary인 《독수리 날개 위에On wings of eagles》의 핵심 내용에서 힌트를 얻어서, 이 책의 제목을 《두더지 하늘로 날다》로 정하였다. 일반적으로 성경에서 '독수리'는 힘, 인내, 그리고 하느님의 보호를 표현할 때, 상징적 의미로 사용되며, 이 표현은 노래 제목이나 찬양 가사에도 사용되기도 한다.

《독수리 날개 위에》는 이란Iran 혁명을 배경으로, 은퇴한 시몬스Arthur D. Simons 대령이 이끄는 미국 EDSElectronic Data Systems 회사의 임원진이 테헤란 감옥에 갇힌 폴 치아파론Paul Chiapparone과 빌 게일로드Bill Gaylord를 여러 가지 어려운 상황에서 구출하는 이야기를 담고 있는 책이다. 이 책의 내용은 다음과 같이 요약된다.[4]

EDS의 회장인 로스 페로가 이란의 팔레비(Pahlavi) 왕의 탄압 정치에 환멸을 느낀 이란 국민이, 파리에 망명 중인 그들의 정신적인 숭배자이자 종교 지도자인 아야톨라 호메이니(Yatollah Khomeini)를 앞세워 왕권을 전복하려는 소용돌이 속에서, 그의 회사 직원들이 아무런 죄과도 없이 그리고 재판도 없이 테헤란에 있는 교도소에 갇히게 된다. 이러한 상황에서 회사 사장인 페로는 이란 정부와 미국의 카터 행정부를 통해 수없이 이들의 석방을 요청했으나, 모든 것이 물거품으로 돌아가자, 주위 사람들의 강력한 반대와 미국 정부의 냉대를 받으면서도 그동안 쌓아 올린 부와 명예를 버리면서까지 그리고 수많은 역경과 좌절을 맛보면서 특공대를 투입하여 자력으로 이들을 구출해 낸다는 '실화'다. (…)

이같이 페로는 강인한 불요 불굴의 성격과 부하 직원들을 자신의 생명 못지않게 생각하는 인간성에 기초하여 이란에 억류된 직원들을 모두 구출하는 데 성공한다. 페로의 이란에 구금된 부하를 구출하는 과정은 행정전산망 추진과정에서 제기된 많은 어려움과 난관을 극복하고 사업을 성공으로 마무리한 것과 유사한 점이 많다. 이같이 행정전산망 구축의 과정에서 겪은 어려움과 사업성과를 종합하여 이 책의 제목이《두더지 하늘로 날다》로 정해졌다. 이 책의 제목은 은유의 표현으로 행정전산망을 시작한 1980년대 우리나라 정보산업의 상황에서는 도저히 이루어질 수 없었던 불가능한 일을 가능하게 만든 것에 대한 '데이콤 사람들의 자긍심의 표현'이라고도 할 수 있다.

대한민국 정보통신 산업은 어디서 출발했는가? 1980년대 초반 우리나라는 사회 전 분야에 걸쳐 비효율성이 만연되면서 여러 분야에서 개혁이 절실한 상황이었다. 대한민국은 1970년대에 고도의 경제성장을 이룩했고, 경제뿐만

아니라 산업, 교통, 문화 등 국가 전 분야에 걸쳐 놀라운 발전을 이루었다. 그러나 국민복지 측면의 공공서비스에 대한 욕구가 커지고 있었으며, 경제발전 측면에서도 저부가가치 대량생산을 지양하고 고부가가치 개성화로 진로를 전환할 필요성이 제기되고 있었다. 특히, 청와대비서실은 이러한 진로 전환을 위한 정책의 필요성을 가장 절실하게 느끼면서 활로 개척을 위한 정책 개발에 집중하고 있었다.

실제로 1980년대 초반에 정보기술 관련 산업 환경은 컬러TV의 방영, 전자제품 특별소비세 조정 등으로 가전제품 분야에서 국제경쟁력 확보의 기틀을 마련한 상태였다. 또한, 반도체산업을 새로 육성하고 전전자교환기TDX를 국산화하여 전화적체 문제를 해결하는 것처럼 이 분야에서 일대 혁명을 일으키고 있었다. 그러나 컴퓨터 산업은 연구개발을 촉진할 대형수요가 없고, 기존 시장은 외국업체에 잠식되어 급격히 늘어나는 컴퓨터 수요를 계속 해외 제품에 의존할 수밖에 없는 실정이었다. 전산화를 촉진할수록 전산장비의 해외 유출이 눈덩이처럼 불어나는 딜레마에 빠진 상태였다. 또한, 전산장비의 해외 의존에 의한 국가 안보의 취약성 증대도 심각한 딜레마였다. 이러한 문제를 해결하는 하나의 정책으로 청와대 경제비서실의 과학기술비서관 홍성원 박사를 중심으로 정보통신 산업의 활성화에 눈을 돌리기 시작하였다.

그러나 1980년대 초반에도 우리나라는 사회 전반의 전산화·자동화·정보화를 본격적으로 추진하기에는 사용기관의 수용 태세가 미흡하여 경제성이 확실하지 않았다. 국내 정보산업은 기술과 시장성이 크게 부족했다. 따라서 산업사회와 정보사회에서 동시에 통용될 수 있으며, 국가 경쟁력의 기반으로서 국가 전산화를 구체적으로 실현하는 방안으로 제기된 것이 '국가기간 전산망' 사업이었다. 즉, 계속 증가하고 있는 국내 전산화 수요, 특히 정부가 관장할 수 있는 공공기관의 전산화 비용을 생산 부문에 투입하여 국내 정보산업의 능력을 확장하는 데 활용하자는 국가 차원의 전략사업이 탄생한 것이다. 이러한 점에서 국가기간전산망 사업은 세기말 사회 변화의 거대한 조류와 당시 우리나라의 시대적 상황이 맞물려 대외적으로는 '제3의 물결'이라 일컫는 정보사회에 능동적으로 대처하고, 대내적으로는 국가 경쟁력을 강화하기 위한 개혁작업의 일환이었다고 할 수 있다.

우리나라 정보통신 산업의 발달사를 거슬러 올라가면, 우리는 불모지나 다름없는 대한민국 정보통신 산업에 깃발을 꽂은 선각자들을 만나게 된다. 그 선두에는 데이콤의 초대 사장을 역임한 이용태 박사가 있다. 그는 1960년대 미국에서 통계물리학을 공부하면서 컴퓨터를 익혔다. 이 박사는 그 당시 '제3의 물결'로 일컬어지는 정보사회가 언젠가는 우리나라에도 도래할 것을 확신하고, 선진 복지국가를 구현하면서 치열한 국제경쟁에서 살아남기 위해서는 컴퓨터와 정보통신 산업의 조기 도입으로 관련 산업의 활성화가 시급하다고 생각하였다.

그러나 이용태 사장은 컴퓨터를 중심으로 정보통신 산업을 활성화하기 위해서는 국가적 차원의 지원이 필요하다고 판단하여 당시 제5공화국 대통령비서실 과학기술비서관 홍성원 박사에게 협조를 요청하였다.

정보통신 산업 활성화를 통한 국제경쟁력 강화를 깊이 이해한 홍성원 박사는 이 박사의 요청을 흔쾌히 받아들였으며, 그는 이 박사와 전두환 대통령과의 면담 기회를 주선하는 데 성공하였다. 그 당시 최고 통치권자와 독대한 이용태 사장은 모험산업venture industry과 정보통신 산업, 특히 정보통신 산업에 대한 투자와 육성의 필요성을 다음과 같이 강조하였다.

"현대 고도 산업사회에서 국가별 정보 수준은 선진국과 후진국 간의 격차를 가름하는 중요한 기준으로 평가되고 있습니다. 이러한 시대적인 흐름에 따라 선진국에서는 국가사회의 발전을 가속화 하는 필수 수단으로 필요한 정보를 더 효율적으로 처리하여 송수신하는 데이터 통신이 주목을 받아 날로 발전을 거듭하고 있습니다. 구조 개선을 통하여 국가 경쟁력을 높여야 하는 우리나라 산업계로서는 생산을 위한 공공 관리의 자동화가 필수적입니다. 또한, 정부도 거대한 국가행정조직을 효율적으로 관리·운용하기 위하여 행정기능을 빨리 전산화하여야 합니다. (…) 아무튼 경제나 사회 전반의 전자화, 전산화가 시급한 실정이며, 그 성공을 앞당기기 위한 선결 요건이 바로 정보통신 산업입니다. 데이터 통신을 이용하는 정보통신 산업을 발전시키면 자연히 전자산업의 시장이 확대될 뿐만 아니라 사업성과 관련된 기술이 향상되며, 그것이 사회 전반의 합리화, 능률화로 이어져서 국제경쟁력은 자연히 강화되기 마련입니다."

이 같은 이용태 사장의 설명에 대통령은 깊은 공감을 표시하고 관계 부처를 통하여 이를 구체적으로 추진하라고 지시하였다. 국가 최고 통치권자의 사전 이해의 바탕 위에서 체신부(현재 과학기술정보통신부로 확대 개편)는 1980년 12월 19일 한국통신기술연구소KIET가 작성한 연구보고서를 기초로 '데이터통신사업 육성정책'을 수립하였는데, 그러한 일련의 작업을 사명감을 가지고 선두에서 주도적으로 이끈 사람이 당시 체신부 차관 오명 박사다. 전자공학 박사인 오명 차관은 부처 안의 일부 회의적인 시각과 견해를 일축하고 이용태, 홍성원 등과 긴밀한 관계를 유지하면서 정보통신 산업을 활성화하기 위한 정책을 개발·정착하기 위한 행정 실무 분야의 선봉에서 다양한 노력을 하였다. 이들 선각자의 노력은 우리나라에서 데이터 통신 사업을 전담하는 전문기관의 탄생으로 이어졌다.

　　　　　◔ ◔ ◔

1982년 3월 29일, 한국데이타통신주식회사(약칭 데이콤, DAta COMmunication corporation of KOREA: DACOM)가 법인 설립 등기를 마침으로써 대한민국에 정보통신 문화의 새로운 장이 열렸다. 그러나 실제로 조직의 틀이 잡히고 업무가 본격적으로 시작된 것은 창업식을 가진 1982년 4월 28일이었다. 증권거래소 국제회의장에서 열린 이날의 창업식에는 최광수 체신부장관, 오명 체신부차관을 비롯하여 국내외 각계 인사들이 참석하여 우리나라 최초의 정보통신회사가 출발하는 역사적인 광경을 지켜보았다. 창업식에서 이용태 사장은 기념사를 통하여, "우리나라 산업계의 국제경쟁력을 높이고 머잖아 닥쳐올 정보사회에 대비하기 위해서는 정보통신 산업을 하루빨리 육성하여야 하며, 자신을 비롯한 모든 임직원은 그 기초를 다지는 데에 혼신의 정열을 기울일 것이라는 결의를 표명하였다."

데이콤의 설립은 우리나라에서 국제경쟁력 강화를 위하여 '통신사업의 경영과 경쟁체제의 개선 조치를 비롯하여 정보산업 육성의 필요성을 우리 정부가 인식한 것에서 출발하였다'라고 할 수 있다. 구체적으로 데이콤은 산업계의 공정관리 자동화, 행정기능의 전산화, 경제사회 전반의 전자화·전산화, 일상생활의 전자화·전산화 등을 통하여 전자산업을 발전시키고 사회 전반의 합리화와 능률화를 이루어야 한다는 목표 의식을 가지고 있었다. 이러한 목표를 달성하기 위한 수단의 하나로 사용된 것이 데이터 통신이었다.

데이터 통신은 전기통신 회선에 컴퓨터와 단말기를 접속, 정보를 송수신하는 통신이다. 정보를 대량으로 신속하게 처리하는 전자계산기와 그 전송수단인 통신이 결합하면, 가정과 공장, 회사와 학교 등에서 과거와는 근본적으로 다른 합리성과 능률이 향상될 것으로 내다본 것이다.

데이콤이 수행한 초기 통신사업은 ▲ '체신부 업무전산화' 사업, ▲ '한국 전기통신공사 전산화' 사업, ▲ '공중정보통신망 건설' 사업 등이다. 데이콤이 정보통신 사업을 선도적으로 추진한 영역은 ▲ '국제경기대회와 정보통신망' 사업으로 86아시안경기대회의 종합정보망INS 개발, 88서울올림픽의 종합정보망WINS 개발, ▲ '행정전산망'사업으로는 주민등록관리, 부동산관리, 고용관리, 통관관리, 경제통계관리, 자동차관리, 국민연금관리, ▲ '부가통신' 사업은 전자사서함 서비스, 천리안Ⅱ 등과 같은 정보은행 서비스, 그리고 ▲ '기본통신' 사업으로는 DACOM-NET 확장, 특정통신회선 서비스의 안정 등으로 나눌 수 있다.

특히, 데이콤이 주도적으로 수행한 통신사업은 '행정전산망'을 꼽을 수 있다. 행정전산망 사업은 오늘날 세계가 부러워하는 '전자정부電子政府'의 초석을 다진 획기적인 사업으로 자리매김하고 있다. 일반적으로 전자정부의 발전 단계는 준비단계-제Ⅰ단계 전자정부-제Ⅱ단계 전자정부-제Ⅲ단계 전자정부로 나누고 있다. 우리나라의 전자정부는 정권별로, 기술 진화의 수준별로, 중장기 계획별로 비교적 분명한 발전단계를 거쳐왔으며, 단계별로 특성과 성공요인의 변화를 나타내고 있다.

1980년대 이후 우리 정부는 계획기간과 전략에 따라 국가기간전산망사업 (1987~1996), 초고속통신망사업(1995~2005), 정보화촉진기본계획(1996~현재(?)), 전자정부사업(2001~현재(?)) 등으로 단계적·영속적으로 추진하고 있다. 행정의 전산화로부터 출발한 전자정부는 정보통신기술 발전에 따른 정보화 대상 업무, 업무혁신의 연계성, 정치적 리더십, 추진체계와 법제도 등이 변화하면서 비약적으로 발전을 경험하였다. 아래에서 단계별 특성을 요약한다.

먼저, 준비단계로서 1983년 전두환 정부(1981~1987)는 선진 국가 수준의 정보사회를 실현하기 위하여 1990년대 중반까지 행정전산망을 포함한 5대 국가기간전산망, 즉 행정전산망, 교육·연구전산망, 금융전산망, 국방전산망, 공안전산망을 구축하는 사업계획을 수립하였다. 제Ⅰ단계(1987~1995)는 1986년 제정된 '전산망법'에 따라서 제1차(1987~1991), 제2차(1992~1996) 국가기간전산망 사업으로 시작하였다. 이 시점에 정부는 전산망조정위원회 주도로 정부가 보유한 주민, 부동산, 자동차 등 국가 핵심 데이터베이스Database: DB를 구축하고, 개인용컴퓨터Personal Computer: PC를 보급하여 정부의 내부 업무를 자동화하였다. 제2차 국가기간전산망 사업에서는 부처별, 기관별로 전산화가 추진되었다.

제Ⅱ단계(1996~2000)는 '정보화촉진기본법'에 따라서 정보화촉진 기본계획에 근거하여 사업을 개발하는 전자정부의 성장기다. 특히, 이 시기는 1995년부터 본격적인 초고속 정보통신망 사업을 통한 인터넷과 휴대전화의 대중적 보급으로 전全 국가를 연계하는 사회연결망social networking으로서 인터넷의 폭발적 신장기로 분류된다. 제Ⅲ단계(2001~2007)는 전자정부의 성숙기로서 2001년 2월 대통령의 리더십에 따라 전자정부 특별위원회가 설립되면서 전자정부 의제를 격상하여 범부처적으로 추진하는 시기다. 이때, 정보통신 기반 시설과 정부가 보유한 핵심 DB를 통하여 대민서비스 제고와 행정의 내부 업무 효율화를 극대화하기 위하여 다多부처 및 범凡부처 관련 업무들이 중점적으로 전자화되었다.

이 책은 주요 내용은 3부 12장으로 구성된다. 제Ⅰ부는 [대한민국 디지털 행

정서비스 출발을 알리다]이다. 제1장은 [정보통신기술 발달과 공공부문 업무 전산화], 제2장은 [데이콤의 탄생, 공중정보통신망 개통과 천리안], 제3장은 [체신업무 전산화와 체신보험·금융 전산망 구축], 그리고 제4장은 [86아시안 게임·88서울올림픽의 종합정보망서비스 구축]으로 구성된다.

제Ⅱ부는 [행정전산망 구축으로 디지털 행정서비스 기반을 조성하다]이다. 제5장은 [국가기간전산망, 국가행정 종합정보시스템과 행정전산망], 제6장은 [행정전산망 자금조달과 '선투자 후정산' 방식], 제7장은 [유닉스 기반 운영체제와 행정전산망 주전산기 국산화], 그리고 제8장은 [행정전산망 사업의 어려움과 성과 및 정보통신 선진국 진입]으로 전개된다.

제Ⅲ부는 [디지털행정 서비스 활성화를 위한 계몽 활동을 전개하다]이다. 제9장은 [행정의 변화·혁신을 위한 '기회의 창'과 변화촉진자], 제10장은 [국민의 컴퓨터 이해 수준과 정보화 계몽 활동], 제11장은 [여론선도자를 통한 정보화 계몽 활동], 그리고 제12장은 [디지털 정보혁명을 주도한 영웅들의 이야기]로 이루어진다.

추가하여, [프롤로그]에는 ['가지 않는 길'에서 '정보통신혁명'을 이루다]와 [에필로그]에서는 [정보통신혁명을 통한 국가경쟁력 확보와 세계 최고의 전자정부로 우뚝 서다]의 내용이 추가되었다.

우리나라 정보통신의 역사를 살펴보면, 시대정신에 따른 새로운 분야를 개척하는 전문가들을 중심으로 우리는 성공과 실패라는 다양한 굴곡의 경험을 하면서 이 분야는 세계가 부러워할 정도로 괄목할 만한 커다란 성장을 이루었다. 이 책은 1980년대 정보통신의 걸음마 단계에서 행정복지 실현을 위한

기반 시설을 설계·구축하는 제1차 행정전산망 사업의 설계·구축과 관련하여 알려지지 않은 이야기를 중심으로 구성되었다.

글의 종류와 관계없이 글쓰기는 언제나 두려우면서도 자료 찾기는 더욱 어려운 작업이다. 이 책의 저술 과정에서도 일이 빠르게 처리되지 않고 어물어물 미루어지기만 하는 지난持難한 작업의 연속이었다. 특히, 행정전산망 사업과 관련되는 자료는 공개되지 않는 정부 자료가 대부분이고, 사업에 관련되는 당사자도 뿔뿔이 흩어져 있는 관계로 필요한 자료 찾기와 당사자의 생생한 체험을 듣는 것도 기억이 정확하지 않은 경우가 많았다. 그러나 지은이들은 제1차 행정전산망 사업의 설계·구축의 과정과 관련되는 객관적인 자료 찾기에 많은 시간을 투자하여 지금까지 알려지지 않은 이야기를 중심으로 내용을 구성하고자 노력하였다.

그러나 이 과정에서 수집된 자료를 해석·사용하는 과정에서 잘못된 부분은 모두 지은이의 몫이다. 이 과정에서 귀중한 자료를 기록으로 남겨준 많은 정책기획자, 선행 연구자와 실제 실무에서 경험을 제공해 주신 행정전산망 사업에 참여한 많은 연구자께 깊은 감사의 뜻을 표한다. 그중에서도 공저자로 참여한 백인섭 정보통신연구소장, 이동욱 본부장, 이철수 본부장, 김대규 본부장, 그리고 이성흠 교수에게도 고마움을 전한다.

2025년 3월 29일
결혼 80주년을 기념하면서
지은이를 대표하여
杏坡(행파) 李龍兌(이용태) 삼가 적다

프롤로그 2

늦었지만, 행정전산망 사업에 얽힌 이야기를 기술하는 이유

21세기 지능정보사회에서 현재(2025년) 우리나라의 위상은 다양한 분야에서 선두를 달리고 있다. 첫째, 공공과 민간 부문의 정보통신 서비스는 세계 최고 수준으로 이들 분야 업무는 대부분 정보화되어 정보통신 서비스가 현장에서 실현되고 있다. 둘째, 정보통신 기반 시설Infrastructure도 세계 최고 수준으로 국내는 언제, 어디서나 때와 장소를 가리지 않고 고속인터넷서비스를 만끽할 수 있다. 특히, (대학을 은퇴한 후, 일 년의 반 정도는 내가 생활하는) 두메산골인 강원도 산골까지도 고속도高速度 인터넷서비스를 받을 수 있다. 셋째, 우리나라는 정보통신 산업 분야에서 선두의 위치에서 세계를 이끌고 lead 있다. 우리나라는 정보통신 산업 분야에서도 세계 최고 수준으로 통신 장비, 반도체, 컴퓨터, 핸드폰, 스마트폰 등 거의 모든 정보통신 장비뿐만 아니라 서비스도 최고 수준의 국산화를 실현하였다.

따라서 이제 대한민국에서는 언제, 어디서든 핸드폰handphone (한국), mobile phone (영국), cell phone (미국), 스마트폰, 개인용컴퓨터 등과 같은 개인 정보통신기기 없이는 일상생활이 영위될 수가 없을 정도로 범국가적으로 정보통신이 우리 생활에 일상화되었다. 마치 우리 몸의 구석구석에 뿌리내린 핏줄처럼. 이런 혁신적 상황은 세계적으로도 유례를 찾아보기 힘든 기적 같은 현상으로서 우리나라가 20세기 후반부터 불과 50여 년 사이에 이루어낸 기적임이 분명하다.

그런데 이렇게 국가사회 전반에 걸친 혁신은 결코 쉽게 이루어질 수는 없는 법이다. 더구나 이러한 엄청난 혁신은 매우 강력한 절대권력이 작동하는 독재사회(?)에서나 가능한 일이다. 우리나라의 경우는 정치적으로 장기 집권의 독재체제가 무너지고 민주화가 이루어지는 1980년대 정치적으로 혼란의 과정에서 정보통신 산업이 시작되었다. 정보통신 산업은 이러한 어려운 성장 시기를 거친 후, 1990년대 급성장을 하면서 2000년대 들어 세계 최고 수준의 정보통신 국가로 성장할 수 있었다. 따라서 여기엔 분명 엄청난 혁신 의지, 즉 적합한 국가 비전, 발전계획과 실천 의지 등이 지속되고 강력하면서도 매우 현명하게 작동되었을 것으로 추정할 수 있다. 그리고 국제적 환경에서도 기회와 행운이 따라주었던 것이 분명하다. 왜냐하면, 기존 선진국들이 그들의 기득권을 호락호락 내어 줄 리가 없었기 때문이다.

우리 대한민국의 경우에는 이러한 눈부신 정보통신혁명은 1980년대 정부 주도로 강력하게 추진된 '국가사회 정보화 정책'에 따라 한국데이타통신주식회사(약칭 데이콤) 주도로 강력하게 추진되었다. 데이콤은 공중데이타통신망 사업과 국가기간전산망사업, 특히 행정전산망 사업을 추진하면서 동시에 주전산기 국산화 사업의 성공을 통해서 이 모든 것이 한꺼번에 이루어지는 계기를 마련할 수 있었다. 이는 정보화시대에 필요한 시장과 산업이 동시에 혁신적으로 성장함으로써 이룰 수 있는 기적 같은 일이다. 바로 그러한 현상이 대한민국에서 지난 50년간 발현되고 있었었다. 이러한 맥락에서 데이콤 초대 사장을 역임한 이용태 박사의 표현을 빌리자면, "두더지 같았던 우리나라가 날개를 달고 하늘 높이 나를 수가 있게 된 것이었다."

당시, 대부분 사람은 헛된 망상이라고 생각하였지만, 정보통신혁명은 조용하지만, 매우 강력하게 뒤에서 꾸준하게 이루어져서 공공부문의 정보화가 달성되었다. 그것은 바로 민간 부문의 정보화까지 촉진해서 국가사회 정보화를 조기에 달성하고 나아가서는 국가 차원에서 정보산업 육성을 위한 규모의 초기시장까지 형성됨으로써 정보산업까지도 육성되어 현재의 정보산업 선진국을 가능하게 만든 것이다. 즉, 대한민국에서 정보산업 육성은 1개의 화살로 3마리의 토끼를 잡는 기적이 벌어졌다.

그런데 글쓴이(백인섭)는 1980년대 데이콤의 정보통신연구소 소장으로서 우리나라 정보통신혁명의 최전방에서 동분서주하다가 1990년대 초에 대학교로 이직하였다. 그 후에는 한동안 정보통신 분야에서 멀어지면서 손을 놓고 있었다. 최근에 다시 늦게나마 이 분야에 관심을 가지고 인터넷을 뒤지면서 우리나라 정보통신혁명 역사 자료를 조사하면서 놀람을 금할 수 없었다. 그동안 이 분야에서 《소리없는 혁명: 80년대 정보통신 비사》[1], 《전자정부 50년: 대한민국 역사상 가장 위대한 도약》[2], 《대한민국 IT사 100: 파콤222에서 미네르바까지》[3], 《한국 IT정책 20년: 천달러 시대에서 만달러 시대로》[4], 《한국의 정보화정책 발전사》[5] 등과 같은 다양한 연구서와 보고서가 발간되어 있었다.

그러나 놀랍게도 우리나라가 이룬 이러한 세계적 업적에 대한 기록이 너무나 형식적 수준에 그치고 있었다. 그것도 산발적이고 매우 피상적인 기록에 불과해서 당시 이러한 기적을 일궈낸 핵심 동력에 대한 논리적이고 의미적인 파악은 고사하고, 당시 실제로 일궈낸 기적적 혁신들에 대한 형식적 파악조차도 헤아려볼 수 없는 매우 안타까운 상황임을 깨닫게 되었다.

특히, 1980년대 대한민국에서 정보통신 시대가 어떻게 태동하였고, 그리고 여러 가지 어려운 성장단계, 즉 정보통신 제2기를 어떻게 극복하고 1990년대 중반 세계 최고 수준의 국가 정보통신 기반 시설이 이 땅에서 어떻게 구현되었는지에 대한 상세한 기록이 보잘것없는 수준이었다.

이들 자료는 도대체 어떻게 하여 1970년대 정보화의 유아기 상태였던 이 나라가 2000년대 세계 최고 수준의 정보통신혁명을 성취하게 되었는지에 대한 합리적 이해는 고사하고 무엇이 정보통신혁명인지조차 알기도 어려운 것이, 현재 상황이었다. 따라서 그 화려한 업적이 마치 '복권 당첨처럼 갑자기 하늘에서 이 나라로 떨어진 게 아닌가?' 하는 착각이 들 정도이다. 더구나 1990년대 후반부터는 1980년대 어렵게 구축된 국가적 (정보통신) 기반 시설 덕분에 그 위에 정보통신 기반 시설을 필요한 분야에서 연계·응용하여 사용하는 기술인 슈프라supera를 구현하면서 전자정부의 꽃이 화려하게 피게 되는데, 그 모든 공을 자기네가 이룩한 것처럼, 북치고, 장구를 치면서, 자화자찬(?)하는 어처구니없는 상황도 벌어지고 있었다.

이 시점에서 이러한 상황 전개에 대하여 누구를 탓하랴! 다양한 분야에서 기록, 특히 특정 분야에서 성공에 대한 방법론know-how 기록에 약한 것이 이 나라의 유구한(?) 전통이 아니었던가? 그래서 아직도 선조들의 고려자기나 막사발을 (제대로) 재현하지 못하고 있는 것이 우리나라의 현실이 아닌가? 그리고 나 또한 그 죄에서 벗어날 수가 없음을 통탄하면서 이제 비록 많이 늦었지만, 그래도 아직 내 뇌리에 생생하게 남아 있는 기억들과 아직 현존하는 당시 (정보통신 산업 혁명에 참여했던) 전사戰士들의 기억을 수집해서 함께 (제1차 행정전산망 사업의 알려지지 않은 거대한 비사秘史를 조그마한 책자로) 엮어 보고자 이 작업을 시작하고자 한다.

따라서 여기서는 우리나라의 지난 50년간의 정보통신혁명사 전체가 아니라, 그중에서 1980년대에서 1990년대 중반까지, 즉 정보통신혁명 태동기에서 성장기, 그리고 초기성숙기까지에 해당하는 숨겨진 역사, 그 가운데 제1차 행정전산망 구축에 국한해서 그것들을 밝혀냄으로써 이 나라의 정보통신혁명이 우연히 복권 당첨(?)처럼 (하루아침에) 이루어진 것이 아니라, 많은 사람의 지혜와 피와 땀으로 이루진 것을 밝혀 잘못된 역사를 바로잡고자 함이다.

2025년 4월 13일

백인섭
1980년대 데이콤 정보통신연구소장

대한민국 디지털 행정서비스 출발을 알리다

제1장
정보통신기술 발달과 공공부문 업무 전산화

정보통신기술 발달과 정보사회의 등장

21세기 총아로 등장한 정보통신기술ICT은 정보기술의 확장형 동의어로 자주 사용된다. 정보기술은 전기통신, 방송, 컴퓨터, 통신망 등과 같이 사회의 기반 시설을 형성하는 유무형의 기술이다.[1] 20세기 중후반부터 시작된 컴퓨터와 ICT는 획기적으로 발달했으며, 이들의 융합은 정보혁명을 불러일으켰다. 이러한 정보혁명은 정치, 경제, 사회, 문화는 물론이고 우리의 의식구조에도 영향을 미치고 있다. 특히, 통신기술은 여기저기 흩어져 떠돌아다니는 다양한 개별 정보들을 체계화하고 정보전달 시간을 더한층 단축하여 변화의 속도를 끌어올리는 정보사회의 주역이자 총아로 주목받고 있다.[2] 이것은 사회가 항상 유동적으로 변화하고 있다는 사실과 현대사회에서 과학과 통신기술이 급속하게 발달하고 있다는 점을 고려할 때, 20세기 지배적 사회형태인 산업사회가 발전하여 지금까지와는 전혀 다른 구조를 지닌 21세기 디지털 정보사회로 사회구조를 바꾸었다. 이러한 기술 발달은 지능정보사회로 변화하면서 사회생활을 디지털 세상으로 바꾸고 있다.

21세기를 시작하면서 제4차 산업혁명과 연계되어 진행되는 지능정보사회에서는 각 분야에서 매체융합이 가속화되고 있다. 매체융합은 인간의 의사소통을 비롯하여 다양한 영역에서 영향을 미치고 있다. 특히, 매체융합은 디지털 매체와 같이 일 처리에서 한쪽에서 다른 쪽으로 전달하는 업무가 정해진 목적을 달성하기 위하여 각 구성 요소나 부분이 전체와 유기적으로 관련되어 조화롭게 기능하는 관계의 집합이다. 또한, 매체융합은 업무의 단위 정보에서 서로 다른 정보를 한 곳으로 수렴하여 단일한 통로의 정보가 유통되는 현상으로 나타난다. 이러한 매체융합은 정보화의 속도를 우리의 상상을 뛰어넘어 빠르게 정보를 전달하고 있다.

따라서 이것은 매체의 기술적 구조변화뿐만 아니라 정보의 유형과 이에 따른 분류 기준이나 경계도 변화하게 된다. 이러한 ICT의 발달에 따른 매체융합은 인간의 오감에 대응하여 구분되었던 의사소통 양식의 통합을 의미하며, 매체 이용에서 의사소통 양식에서도 많은 변화를 초래하고 있다. 그리고 매체융합은 전화, 방송, 컴퓨터 등 의사소통의 기술산업과 뉴스, 오락 등의 콘텐츠contents 산업 간의 융합과 이와 관련되는 법규를 통합하면서 정보화를 가속화 하면서 정보사회로 나아가고 있다.[3]

이러한 정보사회로의 변화를 우리는 어떠한 관점에서 이해하여야 할 것인가? 이러한 현상에 대해서는 낙관론과 비관론의 두 가지 입장이 있을 수 있다. 여기서는 정보사회의 변화에 대한 낙관론을 중심으로 살펴본다. 정보화의 초기 단계에서 많이 알려졌던 긍정적 태도는 새로운 정보기술이 가지고 있는 기술적 이점을 중시하는 기술결정론을 옹호하는 시각이라고 할 수 있다. 그러나 정보사회를 보는 시각은 정보기술이 가진 기술적 특징만 가지고 이해하기보다는 그러한 변화를 가져오는 사회적 원인을 고려하여야 할 것이다. 왜냐하면, 정보기술을 포함한 모든 기술은 기술 자체에 의해서 그 활용목적이 결정되는 것이 아니라, 그 기술을 어떤 이해집단이 어떤 목적으로 개발, 응용할 것인가에 따라서 활용목적이 결정되기 때문이다.[4]

이같이 사회의 정보화는 산업화가 일정한 수준에 도달했거나 산업화가 완료된 사회에서 일어나기 때문에 정보사회는 산업사회의 다음 단계로 생각되고 있다. 이러한 의미에서 정보사회는 탈脫산업사회라고도 한다. 따라서 정보사회는 사회의 발전단계설을 근거로 한 문명사적 관점의 규정임을 알 수 있다. 즉, 정보사회는 인류사회 발전단계를 구분하는 과정에서 전前문명사회에서 농업혁명을 거쳐 농업사회로, 이어서 산업혁명을 거쳐 산업사회로, 다시 정보혁명을 거쳐 정보사회로 이행하듯이 단계적으로 발전해 간다는 인식을 전제로 한다.

정보사회에서는 이제까지의 '사람의 손과 근육 에너지 및 그 대체물인 기계를 생산수단으로 공업이 만들어 낸, 실체가 있는 물질 중심의 문명'에서 '인간의 두뇌나 지적 창조력을 생산수단으로 정보산업이 만들어 내는 무형의 정보가 주체가 되는 문명'으로 전환된다고 보고 있다. 이와 같은 관점을 반영하여 정보사회는 다양한 분야의 산업을 주체로 발전해 온 산업사회에서 벗어나 정보산업을 주체로 하며 다양한 정보의 생산과 전달을 중심으로 전개되는 사회로 정의된다.[5]

이러한 정보사회의 특징은 다양한 기준을 가지고 살펴볼 수 있다.[6] 먼저, 정보사회의 사회 변화는 (1) 지식·정보에 기초하는 서비스산업이 확대되고, (2) 전문직, 기술직 등 지식과 창의력이 요구되는 직업의 중요성이 증가하고, (3) 개인의 개성과 전문성이 존중되는 다원화 사회가 실현되고, (4) 자기 성취, 평등, 정신적·심리적 만족감에 대한 욕구의 증대로 인한 자아실현이 중시되고, (5) 민족의식 약화와 국민 국가의 역할이 축소되면서 국가 간 상호의존성이 증대되며 국제기구의 역할이 확대되고, 그리고 (6) 관료제의 약화로 인한 중간 관리층의 역할이 축소되고 있다.

다음으로 정보사회에서 생활 변화의 관점으로는 (1) 정보통신 분야의 직업 증대, 전자 상거래의 확산 등과 같은 경제적 변화, (2) 정보화된 행정서비스, 즉 전자정부 구축, 전자 민주주의의 가능성 증대와 같은 정치·행정적 변화, (3) 사이버 대학, 재택수업 등과 같은 온라인 교육 형태의 등장과 같은 평생학습 방법의 변화, (4) 인터넷 동창회와 같은 가상 공동체의 등장과 이를 기반으로 하는 사이버 문화의 형성과 활성화가 촉진되는 사회·문화의 변화, 그리고 (5) 원격 진료, 인터넷 결제, 무선 인터넷 등과 같은 생활 전반의 변화로 요약할 수 있다.

그러나 정보사회 이전까지의 인류 역사는 미분화 상태에 놓여 있던 사건이나 행동들이 분화와 전문화 과정을 거쳐 잘게 나누어지진 '분할의 과정'이었다. 그러나 20세기 후반부터 디지털 기술의 발달은 세계변화를 주도하던 분할의 힘이 융합적 힘으로 대체되는 현상을 보였다. 즉, 다양한 정보를 일률적인 형식으로 전환해 수신·저장·가공·송출하는 디지털 기술의 특성, 나아가 무한 복제나 변환을 가능케 하는 디지털 기술의 효능이 네트워킹 기술과 합류하여 소통양식에 혁명적 변화를 일으키고 있다.

이같이 '새로운 문명사적 전환'으로 일컬어지는 정보사회는 산업 문명이 융합 문명으로 교체되는 과도기적 상황을 규정하는 한시적 사회 유형으로 의미를 축소할 수 있다. 이러한 관점에서 ICT를 주축으로 하는 기존 정보문명론은 융합문명론으로 대체되어야 하며, 사회발전을 위한 실천전략이나 추진방안도 융합적 관점과 논리에 의하여 재편되어야 할 것으로 전망된다.[7] 따라서 이러한 정보사회를 준비하기 위하여 컴퓨터를 중심으로 ICT를 활용한 업무 전산화는 필요불가결한 요소로 대두되게 되었다. 이러한 상황에서 우리나라에서는 공공부문 업무 전산을 위한 전문기관이 탄생하였다.

공공부문 업무 전산화를 위한 정보통신회사 설립

1980년대는 우리나라 통신산업에서 일대 변혁이 일어난 시기로 기록되고 있다. 그 신호탄으로 1982년 1월 1일 공식적으로 한국전기통신공사(Korea Telecom Authority: KTA, 후에 KT로 명칭 변경)가 체신부로부터 분리되어 통신사업 업무를 시작하였다.[8] 당시 설립된 지 얼마 되지 않았던 KTA는 체신부가 전용선을 빌려주어 미약하나마 정보통신 업무가 가능하였으며, 은행과 항공회사 등은 KTA로부터 전용선을 빌려 온라인 서비스를 하였다. 그러나 KTA에는 통신업무를 전담하는 부서조차 없는 상황이었다. 이와 같은 상황에서 하루가 다르게 늘어나는 추세에 있는 정보통신 업무를 전담할 기관이 필요하게 되었다.

이러한 필요성에 따라서 KTA는 조직에 데이터사업부를 두고 정보통신 업무를 담당하는 방안을 논의하기 시작하였다. 그러나 통신사업이 오랫동안 정부기업 형태로 운영되면서 조직 비대화에 따른 비능률과 회계·제도상의 전문성이 갖추어지지 않은 것으로 말미암아 예산 집행의 불합리 등 누적된 문제를 간과할 수 없게 되었다. 이에 정부는 고심 끝에 근본적인 개선책으로 새로운 통신사업을 위한 조직의 공사화를 추진하게 되었으며, 이 과정에서 데이터통신도 독립하는 방향으로 가는 것으로 자연스러운 분위기가 조성되었다.[9] 또한, 청와대 대통령비서실에서 과학기술 비서관으로 일했던 오명 박사, 홍성원 박사 등도 KTA라는 거대한 기관에 정보통신 업무를 추가하는 것은 손쉬운 방법이지만, 비능률적이고 정보통신 사업추진이 빠르게 진행되지 않을 가능성이 크다는 단점을 잘 알고 있었다.[10]

결국, 여러 가지 제시된 방안을 놓고 신중하게 검토한 끝에 정부는 정보통신 업무를 전담할 기관을 새로 만드는 것으로 결정하였다. 그 기관은 민간

기업 성격을 가진 회사로 정부 기관인 KTA도 50% 이상의 지분을 갖는 대주주가 되지 않는 범위에서 주식을 보유하면서 참여하도록 하였다. 왜냐하면, 데이터 통신기관은 공익성이 최대한 보장되어야 하는 동시에 정보산업의 선도적 역할을 할 수 있도록 기업성도 보장되어야 한다는 이유 때문이었다.[11] 이렇게 하여 1981년 8월 1일, 오명 체신부 차관을 설립추진위원장으로 하는 한국데이타통신주식회사(약칭 데이콤, DAta COMmunication corporation of KOREA: DACOM) 설립위원회가 구성되었고, 체신부가 추진한 '데이터통신 사업 육성 정책'의 연구보고서를 기초로 하여 데이콤 설립의 여러 가지 절차를 거쳐서 최종적으로 대통령 결재를 받았다. 1982년 1월 27일에는 회사 설립 발기인 대회, 2월 2일에는 2차 회의를 거쳐 데이콤이 설립되었다.

그 당시만 해도 '데이터통신이 무엇인가'를 아는 사람은 거의 없었다. 회사가 수익을 낼지도 불투명하였기 때문에 당연히 데이콤에 투자하겠다는 곳도 거의 없었다. 그러나 이와 같은 회사의 앞날이 불투명한 상황임에도 불구하고 선각자의 예지로 미래를 내다보았던 몇몇 분의 구상과 오명 체신부 차관을 중심으로 하는 추진위원회의 노력으로 회사 설립에 KTA를 포함하여 26개 회사가 주주로 참여하였으며, 총 출자금은 56억 8천만 원으로 확정되었다. 당시, 정보통신 분야의 정책 수립에 주도적 역할을 하였던 오명 박사는 데이콤을 설립한 배경과 민간기업의 투자유치를 위한 노력에 관하여 다음과 같이 회고하였다.[12]

데이콤 설립에 대한 오명 박사의 회고

(…) 저는 1981년 5월에 체신부 차관으로 부임했는데 그 이전에 청와대 경제비서실의 과학기술비서관으로 있을 때부터 데이콤 설립 문제를

포함한 정보통신 발전방안을 추진하여 이미 대통령 결재까지 받아 놓은 상태였어요.

일본의 경우에는 국내 통신과 해외 통신을 나누어서 운영하고 있었는데 회사 간의 협조와 연결에 문제가 없었어요. 데이터통신은 모두 국내외 간에 연결이 되어 있는 것인데 회사가 다르니까 여러 가지 어려운 문제가 생겨서 다른 나라와 비교하여 경쟁력이 떨어지는 경향이 있었습니다. 그래서 우리나라는 기본통신, 즉 전화는 국내외를 막론하고 한 회사가 맡도록 하자고 해서 '한국전기통신공사'를 만든 것이고, 반면에 새로운 데이터통신은 별도의 회사로 만들어서 꾸려나가는 것이 좋겠다고 생각했죠. 그렇게 해서 데이콤이 설립된 것입니다.

당시에는 (일반인을 포함하여 기업경영인에게는) 데이터통신에 대한 이해가 별로 없었습니다. 데이콤은 정부 돈으로 만들지 않고 민간 돈을 모아서 독립된 민간 회사로 만들려고 했는데 대부분 회사가 출자하지 않아 매우 힘들었어요. (체신부의) 담당 국장이 설명회를 했는데도 잘되지 않았어요. 그래서 차관인 내가 직접 나서서 판매·홍보를 했죠. 내가 앞장서서 '관련된 회사들에 앞으로 5년 동안은 정부가 뒷받침한다. 틀림없이 5년 이후에는 돈을 많이 버는 회사가 될 터이니 출자하라'라고 하니까 돈이 모였어요. (…)

정보통신혁명과 공공부문 업무 전산화

우리나라에서 1970년대 업무 과정은 통신과 전산처리가 개별적이면서 비통합적으로 추진되었던 정보와 통신의 혼합시대인 개발도상국형이었다. 통신의 경우는 전자교환기에 대한 연구개발을 국내 통신 시장과 묶어서 추진함으로써 전화의 자동화와 광역화를 이루어 통신 혁명을 이루었고, 선진국형 통신 기반 시설을 구축하였다. 그러나 전산화의 경우는 산발적이고 개별적인 업무의 자동화 수준으로 개발도상국형에 머물렀다.

특히, 1970년대 우리나라 공공부문의 전산화는 정부 부처 단위로 행정업무를 수행하기 위하여, 그리고 민간 부문의 전산화는 은행, 증권사 등의 금융기관에서 온라인 업무를 수행하기 위하여 각각 크고 작은 컴퓨터 단말기 네트워크를 구성하여 전산화를 개별적으로, 즉 통합이 되지 않은 형태로 추진하고 있었다. 당시 전산화 개발인력은 전산화에 대한 정규교육을 받는 것이 상상하기조차 어려운 시기였기 때문에 대개는 혼자서 학습하는 독학, 또는 업체들이 제공하는 단기 훈련을 통해서 얻은 초보적 컴퓨터 기술, 즉 코볼COBOL, 포트란FORTRAN 등의 프로그래밍 기술, 업체별 고유 파일체계 이용 기술 등으로 개발할 수밖에 없었다. 이렇게 미숙한 정보기술 때문에 체계적이지 않고 중구난방식 전산화가 이루어질 수밖에 없었다. 또한, 전산화 발전계획도 부처별로 정부출연연구소나 민간 컴퓨터업체가 주도하는 발전계획이 난립하고 있었다.

당시 우리나라에서 이루어진 대표적 전산화 작업은 한국과학기술연구소(Korea Institute of Science and Technology: KIST) 전산실의 공공부문 전산화 작업이라고 할 수 있다. 그러나 당시 KIST 전산실의 업무처리 작동원리는 누구든, 아무것에나 도전하면서 실무를 통한 깨달음, 즉 개인의 지혜로 작업을 추진해 가는 것이었다. 아무도 가르쳐주지도 않고, 아무도 참견하지도 않는 초기 걸음마 상황이었다. 아니, 참견할 수가 없는 상황이었다. 아무도 컴퓨터 언어를 제대로 아는 사람이 없었기 때문이었다. 백인섭 박사의 증언에 의하면, 이것은 KIST 전산실 책임자 성기수 박사의 독특한 경영(행정)방식으로 보편성은 없지만, 당시 박정희 대통령의 절대 신임이라는 보호 아래 가능했던 경영방식이라고 할 수 있다.

얼핏 보면, 이것은 무책임한 자유방임주의 경영방식이라고 할 수 있다. 그러나 당시 국내 최고 수준의 엘리트들이 업무처리에서 자신에게 주어진 업무는 '각자 자기책임이라고 착각해서 죽기 살기로 혼자 자기 주도적으로 공부하면서 일을 했기 때문'이다. 그리고 결과는 놀라울 정도의 성과로 나타났다. 더구나 그 당시 급료는 국내 최고 수준으로 보장되었기에 한눈팔지 않고 맡겨진 일에만 몰두할 수 있는 환경이었다. 또한, 24시간 작업이 가능한 전산실, 개인 연구실과 독신자 기숙사 제공 등과 같은 밤새도록 일할 수 있도록 작업환경이 보장되었기에 더욱 가능했다.

이러한 KIST 전산실의 특성과 작동원리로 인하여 쥐꼬리(?) 같은 프로그래밍 언어(예: COBOL, FORTRAN, ASSEMBLER) 실력으로 전산화와 관련된 어떤 일이든 도전하면서 업무에서 스스로 독학으로 원리를 깨달아 배우면서, 동료들과 상의해 가면서 놀라운 성공을 성취하게 된 것이었다. 이것은 바로 불교의 수행원리와 다르지 않았으며, 요즘 세계적으로 뜨고 있는 프랑스의 혁신대학 '에꼴42(Ecole42, 학비, 교사, 교재가 없는 혁신적 IT 교육기관)'와도 크게 다르지 않았다. 이것은 50년 전 우리나라에서 발현된 유일무이한 '에꼴42 효과'의 예시 가운데 하나라고 할 수 있다. 이러한 방식으로 우리나라에서 업무 전산화를 통한 초기 정보화가 이루어졌다. 따라서 그 효과는 빠르고 대단하였지만, 동시에 많은 문제점도 발생할 수밖에 없었다.

또한, 전산화계획과 추진이 최종 결과물의 사용자가 아닌 공급업체가 주도하였기 때문에 자연히 공급을 최대화하는 방향으로 만들어질 수밖에 없었다. 따라서 대규모 중복투자가 발생할 수밖에 없었고, 표준화가 전혀 이루어지지 않아 호환성과 상호연동성도 거의 되지 않는 결과를 초래할 수밖에 없었다. 결과적으로 효율성이 떨어지고 자료 활용에도 제한이 많았다. 하드웨어는 물론 응용 소프트웨어까지도 대부분 외국 컴퓨터업체의 것에 의존해야 했다. 이러한 환경에서 전산화를 촉진하면 할수록 국부 유출이 심해지고 해외 의존도는 점점 커지는 어려운 상황이었다.

다음은 '에꼴42 효과'의 예시로서 데이콤 정보통신연구소장을 역임한 백인섭 박사가 회상하는 일화의 한 토막이다. 예시의 주제는 KIST 전산실에서 '초대형 미8군 워게임 시뮬레이션 프로그램 변환'에 성공한 이야기다.

'에꼴42 효과' 사례: 하루 강아지가 범을 잡은 사연

- 미8군에서 KIST 전산실을 방문하여 컴퓨터 프로그램 관련 프로젝트, 즉 '초대형 미8군 워게임 시뮬레이션 프로그램 변환'에 대하여 협의하였다.

- 담당자는 초대형 포트란(FORTRAN) 프로그램(전쟁 시뮬레이션 프로그램)을 KIST의 중형컴퓨터에서 업무처리가 가능하도록 프로그램 변환작업의 가능성을 물었다. 이유는 당시 KIST에 설치되어 있는 컴퓨터(CDC 3300)의 성능이 국내에서 제일 막강했기 때문이었다.

- 당시 KIST 전산실에는 전쟁 시뮬레이션 프로그램이라는 것을 아는 사람이 전혀 없는 실정이었다. 단지, 대형 포트란 프로그램이라는 사실만을 인지하고 있었다. 그러나 당시 프로그래머는 99%가 코볼 프로그래머이었고, 포트란 프로그래머는 극소수로서 당시 대표 포트란 프로그래머인 백인섭 연구원에게 모든 업무가 위임되었다.

- 당시엔 나도(백인섭) '워게임(War Game)'이나 '시뮬레이션(Simulation)'이라는 용어 자체를 태어나서 처음 들었으며, 다만 전체가 포트란 프로그램이라는 것만 인지하는 상황이었다. 따라서 변환을 수행할 자신이 없으므로 불가능하다고 답변했었다.

- 답변을 듣고, 미8군 측에서 문제를 풀지 못 해도 좋으니까, 한 번만 시도라도 해보자는 간절한 부탁이 있었다. 인건비와 컴퓨터 사용료와 같은 필요 경비는 얼마가 되든 무조건 모두, 그것도 미국 달러로

지급한다는 조건이었다. 그렇다면 나는 한번 해볼 만하지 않겠나 하는 생각이 들었다. 나로선 손해 볼 것이 하나도 없고, 오히려 좋은 배움의 기회이며, 또한 잘되면 KIST 최초의 외화벌이가 아닌가? 그래서 시도해 보겠다고 응답하였다.

- 나는 즉시 서울대학교 공과대학 출신 후배들을 몇 명 포섭하여 팀을 만들어 (팀명: 프로그램 명칭을 따서 'ATLAS'팀, 팀장: 백인섭) 몇 달 간 밤샘 작업을 한 결과, 드디어 변환작업에 성공하였다. 컴퓨터 메모리를 효과적으로 사용하는 오버레이(Overlay, 용량이 큰 프로그램을 분할 가능한 몇 개의 부분으로 나눈 뒤, 각 부분의 실행이 필요할 때마다 필요한 부분만 주기억장치로 입력시켜 실행할 수 있게 하는 기술)를 활용해서 초대형 프로그램을 변환하여 이룬 성공이었다.

- 그러자 미8군 사령관과 그 유명한 한신(韓信) 장군 등이 KIST를 몸소 방문해서 소장단에는 물론, 당시 초임 연구원이었던 나에게까지 작업 성공을 칭송하면서 감사를 표했다.

- 그리고 나는 작업 수행을 위해서 프로그램 소스(source)를 분석하면서 워게임 시뮬레이션(War-Game, Simulation) 등이 무엇인지 이해하게 되었고, 나아가서는 '군사작전이 무엇인지, 전쟁이 무엇인지'도 어느 정도는 알게 되었다. 바로 '에꼴 42 효과'로 하루 강아지가 범을 잡아버린 '신출 기묘(?)'한 경험이었다.

우리나라에 처음 컴퓨터가 도입된 것은 1961년 내무부 통계국에 컴퓨터의 전신인 천공카드시스템이 이용되면서부터다. 그 후, 1967년에 국내에서 사용된 최초 컴퓨터로 경제기획원(현재 기획재정부) 조사통계국에 'IBM 4101'이 개통되었다. 이같이 국내에서 초기 컴퓨터는 정부가 주도적으로 도입하여 사용하기 시작하였다. 1970년 4월에 경제기획원의 예산업무 전산화를 대통령에게 시범을 보인 이후, 그 이듬해인 1971년에 체신부가 방대한 양의 전화요금 업무를, 관세청·국립중앙관상대(현재 기상청)·전매청·서울특별시 등 각 정부 기관이 자체 고유업무를 각각 전산화하기 시작했다.[13]

구체적으로 정부에서는 앞으로 전개될 정보화 사회에 대비하기 위하여 1975년부터 총무처(현재 행정안전부)가 주관하여 '행정전산화추진위원회'를 구성하여 행정전산화 추진을 위한 준비작업에 들어갔고, 1978년 제1차 행정전산화기본계획(1978~1982)을 수립·추진하기 시작하였으며, 제2차 행정전산화기본계획(1983~1986)에서는 각 부처에서 중점 추진사항을 설정하여 기관별 행정업무 전산화에 주력하였다.

이들 행정전산화 기본계획은 단순한 행정사무의 전산화 차원을 넘어서 국가적 차원으로 행정업무의 전산화를 통합하여 능률적이고 효과적으로 추진하는 것이었다. 이에 따라 제1차 행정전산망사업기본계획(1978~1982)이 수립되어 국민 생활에 파급 효과가 큰 주민등록, 부동산, 자동차, 통관, 고용, 경제통계 등 6개 우선 업무가 개발되어 대민서비스의 개선 등 국민 편익 증진과 행정능률의 향상에 이바지하였다.

그러나 행정업무가 전산화되었다 하더라도 전산화된 행정정보를 해당 기관에서만 활용한다면 효용가치가 반감될 뿐만 아니라 유사한 업무의 중복개발과 정보의 수집·가공·유통 등의 중복투자로 막대한 인력과 예산 및 자원의 낭비를 초래하게 된다. 따라서 제2차 행정전산망 사업 기간에는 제1차 사업추진의 시범사업으로 지정하여 중점 개발한 6개 우선 업무와 각 부처에서 나름대로 개발, 운영하던 기존업무를 대상으로 관련기관 및 공공기관 간에 정보를 제공할 수 있도록 행정정보 공동 활용체제의 구현을 최우선 목표로 하였다.

이를 위하여 제2차 행정전산망사업기본계획(1983~1986)에서는 총무처 (현재 행정안전부) 정부전자계산소에 행정전산망의 구심체, 즉 공동이용 행정정보의 조사분석, 종합가공, 정보유통 등의 역할을 담당하는 '중앙전산본부'의 기능을 부여하여 관련 기관 간의 역할 분담 체계를 확립하였다.[14]

이같이 총무처 주관으로 정보화 사회를 준비하는 행정업무 전산화의 기본골격은 갖추었으나, 1980년대 전후의 우리나라 정부 공공기관 전산화의 실태는 오늘날과 비교하면, 한심한 형편이었다. 대부분 행정기관은 일반 기업체보다도 훨씬 낙후된 전산화를 통한 정보화 환경에서 허덕이면서 대부분 업무가 아날로그 형태로 이루어지고 있었다. 국가의 정보화를 선두에서 이끌어야 할 정부 행정기관이 앞서가기는커녕 뒷걸음만 치고 있었다.

이러한 상황을 벗어나기 위하여 1985년 12월 데이콤이 국가 '행정전산망' 설치 사업을 전담하는 기관으로 확정되었다. 행정전산망은 전국의 읍·면·동 단위까지 정부의 모든 행정기관에 컴퓨터를 설치해서 전국을 온라인으로 연결하는 우리나라 행정업무의 중추 신경 조직이다. 이러한 행정전산망 구축의 목적은 정부 기관의 업무를 전산화함으로써 '작고 효율적인 정부를 이룩하고, 전국 어떤 단위조직에나 공평하고 신속하게 정보를 전달해서 주민의 편익을 증진함으로써 정보사회의 기초를 확고히 마련하는 것이었다.'

누구보다도 이용태 사장은 행정전산망 사업을 자신이 사장으로 있는 데이콤에서 동료들과 함께 구축할 수 있게 된 것에 흐뭇한 미소를 짓지 않을 수 없었다. 그는 기회가 있을 때마다 '산업화는 늦었지만, 정보화는 앞서가자'라는 구호를 외치면서 '행정전산망'을 하루빨리 계획·구축하여 행정사무를 전산화하여 정보사회를 준비하자고 주장하였다. 이같이 이 사장의 숙원사업이 이루어진다면, 개인적인 충족감뿐만 아니라 나라 전체의 정보화를 앞당기는 획기적인 계기도 마련할 수 있는 것이기 때문이었다. 또한, 그는 이 행정 전산망에 사용될 주전산기도 국산화함으로써 우리가 명실공히 선진 정보산 업 국가로 도약할 수 있을 것이라는 확고한 신념도 가지고 있었다. 이용태 사 장은 행정전산망 사업의 추진단계에서 '정부 행정기관의 전산화 실태'에 대 한 인터뷰 자리에서 아래와 같이 언급한 적이 있었다.[15]

이용태 사장이 회고하는 '정부 행정기관의 전산화 실태'

행정전산망 사업을 시작하던 당시 정부에는 이미 몇 대의 컴퓨터가 들 어와 있기는 했지만, 각 부처의 전산 부서를 비전문가인 일반 공무원이 담당하고 있었다. 그런데 각 부처의 전산실로 자리를 옮긴 공무원들은 모두가 그 분야에 생소한 비전문가들이기에 자신이 좌천되었다고 생각 했다. 가령, 일선 세무공무원이나 경제기획원 공무원에게 전산실 근무 를 맡기면, 좌천되었다고 생각하고 어떻게든 그 자리를 빠져나가 다시 원대복귀 하고자 애를 쓰는 것이다. 예외도 있었지만, 대개 전산실 책임 자들은 전산화의 내용도 잘 알지 못했을 뿐만 아니라, 열성도 전혀 없 었다.

문제는 거기에 그치지 않았다. 당시로서는 전산 기술이 희귀하였기 때 문에, 전산 기술에 비교적 익숙한 하위직 공무원들은 대우가 나은 일 반기업으로 거의 빠져나갔다. 그 때문에 정부 내에서는 전산화하기 위 한 우수한 인력을 확보하기가 거의 불가능하였다.

한편, 외부 업체에 용역을 주어 업무 전산화를 하려고 해도 몇 가지 문제가 있었다. 소프트웨어 업체들은 정부에서 전산 업무 프로그램 등을 입찰하면, 우선 따놓고 보자는 속셈으로 형편없는 가격으로 응 찰하는 업체가 많았었다. 그렇게 기본적인 비용마저 무시한 채, 낮은 가격으로 입찰함으로써 자연히 부실한 소프트웨어를 납품하게 되었으 니 쓸모없는 제품이 될 수밖에 없었다.

그러니 정부의 윗사람으로서는 돈을 투자하여 전산화를 시도해 보았더니, 제대로 돌아가는 것이 없게 된 것이다. 따라서 고위공무원들은 전산화라는 것이, 말은 거창하지만, 제대로 성과를 거두지 못하는 것이라고 판단을 하는 것이 대부분이었다. 이러한 악순환이 거듭되면서 우리나라의 행정전산화는 전반적으로 지지부진한 상태에 놓여 있을 수밖에 없었다. (…)

이용태 사장이 인터뷰에서 기술한 것처럼 1980년대 당시 상황에서 정부 행정기관의 행정전산화 시도에는 (오늘날 디지털 세상을 살아가는 우리가 이해하기 어려운) 고질적인 악순환의 고리가 존재했었다. 따라서 그는 누구보다도 업무 전산화에 모범을 보이고, 선도해야 할 정부 기관이 가장 뒤떨어진 전산화 체제를 가지고 있을 뿐만 아니라, 그것마저도 활용할 만한 인재나 의욕도 없으니 큰 걱정이라고 늘 마음속으로 아파했을 것으로 짐작할 수 있다.

이러한 상황을 벗어나기 위하여 데이콤은 행정부의 사무자동화에 대해서도 큰 노력을 기울였다. 다음은 이철수 본부장이 직접 경험한 행정부의 사무자동화와 컴퓨터 사용법 교육에 관한 일화逸話다.

행정부 사무자동화와 컴퓨터 사용법 교육

(…) 행정부의 사무자동화를 위하여 나(이철수)는 사무자동화(OA) 부장으로 일할 때, 체신부 업무보고를 컴퓨터로 할 수 있는 시스템을 제작하였다. 이 당시에 장·차관을 직접 만나 뵙고 그들이 필요한 요구사항을 받고, 컴퓨터 화면을 그려서 내용을 설명하면서 승인받고 난 다음, 화면 그대로 제작하여 사용할 수 있도록 하였다. 이렇게 만들어진 것이 정부 최초의 자동보고시스템(ARS)이었다. 그 시스템을 총리실에

도 설치하였다. 이를 근간으로 각 부처가 그들에게 적합한 자동화 시스템을 개발·활용하여 정부의 사무자동화가 추진되기 시작하였다. (…)

1982년 후반기에 데이콤에 OA 부서를 조직했고, OA 부서가 사용하기 위해 도입한 시스템이 UNIX이고 C언어로 모든 프로그램을 작성하였다. (나는) 데이콤에서 UNIX 언어를 처음 공부하면서 사용했었다. 1986년 OA 부서 직원들과 함께 'UNIX시스템과 C 언어'라는 책을 저술·출판하기도 하였다. (…)

또한, (나는) 고위직 공무원, 군 장성, 기업체 임원들을 대상으로 컴퓨터 사용법 교육을 하였다. 매일 아침 7시부터 8시까지 한 시간씩 일주일을 교육하였다. 각종 보고서나 일정을 스스로 보고·결제할 수 있는 능력을 키울 수 있도록 교육하였다. 연령층이 높고 직위가 높은 공무원들이 열심히 하시는 것으로 보면서 조교로 참여하였던 직원들도 놀라워했다.

교육받은 분들로 진의종(陳懿鍾, 1921~1995) 총리와 비서실장, 행정실장 등이 기억이 남았고, 행정전산망 사업을 하면서 어려운 일이 있을 때, 찾아가서 많은 도움을 받았다. 이는 우리나라를 이끌어가던 인사들이 컴퓨터 사용에 대한 동기부여가 되어 정보화를 이해하고, 행정전산망 사업에 큰 도움이 되었다고 할 수 있었다. (…)

또한, 아래의 곽수일과 김우봉 교수의 논문[16]도 이 사장의 인터뷰 기사의 내용인 '정부 행정기관의 정보화 실태'를 뒷받침하고 있다.

공공부문의 정보화 촉진 방안

(…) 능률적인 공무원은 '기존의 담당업무의 효율성을 정보기술의 활용을 통해 제고시키는 것을 의미'한다. 이를 실현하기 위하여 기본적

으로 개인의 정보기기(하드웨어: HW, 소프트웨어: SW)가 확보되어야 하고 각 개인이 이를 적절히 다룰 수 있는 능력을 갖추어야 한다.

이를 위하여 정부는 공무원에 대해 1996년까지 1단계 전산기초교육을 완료하였고, 1997년부터 중앙행정공무원(14만 명)을 대상으로 윈도우즈, 전자우편, 전자결재, 인터넷 등 2단계 정보화 교육을 할 예정이다.

한편, 공무원 개별 담당업무는 의사결정도 있지만, 상부에서 결정된 정책이나 지시의 집행에 관한 것이 많다. 특히, 많은 하부의 업무들은 상당 부분이 단순반복적인 행정업무수행 및 국민에 관한 정보의 기록, 보존 및 검색에 관한 것이다. 이는 물리적으로는 문서의 작성, 축적, 이동, 보관에 관한 것으로, 사무자동화적인 대응이 가능한 부분이다. 내용 면에서는 외부 정보의 처리보다는 과거의 대규모 국민 관련 정보의 처리, 저장, 이전, 검색에 관한 것이다. 따라서 경영정보시스템에서 흔히 말하는 '거래처리시스템(transactional data processing system)' 수준의 정보화에 해당한다고 볼 수 있다. 그동안 정부에서도 단순반복적이고 전국적인 규모로 수행되는 업무의 경우, 전산화가 상당히 진행되었다.

그러나 아직도 하부 행정 부서에서 사무자동화의 수준은 기업이나 민간의 정보화 수준에 비하여 뒤떨어지고 있다는 지적이 많다. 가장 중요한 이유로 지적되고 있는 것은, 첫째, 개인정보장비의 부족, 둘째, 공무원 개인의 정보화 능력 부족이다. 대표적인 예로 많은 정부 부서의 경우, 아직도 과거의 타자 전문인력에 해당되는 워드프로세싱 인력이 존재하고, 정보화기기가 인력에 비하여 매우 부족한 실정이다. 또한, 있는 정보화기기마저도 소프트웨어가 충분하지 못하고, 그런 소프트웨어마저도 충분히 활용하지 못하고 있다.

따라서 행정서비스 고객인 민간 입장에서는 업무수행 공무원에 대한 정보화기기의 충분한 공급과 공무원의 정보화기기 활용능력의 제고가 요청된다고 보고 있다. 한편, 정보화기기 활용기술의 내용 측면에서도

> 단순히 PC/Terminal을 이용한 공문서의 작성과 발급 수준에서 나아가 데이터베이스(DB)의 활용과 정보의 수집과 가공 능력의 향상으로의 질적인 변화가 요구되고 있다. (…)

공공부문 업무 전산화와 걱정거리

앞에서 잠깐 언급한 것같이 1970년대 들어서면서 우리나라에서 업무 전산화는 공공부문과 민간 부문의 선발주자들에 의해서 각자 독자적·경쟁적으로 추진되는 상황이었다. 특히, 공공부문 업무 전산화와 관련하여서는 걱정거리가 한둘이 아니었다.

첫 번째 걱정거리는 '외화 유출에 대한 위기감'이었다. 1980년대에 들어오면서 우리나라에서 미국 컴퓨터회사로 지급되는 컴퓨터 임대료 비용이 매년 2억 달러 수준이 되었다. 그중에서 약 50%를 차지하는, 무려 1,000억 원이 공공부문의 전산화 비용이었다. 그러나 부처별로 살펴보면, 제대로 전산화된 것이 거의 없는 형편이었다. 부처별 감사에서도 이러한 분야는 '왜 전산화하지 않았느냐'고 따지면, 항상 대답이 '그런 것을 하려면, 컴퓨터를 확장해야 하는데 예산이 부족해서 못 한다'라는 대답이 돌아올 뿐이었다. 다음은 그 당시 상황에 대한 청와대 경제비서실 과학기술 비서관 홍성원 박사의 증언이다.

외화 유출에 대한 위기감

(…) 대답은 항상 예산 부족과 장비 부족 때문이었다. 따라서 매년 공공부문에서 전산화 예산은 늘어나기만 하는 상황이었다. 당시, 매우 초보 단계의 전산화 수준만으로도 연 1,000억 원 정도가 컴퓨터를 임대

하는 비용만으로 나가는 실정으로 이 금액만 10년 모아도 1조 원이된다. 여기에 추가하여 컴퓨터 운용체계 개발과 운영의 비용까지 합치면, 적게 잡아도 몇조 원 규모가 되니, 이러한 상황에서 제대로 전산화하려면, 국가를 말아먹겠다는 위기감이 고조되는 상황이었다.

당시 정부 부처의 전산화는 사용 부처가 주체가 되어 나름대로 외부 전문가들의 의견을 받으면서 추진되었다. 그러나 당시에는 전산화 전문가를 거의 찾아보기 어려운 상황이라 자연스럽게 컴퓨터업체들에 의존해서 의사 결정과 사업추진이 이루어질 수밖에 없었다. 이러한 상황에서는 자연스럽게 그들의 이익을 극대화하는 방향으로 나갈 수밖에 없었다. 따라서 요구되는 컴퓨터의 덩치는 점점 커지게 마련이고, 개발비용도 점점 확대되는 방향으로 구축되면서 시스템들은 부처 간은 말할 것도 없고, 부처 내부 업무에서조차 상호호환성과 연동성이 되지 않아 중복개발이 극대화되고 있었다.

이러한 위기감과 우려를 해결하는 방안으로 홍성원 박사는 공공부문의 전산화를 위하여 "별도의 민간 전문가집단에 의한 부처별 업무를 통합적으로 구축·운영하는 것이 필요하다"라고 주장하였다. 이것은 특정 사업의 전담사업자가 공공부문 업무 전산화를 통합·개발·구축하여 운영·관리까지 함으로써 예산 낭비를 예방하고 정보통신 산업을 활성화하려고 하였다. 아래의 일화는 백인섭 소장이 전하는 공공기관의 업무 전산화 과정에서 도입하는 컴퓨터 용량이 극대화되는 현상에 대한 설명이다.

떡이 커야 떡고물이 많은 법, 따라서 도입예산이 극대화될 수밖에…

● 당시 공공기관에서 자체 전산화를 위해서 도입하는 컴퓨터 시스템 들은 처리업무에 비해 과대하게 포장된 대용량 시스템들이 도입·설치되는 추세였다. 이것은 도입시스템이 커져야 가격이 올라가고, 그러면 주변에 떨어지는 소위 '떡고물(?)'이 커지기 때문이었다.

● 이는 당시 상황에서는 '누이 좋고 매부 좋은 해법'이었다. 누이는 컴퓨터 판매·임차 업체들이고, 매부는 그것을 도입·설치·사용하려는 공공기관의 관련자들이다. 그리고 당시는 공공기관에서 도입 기종을 선별할 때, 도입 기종의 기술적 적합성 같은 것은 들러리, 즉 부차적인 것에 불과하고 실제로는 업자가 뿌리는 떡고물의 크기에 따라, 기종이 결정되는 그러한 환경이었으므로 기술적, 업무적 타당성을 평가할 만한 수준은 되지 않았다. 따라서 공공기관의 전산화 비용은 극대화될 수밖에 없는 실정이었다. 또한, 당시에는 소프트웨어는 공짜(무료)라는 것이 상식으로 되어 있어, 사실상 소프트웨어 비용까지도 하드웨어 가격에 포함되어야 정부 예산에서 인정되었기에 이러한 현상은 더욱 가중될 수밖에 없었다. 이러한 형편이다 보니, 국가의 기간망 전산화가 나라를 말아먹을 판이 될 수밖에 없는 상황이 초래되고 있었다.

두 번째 걱정거리는 '국가 독립성과 안보에 대한 위협성'이었다. 이렇게 100% 외국업체에 의존하는 상태로 국가사회 전산화가 계속 이루어지는 경우, 언젠가는 국가 공공부문의 모든 업무가 외국 컴퓨터회사에 의하여 좌지우지되는 상황이 도래할 것이다. 그러한 상황에서 국가기밀 사항들이 해외로 쉽게 누출될 우려가 있었다. 또한, 전산화를 담당하는 컴퓨터업체의 지원 업무에 대한 태업sabotage 등과 같은 이유로 인하여 국가 업무가 쉽게 마비될 우려가 있다는 것이다. 이같이 국가 안보 또는 독립성까지도 하나의 해외 컴퓨터업체에 의해서 좌지우지될 우려가 매우 크다는 것이었다. 이러한 우려의 해결방안으로 홍성원 박사는 주전산기, 정보통신망 등 공공업무 전산화에 필요한 장비의 '국산화'를 통하여 해결하고자 하였다.

세 번째 걱정거리는 '정보사회 구현과 정보산업 육성을 동시에 추진하는 문제'였다. 미래 정보사회에서 선진 국가가 되려면, 업무에서 정보화 구현과 정보산업 육성을 동시에 실현하여야 한다. 어떻게 이 두 마리 토끼를 동시에 잡을 것인가? 이것은 정보화를 위한 수요와 공급, 즉 2마리 토끼를 한 번에 잡아야 하는 것으로 우리나라에서는 기술개발, 즉 공급 쪽은 할 수 있는 여지가 있다. 그러나 그것을 사줄 시장, 즉 정보화 쪽은 우리 국가사회의 후진성 때문에 전혀 가능성이 없었다. 그렇다고 외국 시장에 수출은 더욱 어려운 상황이었다. 선진 시장에서 후진국 제품을 구매·사용할 이유가 없기 때문이었다.

따라서 정보산업 육성은 시장이 전혀 없으므로 관련 부처별로 기술 주도적 육성계획만 무성할 수밖에 없는 상황이었다. 그런데 기술주도 산업육성은 언제나 엄청난 투자가 이루어져야 하지만, 성공한다고 하여도 시장 문제로 인하여 대부분 경우에는 실패하게 마련이다. 이러한 이유로 인하여 그것을 적극적으로 추진할 수도 없는 상황이었다. 이러한 급박한 상황에서 이용태 사장과 홍성원 박사의 번득이는 지혜가 발동되었다. 그들은 공공부문 전산화를 통합하여 추진함으로써 '규모의 국내 정보산업 시장을 창출할 수 있다'라고 생각했다. 더구나 당시 우리나라 정보시장은 공공영역 대비 민간 영역이 반반이었지만, 우리나라에서 이러한 사업 분야는 정부 주도형이기 때문에 실제로는 80 대 20 정도로 공공부문의 수요를 창출할 수도 있다고 보았다.

네 번째 걱정거리는 '공공기관 업무 전산화의 구축과 관리에 필요한 비용'

이었다. 공공기관 업무의 전산화로 인하여 전체가 전산망으로 이루어지려면, 부처마다 업무별로 자신의 전산망을 구축해서 전산망이 무한 발산되어 수많은 '전용선망'으로 국토가 뒤덮이는 형국이 될 수도 있었다. 그러한 상황이 벌어지면, 끔찍한 구축 비용, 운영관리 비용, 상호연동성 및 비효율성 문제가 발생할 것이다. 이 문제를 어떻게 해결할 것인가? 이것이 커다란 문제였다. 이 문제의 해결방안은 이용태 사장이 제안하였다. "해답은 국제표준에 적합한 국내 데이터 전용 공중망을 구축·운영하는 것이었다."

다섯 번째 걱정거리는 정부의 부처별·업무별로 전산망을 구축하면, '심각한 호환성 문제로 인하여 막대한 중복투자가 발생'할 수밖에 없는데 마땅한 대안이 필요하였다. 이 걱정거리와 관련하여 이용태 사장과 홍성원 박사는 정부 전산망을 위한 통합설계와 개발, 표준화를 추진하는 방안을 제시하였다. 당시 상황을 종합적으로 회상·분석하면, 크게 2가지 쟁점이 대두되었다.

첫째, '공공부문에서 태동기의 전산화로 인하여 초래되는 다양한 위기 상황을 어떻게 탈피할 것인가'하는 쟁점이었다. 이것은 중복성, 해외업체 의존성 등이 문제이기도 했다. 둘째, '그동안 우리나라가 이룩한 엄청난 경제적 성장을 토대로 하여 더 바람직한 국가 발전을 도모하려는 대통령의 강한 의지에 호응하는 방안 마련'이 필요하였다. 이 문제는 사회발전과 산업 발전을 통한 획기적 국가 발전을 위한 방안의 마련과 실천이었다.

이 두 가지 쟁점을 하나로 묶으면, (1) 정보화에 필요한 인프라, 즉 기반시설을 구축하여 국가사회의 고도 정보화를 이룩하는 것과 (2) 선진국형 정보통신 산업을 육성하는 '국가적 대과제'를 도출하여 동시에 추진하는 것이었다. 즉, 기술과 시장을 동시에 통합적으로 육성해야 한다는 것이었다. 당시, 공공분야의 업무 전산화는 기술 주도가 우리나라는 물론 세계적인 일반적 추세였다. 그러나 기술주도 방식의 산업육성은 잠시 성공한다고 하여도 대부분 시장의 부족 때문에 실패하는 사례가 대부분이었다. 이와 같은 시장의 추세로 볼 때, 국가정보화와 국가정보산업 육성을 동시에 추진한다는 것은 매우 획기적인 일이면서 매우 이루기 어려운 과제였다.

이들 문제를 해결하기 위하여 우리나라에서는 두 가지 추진전략이 세워졌다. 첫째, '국가기간전산망 통합구축 사업'이었다. 이 사업을 통하여 공공부문 전산화를 전체로 통합·추진함으로써 공공부문 정보화를 합리적으로 수행했었다. 이러한 공공부문 정보화는 '작고 효율적인 정부를 구현'하는 것과 함께 이를 국내 '정보산업 육성'을 위한 시장을 제공함으로써 초기 정보화를 위한 '규모의 시장'을 형성하면서 주전산기 국산화가 가능해질 수 있었다. 나아가서는 주전산기의 수출상품화도 가능한 길을 찾을 수 있었다.

둘째, '주전산기 국산화 사업'이었다. 미래지향적인 국가기간전산망용 주전산기를 우리 힘으로 설계·개발하여 국산화에 성공함으로써 해외 의존도에서 벗어나 국가 운영의 자주 독립성을 유지하고, 그리고 국내 정보산업을 육성할 수 있었다. 이같이 정보산업의 육성으로 국내시장이 보장되었기 때문에 주전산기 국산화가 가능해졌다. 또한, 이를 계속 발전시켜 국제경쟁력을 가지는 정보산업 육성도 가능해졌다.

이같이 '국가기간전산망 통합구축'과 '주전산기 국산화' 사업의 두 가지 전략이 바로 대한민국의 정보통신혁명을 이룩했으며, 지난 50년 동안 세계 최고 수준의 정보통신 강국을 이룩한 하나의 '성공 열쇠'라고 할 수 있다.

제2장
데이콤의 탄생, 공중정보통신망 개통과 천리안

한국데이타통신주식회사 탄생과 초대 사장 이용태 박사

정보통신 사업을 위한 한국전기통신공사KTA가 1982년 1월 1일에 설립된 3개월 후인 3월 29일 대한민국 정보통신의 역사에서 길이 남을 또 하나의 기념비적인 일이 일어났다. 바로 신생 정보통신기업인 한국데이타통신주식회사(약칭 데이콤, DAta COMmunication Corporation of Korea: DACOM)가 설립되었다. 그러나 데이콤 발족을 앞두고 우리나라 정보통신업계에서 최대 관심은 '누가 데이콤 사장이 될 것인가'였다. 그 당시 우리나라 컴퓨터 분야의 양대 산맥인 한국과학기술연구소(Korea Institute of Science and Technology: KIST) 성기수 박사와 삼보컴퓨터 이용태 박사가 그 대상이었다.[1]

이들 두 박사는 우리나라 컴퓨터 발전의 개척자로서 KIST에서 함께 일하기도 했다. 그러나 성기수 박사는 주로 컴퓨터 응용 소프트웨어 개발에 관심을 가졌다면, 이용태 박사는 컴퓨터시스템 자체, 즉 국산컴퓨터 개발에 더 관심을 가졌다. 또한, 두 박사의 성격도 대조적이었다. 대부분 과학자와 같이 조직적이고 치밀한 성격의 소유자인 성기수 박사는 공사公私의 구분이 분명한 실용주의 과학자로서 목적 달성을 위하여 타협할 줄 모르던 그는 주요한 프로젝트를 사용자로부터 주문받을 때마다 정부 관료들과 상대하여야 하는 연구소 생활에는 적응력이 부족하다는 평도 들었다. 그러나 그는 자신의 분야에서 한 우물을 팜으로써 자신의 영역을 탄탄히 구축할 수 있었다.

이에 반하여 이용태 박사는 학자와 연구원으로 출발하였지만, 사업 감각이 뛰어난 사람으로 사업경영과 돈을 버는 재주가 있었다. 그는 KIST에서 고위급 간부로 있으면서도 부업을 가졌으며, 진취적이고 이상적인 성격이어서 끊임없이 새로운 것을 찾아 헤맸다. 그는 항상 남들보다 몇 발짝이 아니라 10년은 앞서고 있었기 때문에 1980년 우리나라 최초의 벤처기업인 삼보컴퓨터를 설립할 수 있었다.[2]

그 당시 컴퓨터 분야에서는 이들 두 박사의 사이가 그렇게 원만하지 않다는 소문이 나돌았다. 어떤 사람은 그들 사이를 개와 원숭이처럼 서로 으르렁거리는 사이, 즉 견원지간犬猿之間이라고 혹평하기도 하였다. 그 이유를 어떤 사람은 '가치관의 차이'라고 하기도 하고, 어떤 사람은 '사물을 너그럽게 용납하여 처리할 수 있는 넓은 마음과 깊은 생각, 즉 도량度量, scale의 차이'라고 하기도 하였다.

아무튼, 많은 후배 동료 연구자를 거느리고 있는 우리나라 컴퓨터 분야의 양대 산맥인 성기수 박사와 이용태 사장은 중요한 일이 있을 때마다 사사건건 의견대립을 보였다.[3] 그러나 우리나라에서 정보산업이 시작된 초기 단계에서 이들 쌍두마차는 선의善意의 경쟁 관계를 유지하면서 컴퓨터와 정보통신 분야의 연구·개발에 불씨를 붙이면서 정보산업의 변화를 주도하는 창의적인 선도first mover였다. 이들 두 분의 선도자는 오늘의 대한민국을 정보통신 강국으로 견인한 주역主役들이라고 할 수 있다.

이러한 컴퓨터 분야의 분분한 사회 대중의 공통된 의견에도 불구하고 체신부 실무자들이 복수로 천거한 데이콤 사장 가운데 한 사람을 선택하는 데는 그렇게 오랜 시간이 걸리지 않았다. 데이콤 사장 임명에 결정적 역할을 하였던 오명 체신부차관이 이용태 박사를 천거하였다. 그는 이 박사를 데이콤 사장으로 추천한 이유는 아래와 같이 회고하였다.[4]

이용태 박사를 데이콤 사장으로 추천한 오명 박사의 회고

(…) 그 당시는 다른 사람은 생각할 수 없었어요. (우리나라에서) 컴퓨터나 데이터통신에 대한 책임을 맡길 만한 사람은 성기수 박사와 이용태 박사 두 사람밖에 없었으니까요. 둘 중 한 사람이 되는 것은 자연스러운 일이었죠. 그런데 두 사람 모두 개인적으로 가까이 지낸 사이가 아니었기 때문에 객관적으로 건의할 수 있는 상태였죠.

그때 여러 가지 이야기가 나오더라고요. 이용태 박사의 경우, '순수한 학문하는 사람이 아니다'라는 면에서 공박(攻駁)이 나오는가 하면, 명색이 회사를 맡을 사장인데 돈벌이도 할 줄 아는 사람이 맡아야지 '순수한 학자가 맡으면, 되겠느냐' 하는 의견도 있었어요.

성기수 박사의 경우, 한 길을 걸어온 학자적인 사람으로서 바람직하다는 평이 있는 반면에, 사업을 전혀 모르기 때문에 사장을 맡기기에는 부적합하다는 반론도 있었죠. 그래서 여러 사람과 상의하고 장관께 건의하는 과정에서 데이콤은 기업이니만큼 사업 수완이 있는 사람에게 맡기는 것이 바람직하다는 결론에서 이용태 박사로 결정이 되었던 겁니다. (…)

그러나 체신부에서 데이콤 사장에 대한 선임과정이 이루어지는 무렵에 이용태 박사는 엉뚱한 일에 열중하고 있었다. 그는 그동안 국제경제연구원 연구위원으로서 부총리 자문관직을 맡고 있던 김기환 박사의 주선으로 전두환(全斗煥, 1931~2021) 대통령에게 건의하여 벤처캐피털 회사 설립의 중요성을 추진해 왔었다. 그는 대통령과의 면담 후에 정부의 도움으로 실제로 모금

목표액 1,000만 달러 가운데 800만 달러를 모아 놓고 미국 실리콘밸리Silicon Valley로 떠날 준비를 하고 있었다. 이러한 계획은 그가 한국전자기술연구소(Korea Institute of Electronics Technology: KIET) 부소장 자리를 물러난 이유에서 설명한 것과 같이 '컴퓨터 관련 벤처기업 100개를 설립하겠다'라는 계획과 연결되어 있었다. 이용태 박사는 오명 체신부 차관으로부터 데이콤 사장을 맡아 달라는 요청을 받고 고민에 빠질 수밖에 없었다. 그는 그때의 심경을 아래와 같이 회고하였다.[5]

데이콤 사장 수락에 대한 회고

나(이용태)로서는 큰 결정을 내려야 할 시점이었다. 벤처사업은 낙후된 우리나라의 컴퓨터 관련 사업을 획기적으로 끌어올릴 수 있는 절호의 계기를 마련하게 된다. 외국의 최신 기술을 도입하여 우리나라의 정보화 수준을 단숨에 끌어올릴 수 있으니, 이처럼 중요한 일이 또 어디에 있겠는가?

그렇지만 나는 생각을 다시 한번 정리해 보았다. 이미 투자할 돈을 구해 놓았으므로 벤처캐피털은 내가 아니더라도 대신할 사람이 있을 것이라는 생각이 들었다. 반면에 당시 우리나라의 정보통신 사업을 시작할 사람으로 나를 결정하고 강력히 권유하니 진퇴양난이었다. 그때, 나는 여러 가지로 생각한 끝에 후자 쪽으로 마음을 굳히게 되었다.

데이콤은 회사의 명칭에 나타난 것과 같이 데이터통신을 주력 사업으로 선정하고 출발하였다. 데이터통신은 컴퓨터와 통신선을 연결해 데이터를 전송하는 것이다. 이와 관련하여 데이콤의 초대 사장으로 추대된 이용태 박사가 데이콤 창업식에서 행한 기념사의 요지[6]는 아래와 같다.

데이콤 창업식에서 이용태 사장이 행한 기념사 일부

(…) 창업식에서 이용태 사장은 기념사를 통하여, 우리나라 산업계의 국제경쟁력을 높이고 머잖아 닥쳐올 정보사회에 대비하기 위해서는 정보통신 산업을 하루빨리 육성하여야 하며, 자신을 비롯한 모든 임직원은 그 기초를 다지는 데에 혼신의 정열을 기울일 것이라는 결의를 표명하였다. (…)

이용태 사장의 벤처캐피털 회사 준비과정과 한국기술개발주식회사

이용태 박사가 데이콤 사장으로 취임하기 전에 벤처기업 설립과 관련하여 그가 추진한 또 하나의 사업은 벤처캐피털 회사의 설립이었다. 그러나 이 회사의 설립은 (그 당시) 단지 1억 원 정도의 투자로 시작할 수 있는 벤처기업과는 다르게 막대한 자본이 필요하므로 정부의 지원이 필요하였다. 그는 김기환 박사의 소개로 전두환 대통령을 만나서 벤처캐피털 회사 설립의 필요성을 역설하였다. 그 당시 전 대통령은 각 분야의 전문가를 만나 국정 운영에 도움이 되는 말을 듣고 있었으며, 경제학자인 김기환 박사에게 기술개발에 관한 아이디어를 자문하자 이용태 박사를 소개하였다. 그는 대통령과의 면담에서 우리나라에서 '기술개발'과 '벤처캐피털 회사'에 대한 평소의 생각을 아래와 같이 설명하였다.[7]

이용태 박사의 벤처캐피탈 회사에 관한 생각

현재 우리나라에서 가장 필요한 것이 기술이다. 기술을 얻으려면 과거처럼 기술도입이나 기술개발 두 가지 기둥으로는 안 됩니다. 기술도입은 선진국과 후진국 사이에서 선진국이 후진국에 오래된 기술을 주는 것이지, 선진국이 한창 쓰고 있는 첨단기술을 주는 것이 아닙니다. 그러니까 우리가 정보산업 같은 첨단산업을 육성하려면, 기술도입으로는 안 되는 것입니다. 또한, (우리가) 자체 개발을 한다는 것은 능력도 없을 뿐만 아니라 시간이 너무 오래 걸립니다. 대부분 사람이 이 두 가지 기둥만 생각하는데 세 번째 기둥을 세워야 합니다.

세 번째 기둥이 무엇인가 하면, 벤처캐피털을 모아 미국으로 들고 나가는 것입니다. 미국에서 가서 '젊은 수재들이여! 여기 돈이 있으니까, 오기만 하면, 돈을 대어주겠다'하고 간판을 내걸면, 한 달에 300건 정도의 신청이 들어올 것입니다. '정보통신 분야의 날고 기는 뛰어난 인재, 즉 재주가 뛰어난 사람인 준재(俊才)들이 오는 것이죠.'

'벤처캐피털' 회사는 고도의 기술력을 가지고 있으면서도 그 장래를 예측할 수 없는 신생 회사에 자본금을 출자해 주는 회사를 말합니다. 그 회사가 출자한 회사 중 3분의 1은 망하게 되어 있고, 3분의 1은 평범한 회사가 되고, 나머지 3분의 1은 꽤 좋은 회사가 됩니다. 결국, 평균하여 따져 보면, 다른 데 투자하는 것보다 낫게 됩니다.

그러한 벤처캐피털을 들고 미국으로 가면, 한 달에 200~300건의 최신 기술을 들고 와서 투자해 달라고 합니다. 그중에 마케팅과 제품 설계는 미국에서 하고, 개발과 생산은 우리나라에서 할 수 있는 품목을 골라서 자본을 대주고 우리나라 기업과 연결해 주면, 우리나라에 진짜 기술이 들어오게 됩니다. 1개 컴퓨터회사에 100만 달러씩 해서 30개 회사에 투자할 경우, 그중에서 10개만 성공해도 본전은 뽑을 수 있습니다. 그렇게 되면, 하루아침에 우리나라가 미국에서도 가장 앞서는 컴퓨터를 생산하는 나라가 됩니다.

1980년대 초반의 경우에는 벤처캐피털 회사 설립이 미국에서도 초창기였다. 그러나 이용태 박사의 벤처캐피털 회사 설립계획은 생각보다 순조롭게 진행되었다. 그 당시 청와대 경제수석비서관 김재익 박사의 적극적인 지원으로 그는 8개의 단자회사에서 100만 달러씩 800만 달러를 모을 수 있었다. 이제 목표한 1,000만 달러를 채우면, 회사를 설립하여 미국 실리콘밸리로 건너가려고 계획하고 있는데 뜻밖에도 체신부 오명 차관으로부터 데이콤 사장에 대한 제의가 있었다.[8]

그 당시 오명 차관이 구상하고 있었던 데이콤의 역할은 크게 두 가지였다. 첫째, 데이콤이 전국적인 데이터통신망을 설치·구축하여 다양한 데이터통신 서비스를 제공하는 것이었다. 둘째, 데이콤이 전체 정부 부처의 업무를 전산화하는 것이었다. 1970년대 초반부터 기회가 있을 때마다 '정보산업 육성'을 메아리 없는 목소리로 관계 부처에 외쳤던 이용태 박사로서는 오명 차관의 구상이 매우 흥미로운 일이 아닐 수 없었다. 그런가 하면, 무르익어 가는 벤처캐피털 회사의 설립도 우리나라 정보산업의 육성을 위하여 필요한 것임이 틀림없었다. 따라서 그는 양자택일의 갈림길에서 행복한(?) 고민을 하지 않을 수 없었다.[9]

이용태 박사가 제안한 벤처캐피털 회사는 원래 청와대 측에서 시작하였지만, 실제 추진은 재무부(현재 기획재정부)에서 맡아서 단자회사를 끌어들여 자금을 확보하였다. 그러나 재무부 측에서는 이 박사가 건의하여 시작한 사업이니 그가 주장하면, 그에게 사장 자리를 주겠지만, 그가 아니더라도 시키고 싶은 사람이 꽤 있던 실정이었다. 이와는 다르게 체신부 측에서는 이 박사가 데이콤 사장을 맡아 주길 바라고 있었다. 따라서 그는 자신을 강력하게 원하는 쪽으로 방향을 정한 것으로 볼 수 있다. 그 후 〈전자신문〉 기자와의 인터뷰에서 그는 데이콤 사장 자리를 수락한 이유를 "그러니까, 나를 열렬히 원하는 쪽으로 끌려온 거죠. 지금 생각해 보면, 우리나라 정보산업 발전을 위해 어느 쪽이 더 나았을 것이라는 판단이 잘되지 않습니다"라고 회고하였다.[10]

이러한 과정을 거쳐서 이용태 박사는 (그 당시 상황에서는) 첨단기업이라고 할 수 있는 정부 주도로 설립된 데이콤 사장으로 취임하였다. 그러나 오명 차관과 그는 잘 아는 사이가 아니었다. 그는 국가보위비상대책위원회(약칭 국보위) 시절에 구미의 한국전자기술연구소(Korea Institute of Electronics and Technology: KIET)를 찾아온 오 차관과 인사를 나눈 것이 만남의 시작이었다. 처음 만날 때는 이 박사에 대한 별로 유쾌하지 않은 뜬소문을 듣고 있던 터인지라 결코 좋은 인상으로 만난 것도 아니었다.[11]

1980년 국보위는 정부출연연구소의 통폐합 조치를 단행하였다. 이 과정에서 서울에 있는 전자통신연구소와 구미의 KIET를 하나의 연구소로 통합하기로 하였다. 그러나 KIET는 정부가 출연한 내자 외에도 국제부흥개발은행(International Bank for Reconstruction and Development: IBRD)이 차관으로 제공한 외자도 포함되어 있었다. KIET는 명칭만 연구소이고 1977년 설립부터 반도체와 컴퓨터의 시험생산을 목적으로 IBRD의 지원으로 탄생하였다. 그러나 반도체와 컴퓨터 개발에 대한 정부 관료의 이해 부족으로 정부의 내자 조달이 순조롭게 진행되지 않았기 때문에 겨우 반도체 공장만 지었을 뿐, 실패한 프로젝트로 끝나가고 있었다. 이러한 상황에서 정부의 일방적인 연구소 통합작업은 지연되고 있었다.[12]

이러한 과정에서 KIET의 소장 자리를 노린 KIET의 부소장 이용태 박사가 IBRD를 사주하여 통합작업에 방해 공작을 하고 있다는 뜬소문이 시중에 나돌고 있었다. IBRD 차관 문제를 해결하기 위하여 구미로 내려간 청와대 과학기술 비서관 시절의 오명 차관은 그것이 뜬소문에 불과하다는 것을 확인한 경험이 있지만, 이러한 뜬소문은 결코 유쾌한 일은 아님이 틀림없었다. 그런데도 이 박사가 최적의 인물이라는 주위의 여론을 듣고, 오명 차관은 대담하게 그를 데이콤 사장으로 발탁하였다. 이와 관련하여 이용태 박사는 오명 차관의 사람 됨됨이와 데이콤 사장에 임했던 소회를 아래와 같이 밝혔다.[13]

이용태 사장의 오명 차관에 대한 인물평

(…) 여기서 언급할 것은 오 차관의 사람 됨됨이입니다. 데이콤 사장 자리를 맡으라고 하기 전까지 오 차관과 나와의 관계는 (출연연구소 통폐합 과정에서 발생한 KIET와 IBRD의 문제 때문에) 싸운 것밖에 없었습니다. 그러한 나에게 (데이콤) 사장 자리를 맡겼는데, 그 이유는 정보통신 사업을 이끌어갈 만한 비전과 배경을 가진 사람은 나밖에 없다는 것이었어요.

그리고 데이콤이 발족한 이래 (운영에서는) 간섭을 조금도 하지 않았어요. 반면에 내가 하는 일에 대해서는 적극적으로 밀어주었어요. 그러한 정부의 뒷받침이 아니었다면, 나는 사장 자리에 오래 있지도 않았을 것이고, 데이콤이 단시일 내에 이렇게 발전하지도 않았을 겁니다. (…)

이상에서 약술한 여러 가지 과정을 거쳐서 이용태 박사의 아이디어로 재무부의 주도하에 추진되어 1981년 '한국기술개발주식회사'라는 이름으로 벤처캐피털 회사가 발족하게 되었다. 그러나 그 회사는 우리나라의 자본과 미국의 기술을 접목하여 첨단기술을 국산화하는 대신에 국내의 벤처기업을 육성하는 역할을 담당하였다. 다행하게도 그 당시 삼보컴퓨터의 급성장 덕분에 한국기술개발주식회사도 같이 발전하였다.[14] 그 후 1992년에는 '한국기술개발주식회사'는 폐지되고 과학기술처(현재 과학기술정보통신부) 산하의 국영기업으로 '한국종합기술금융주식회사'로 재설립되었다. 이 회사는 기업의 기술개발을 촉진함으로써 산업구조를 고도화하고, 국제경쟁력을 강화하여 국민경제 발전에 공헌하였다. 그리고 2000년에는 'KTB네트워크'로 회사 명칭이 변경되고 민영화되어 오늘에 이르고 있다.[15]

공중정보통신망 DACOM−NET 개통

일상생활에서 신속한 정보전달을 위한 통신망communication network 건설은 정보통신 전문회사로 출발한 데이콤으로서는 무엇보다도 필수적이고 시급한 숙원사업이 아닐 수 없었다. 데이콤은 한국통신으로부터 '특정통신회선사업'을 넘겨받아 착실한 운영으로 경영의 틀을 다지면서 공중정보통신망인 'DACOM−NET'을 건설하기 위한 발 빠른 작업에 들어갔다. 산업사회에서 공업화에 따른 상품의 물류에 고속도로가 필요하듯이, 정보사회로 나아가기 위한 '정보전달의 고속도로'가 있어야 하는 것은 두말할 필요가 없는 것이다. 설립된 지 얼마 되지 않아 자체 통신회선망을 구축하지 못한 데이콤이 국내에 대한 본격적인 공중정보통신 서비스를 펼치기에 앞서 국제간 서비스 개통으로 눈을 돌린 것은 합리적이고 적절한 방향 설정이었다.[16]

이러한 기본방향에 따른 단계별 준비와 구축으로 우리나라에서도 공중정보통신이 가능하게 되었다. 1983년 7월 25일, 우리나라에서 데이콤이 공중정보 통신망 시대를 시작한 역사적인 날로 기록되고 있다. 이날 여의도 증권거래소 국제회의장에서는 데이콤의 이용태 사장을 비롯한 관계자, 우리나라 정보통신 관련 소관 부처, 정보산업 관련 산업기관 등에서 500여 명의 전문가가 참석한 가운데 국내 공중정보통신망의 개막을 선포하는 기념식을 거행하였다. 김성진 체신부(현재 과학기술정보통신부로 통합) 장관은 격려사를 통하여 "선진 조국을 건설하려는 정부의 의지에 따라서 데이콤이 정보사회를 앞당겨 구현하고자 그동안 기술의 꾸준한 축적으로 정보사회의 서막을 장식하였다고 치하하였다."[17] 이 당시의 공중정보통신망 건설은 단순히 데이콤이라는 한 기업의 차원이 아니라 국가적인 사업임을 강조한 것임이 틀림없는 것이었다.

데이터통신은 마치 전화를 통하여 우리가 서로 음성을 말로 주고받는 것과 같이 컴퓨터를 통하여 서로 자료를 주고받으며, 의사소통하는 것이다. 컴퓨터를 통한 효과(율)적인 의사소통을 위한 공중정보통신망의 건설은 데이콤이라는 정보통신 전문회사를 설립한 가장 중요한 목적 가운데 하나이기도 하였다. 데이콤이 설립될 당시만 하여도 대부분 사람이 '데이터통신이 무슨 뜻인지도 몰랐으며, 정보통신에 대한 일반인의 인식은 거의 시작 단계에도 미치지 못하는 초보 수준'에 있었다. 이러한 상황으로 인하여 데이콤은 통신망 건설에 밤낮을 가리지 않고 노력한 결과, 사업을 시작한 지 1년 만에 성공적으로 통신망을 개통할 수 있었다.[18] 이것은 기적에 가까울 정도로 빠르게 이루어낸 성과였다.

데이콤에서는 국내의 공중 정보통신 서비스 개막을 위한 예비 단계로서 국제 공중정보통신망 사업으로 시분할다중화장비MUX[19]를 설치하여 세계 33개 국가와 국제 정보통신 서비스를 시작하였다. 이러한 국제 공중 정보통신 서비스는 우리나라 사용자들이 정보통신 서비스가 무엇이고, 어떻게 이용하는가를 익히도록 하는 일종의 시험서비스pilot service라고 할 수 있었다. 아무리 좋은 시설과 서비스일지라도 이용자들이 사용 방법을 모르면, 무용지물이 되기 때문이다.

이러한 국제정보통신 서비스를 먼저 시작한 또 다른 한 가지 목적은 생소한 국내 공중정보통신망보다는 데이터베이스가 갖추어진 국제 공중정보통신망을 먼저 경험할 수 있도록 함으로써 우리나라의 데이터통신 서비스를 좀 더 원활하게 보급할 수 있도록 하자는 것이었다. 그러나 시험단계에 사용된 MUX[20]는 교환기능이 없는 것이었다. 이러한 제한적 기능을 보강하여, 본격적인 사업에서는 패킷 교환망[21]을 설치함으로써 국내의 데이터통신 서비스가 본격적으로 이루어졌다.[22] 이 사업은 천리안 PC 통신으로 이어졌다.

이러한 과정에서 기록으로 남겨야 할 역사적 사건이 하나 있다. 이 사건은 일명 X.25 공중데이터망의 해결 과정이다. 다음은 백인섭 정보통신연구소장이 회고하는 이 문제의 해결 과정에 대한 요약이다.

죽을 뻔했던 대한민국의 X.25 공중데이터망

- 데이콤에 의해 구축된 X.25 공중망은 그 당시 한 곳만 제외하고는 국내 대부분 대형 컴퓨터에서 사용하였다. 그런데 하필 그 한 곳이 당시 컴퓨터 산업의 황제로 군림했던 IBM 제품들이었다. 그 당시 국내 설치된 모든 IBM 컴퓨터가 예외 없이 X.25 공중망에 접속하면, 통신은 되지만, 주 컴퓨터의 속도가 너무 느려짐으로써 모든 업무처리가 불가능해진다는 문제가 제기되었다.

- 급기야는 X.25 공중데이터망 무용론까지 대두되는 매우 심각한 국가적 위기 상황에 봉착하게 되었다. 데이콤 정보통신연구소에서 원인을 분석하여 해결책을 내놓았다.

- 당시, 전 세계에서 X.25 통신규격을 공중망으로 가장 잘 사용하고 있는 곳이 프랑스의 'TRANSPAC'이었다. 그래서 데이콤 정보통신연구소장인 백인섭 박사가 그곳을 방문해서 사례를 파악하고 분석해서 그 원인을 찾았다.

- 모든 IBM 컴퓨터는 X.25망으로 연결할 때, 프로토콜 변환(SDLC to X.25)을 해야 한다. 이러한 변환을 컴퓨터 본체의 소프트웨어가 모두

수행함으로 그 변환 과정에서 시간이 많이 소요되기 때문에 본체의 처리 속도가 느려질 수밖에 없었다.

- 따라서 프랑스의 해결책은 프로토콜 변환을 본체가 아닌 별도의 하드웨어로 하는 이른바 PAD(Packet Assembly & Deassembly)를 사용하였기 때문에 그 당시 수많은 IBM 컴퓨터가 아무 문제 없이 잘 사용하는 중이라 하였다.

- 따라서 귀국 후에 바로 IBM-K에 소프트웨어 방식이 아니라, 별도의 하드웨어 방식 X.25 변환기를 공급해 달라고 요구했다. IBM-K 측의 대답은 그러한 변환기가 없으므로 공급이 불가하다는 답변이 돌아왔다.

- 다시 프랑스에 알아보니 하드웨어 방식 변환기(Synchronous Data Link Control (SDLC) PAD, IBM 통신 프로토콜)는 IBM이 공급하는 것이 아니라, 그들이 개발해서 이용자에게 공급한다고 하였다.

- 이러한 속 사정을 몰랐으니, 국내로 돌아오자마자 데이콤 정보통신 연구소에서 SDLC PAD를 개발하여 이용자에게 보급함으로써 이 문제를 해결했다. 사용도 해보지 않고 죽을, 즉 역사 속으로 사라질 뻔했던 한국 X.25 공중망이 다시 회생·사용되었다!

- 그 뒤에 알고 보니, 원래 IBM 본사는 국제표준과 대립하는 존재이기 때문에 엉터리 해법을 제시해서 국제표준이 잘 돌아가지 못하도록 했던 것이었다. 국제표준이라는 것은 그 당시 컴퓨터 세계를 제패하고 있는 IBM의 아성에서 벗어나려는 몸부림이었기 때문이다.

- 그 당시를 돌이켜 생각한다. 이 문제를 해결하지 못했다면, 우리나라에 정보고속도로, 즉 행정전산망을 구축하는 것이 불가능했을 것이고, 나아가서는 정보통신혁명도 불가능했을 것이다.

천리안과 PC 통신

데이콤이 1980년대에 제공한 정보통신 서비스 가운데 가장 대중화된 것이 천리안과 PC 통신이다. 이러한 정보통신 서비스가 시작된 것은 1984년이었다. 데이콤은 1983년 6월부터 한국전자기술연구소KIET와 공동으로 메시지 송수신이 가능한 최초의 한글 전자우편 시스템 개발에 착수하여 1984년 2월 개발에 성공했다. 이것으로 우체국 사서함을 컴퓨터에 그대로 옮겨 놓은 것과 같은 전자사서함 시대가 본격적으로 시작되었다. 또한, 데이콤은 컴퓨터를 이용하여 글자, 그림, 동영상이 합성된 화면 정보를 데이터베이스로 구축하여 이용자가 필요한 정보를 화면 단위로 찾아볼 수 있도록 하는 뉴미디어 서비스를 시작하였다.

이것이 바로 1990년대 중반 이후, 전세계적으로 급확산된 인터넷 서비스의 전前단계로서 당시에는 획기적인 컴퓨터통신 서비스 방식으로 '비디오텍스'라는 것이다. 당시에 비디오텍스 서비스를 위한 데이터통신 방식은 프랑스에서 개발한 유럽식 텔레텔Teletel 방식, 북아메리카식 알파지오메트릭 Alphageometric 방식과 일본의 캡틴Captain 방식이 국제표준을 다투고 있었다. 이러한 상황에서 데이콤은 유럽방식은 정보량이 적으면 효율적이면서 그림이나 영상정보가 아주 세밀하지만, 정보량이 너무 크면 비효율적이라고 판단하여 북미방식을 택하여 한국형 비디오텍스 서비스를 개발·구축하여 전국적 서비스를 구현하였다. 그리고 이것은 전자우편과 더불어 1986년 천리안 시대를 낳게 하는 계기가 되었다.[23] 다음은 데이콤 정보통신연구소 백인섭 소장이 회고하는 천리안 비디오텍스 서비스 작명에 얽힌 이야기의 한 토막이다.

우리나라 최초 정보통신 서비스, '천리안'의 탄생

우리나라에서 1980년대 초반에 세계 최초로 사무영역이 아닌 일반 가정에 제공된 정보통신 서비스가 비디오텍스 서비스였다. 이는 단순 문자 형태가 아니라 그림·영상정보가 문자와 한 화면에 어우러져 화면 단위로 일반사용자(전문사용자가 아닌)에게 더욱 신속하게 정보전달을 하는 서비스로서 영국의 텔레텔(Teletel), 프랑스의 텔레메틱(Telematic) 또는 미니텔(Minitel) 등이 있었다. 특히, 프랑스의 '미니텔' 서비스는 1990년대 중반 이후에 세상을 뒤바꾼 인터넷 서비스의 전신으로서 1980년대 프랑스에서 크게 성공하였다.

그러나 서비스 명칭인 '미니텔'은 서비스로 사용되는 단말기의 이름을 그대로 사용하였다. 즉, 정보통신 서비스의 기반 기술 명칭으로서 단순히 서비스의 기술적 구성 요소만을 의미함으로써 사용자를 위한 서비스 명칭으로는 적합하지 않았다.

이와 같은 이유로 우리나라의 경우에는 정보통신기술이 아니라 서비스 내용을 암시하는 명칭을 고안·사용하였다. 바로 당시 데이콤 정보통신연구소 백인섭 소장이 제안한 '천리안'이라는 명칭이다. 당시 이 용어는 우리나라 정보통신 서비스 환경에서 일반인에게는 다소 익숙하지 않은 용어이었지만, '사용자들에게 천리안(千里眼)을 제공함으로써 사용자들이 천 리 밖을 볼 수 있게 해주는 눈을 가진 정보통신 서비스'라는 것을 뜻하고 있었다.

데이콤은 1985년 서울중앙우체국과 광화문우체국, 뉴코아쇼핑센터에 개설된 생활정보 안내 서비스를 시작하였다. 이후 그해 10월에 국내 생활정보 데이터베이스를 구축하고 시범서비스를 시작하였다. 그리고 다음 해, 1986년 5월에 비디오텍스의 명칭을 '천리안'으로 확정하고 9월부터 '천리안Ⅰ' 서비스를 시작했다. 그리고 1988년 5월부터는 '천리안Ⅱ'로 1,000명의 유료 가입자와 함께 본격적인 유료 PC통신 시대를 열었다. 데이콤은 천리안II와 천리안 매직콜 등을 선보이며, 가입자 100만 명을 돌파하는 전성기를 구가하기도 했다.[24] 이러한 천리안 서비스는 전자상거래의 효시인 홈쇼핑으로 이어졌다. 다음은 이동욱 본부장이 회고하는 천리안 서비스를 통한 홈쇼핑의 예시자료의 한 토막이다.

천리안 서비스와 홈쇼핑

천리안 서비스가 활성화되면서 신세계백화점(부산 광주)에서 전자상거래의 효시인 '홈쇼핑 서비스'가 1989년 최초로 개설되었다. 시범사업으로 진행된 이 홈쇼핑은 '천리안'이라는 이름을 걸고 우체국에서 취급하였다.

그 당시로는 PC 통신을 통한 홈쇼핑 서비스는 획기적인 뉴스거리가 되었으며, 홈쇼핑 서비스의 성공 가능성을 두고 '된다', '되지 않는다'라는 논쟁이 끊이지 않고 계속되었다. (…) 그 당시로서는 아직 신용사회 구축이 자리를 잡지 않은 시점에, 집에서 직접 물건을 구매(주문, 입금, 배달)한다는 것은 너무 낯선 발상이었기 때문이었다.

이 시범사업의 운영을 담당하기에 앞서 선진국(미국)에서의 연수 기회를 통하여 '홈쇼핑'을 경험한 본인(이동욱)은 미래에, 아니 조만간에 우리나라에도 신용사회 구축이 도래할 것이라는 확신을 하고 있었다. 시범사업은 TV, 신문 등을 통한 언론에도 크게 홍보하였다.

행정전산망 사업에서 데이콤은 6~7년을 적자사업임에도 불구하고 천리안 개인용컴퓨터 통신 서비스 운영의 미래를 전망하면서, 이에 관한 연구개발과 사업화를 준비한 결과라고 볼 수 있었다. 오늘날 전자상거래 서비스 사업은 데이콤의 천리안으로부터 활성화되었다고 볼 수 있다. (…)

1990년 데이콤에서 이 사업을 데이콤으로부터 독립·운영할 것을 나에게 그리고 PC 통신서비스를 시작하면서 이용태 사장이 중요하게 생각한 것은, 전자사서함과 공동게시판(Bulletin Board System: BBS), 즉 PC 통신, 인터넷 등에 있는 게시판의 서비스 기능이었다. 특히, 공동게시판은 동호인들이 서로 관심사나 의견을 교환할 수 있는 한마당을 이루는 것이었다. 공동게시판은 이용자들이 자기의 의견이나 질문사항을 게시판에 올릴 수 있고, 사고파는 물건도 광고하며 동호인 모임 등을 알릴 수도 있는 서비스다.

이용태 사장은 우리나라 PC 통신에 BBS 서비스가 소개되는 시점에서 시범사업으로 사회 각계의 저명인사 10여 명을 초청하여 '사랑방'이라는 모임의 공동게시판을 만들었다. 이 '사랑방' 모임의 간사는 데이콤의 유경희 본부장이 맡았고, 경제학 분야의 조순 박사, 역사학 분야의 고병익 박사, 문학 분야에서는 PC통신으로 한국 최초로 소설을 썼던 한수산 소설가, 교육 분야에서는 김재은 교수, 미술 분야에서는 김길웅 교수, 데이터베이스 분야의 이원정 데이콤 전산통신운영 본부장 등이 사랑방의 구성원이 되었다. 이 모임을 만드는 과정에서 이 사장은 사랑방 모임의 취지를 아래와 같이 설명하였다.[25]

사랑방 모임의 목적

컴퓨터와 통신의 결합으로 이루어지는 새로운 매체의 가능성은 우리 사회를 크게 바꾸어 놓을 수 있습니다. 이러한 변화가 필연적으로 다가

오는 추세라면, 우리는 과감히 그러한 변화에 맞서 도전함으로써 미래 정보사회라는 것을 살아보는 연습을 해 둘 필요가 있을 것입니다.

오늘 정보사회를 생각하는 '사랑방'이라는 모임이 발족했습니다. 이를 통하여 정보사회의 문제를 직접 경험해 봄으로써 미지의 문제를 실증적으로 알아내고 해결방안을 구체적으로 펴나가는 모임이 될 것으로 믿습니다.

1980년대 초반에 PC 통신을 사용한 경험이 있는 사람은 컴퓨터를 통해 앞에서 언급한 사회지도층 인사들의 글을 읽을 수 있었을 것이다. 그중에서도 한수산 소설가의 소설은 하나의 씨앗이 되어 그 당시 PC 통신을 통해 자기 글을 발표하는 것이, 하나의 관행으로 자리 잡으면서 오늘에까지 이르고 있다. 당시에 한수산韓水山 소설가가 게시판에 올린 글을 하나 소개하면, 아래와 같다.[26]

내 이름과 딸 이름

학교 시절 영어 교사가 저에게 물었습니다.

너, 그 '한수산'이라는 이름 누가 지었니?

할아버지가 지었습니다.

느이 할아버지가 좀 무식했나?

아니요. 할아버지는 돌아가실 때도 '맹자(孟子)'를 읽으셨던 분입니다. 맹자를 당대의 반체제 지식인으로 제게 가르치신 분입니다. 소로 (Thoreau, H. D.)처럼 자연을 사랑했고, 반문명주의자셨습니다.

거짓말 마, 임마. 느이 할아버지가 얼마나 무식했으면, 한자 가운데서도 제일 쉬운 것만 갖다가 그런 이름을 지었겠냐!

나는 딸의 이름을 한자로 41획이나 되게 지었습니다. (…)

또한, 당시 PC 통신 간사장으로 활동하였던 유경희 본부장은 '사랑방'의 모습을 아래와 같이 회상하고 있었다.[27]

'사랑방' 스케치 한 컷

사랑방에서는 단지 전자우편과 게시판만을 가르치고 시작했어요. 사랑방에서 시작한 H-전자우편이 나중에 열풍(boom)이 일어나서 이것을 근간으로 회원이 급격히 늘어났습니다. (그 당시의 금액으로) 500원에서 1,000원의 가입비를 받고 이용하도록 시도했는데 하루 만에 600명이 들어왔어요. 초기 1~2년 동안에 PC 서브라는 이름으로 하다가 나중에 몽땅 묶어서 '천리안'이 된 것입니다.

1980년대 죽어가던 인터넷이 1990년 다시 살아나 인터넷 세상을 구현

1980년대 당시 컴퓨터통신 프로토콜로서는 기존의 미국국방부(United States Department of Defense)의 '인터넷'이 표준으로 사용되다가 여러 가지 문제점, 특히 망 관리 기능의 부재 때문에 민간 영역으로 더 이상 확대되지 못하고 정체상태에 빠지게 되었다. 이를 극복하기 위하여 1980년대 후반에 새롭게 대두된 개방형 컴퓨터통신(Open System Interconnection: OSI)이 세계표준으로 채택되었다. 따라서 전全세계가 미국국방부의 인터넷을 포기하고 전산망을 OSI로 구현해 가고 있었다. 그러나 그 기능이 매우 복잡하고 다양해서 개발 구현에 많은 어려움을 겪게 됨으로써 거의 정체상태에 있었다. 그 후 1990년대 중반에 폐기되어가던 인터넷에 새로운 망 관리 프로토콜(Simple Network Management Protocol: SNMP)이 추가 개발되어 소개됨으로써 죽어가던 인터넷이 다시 살아나면서 정보통신망의 주역 자리를 차지하게 되었다. 바로 전산망 구성관리의 용이성 때문이었다. 이를 기점으로 기존의 모든 컴퓨터 간 통신 및 PC 간 통신들이 모두 자연스럽게 OSI를 버리고 인터넷 전산망을 구축 사용함으로써 인터넷 시대를 열게 되었다.

그러나 거의 모든 선진국에서는 컴퓨터 간 통신에서 1980년대의 인터넷 방식을 이미 포기해버리고 모두 OSI로 이미 전환하고 있었기 때문에 인터넷 방식으로 되돌아가기 위해서는 혼란스러운 대전환 과정을 치러야 했다. 이러한 어려운 상황에도 불구하고 우리나라의 경우에는 데이콤의 이용태 사장의 지원을 받으면서 전자기술연구소KIET 전길남 박사가 인터넷을 1990년대 중반까지 포기하지 않고, 데이콤 공중망에서 서비스를 제공하면서 계속 살리고 있었다. 따라서 우리나라는 바로 개선된 인터넷을 구현하여 범국가적 서비스를 제공함으로써 세계에서 가장 빠르게 인터넷 전산망을 구성할 수 있게 되었다. 바로 '인터넷 세상'에서 세계 선두 주자 자리를 차지하게 되었다.

기록 속의 데이콤: [대한민국 통신산업과 100대 사건] 데이콤의 발자취

1980년대는 우리나라 통신산업에 일대 변혁이 일어난 시기다. 〈전자신문〉은 2012년 9월 창사 30주년 기념특집으로 이 분야의 100대 사건으로 '데이콤'을 선정하여 데이콤의 창립에서 시작하여 성장 과정과 'LG유플러스'에 합병되면서 막을 내리는 역사를 종합하였다. 아래의 기사는 〈전자신문〉이 [창사 30주년 기념특집]으로 우리나라 정보통신 100대 사건 가운데 두 번째로 선정하여 전하는 데이콤의 발자취다.[28]

[대한민국 정보통신 100대 사건_002] 한국데이타통신주식회사 설립

'한국전기통신공사(KTA, 후에 KT로 명칭 변경)' 설립 4개월 뒤 대한민국 통신사에 길이 남을 또 하나의 기념비적인 일이 일어났다. 바로 한국데이타통신주식회사(약칭 데이콤·DACOM) 설립이다. 이름 그대로 데이콤은 데이터통신을 주력 사업으로 했다. 회사 공식 설립일인 법인 등기는 1982년 3월 29일 이뤄졌다. 한 달 뒤인 4월 28일 서울 여의도 증권거래소 국제회의장에서 성대한 창립행사를 했다. 신생 통신사인 데이콤 창립 행사장에는 정계를 비롯해 관계, 학계, 산업계 주요 인사들이 참석해 앞날을 축하했다. 성대한 출범식을 했지만, 데이콤 출범이 결코 쉬운 일은 아니었다.

1982년 3월 설립된 데이콤은 2006년 9월 사명을 LG데이콤으로 변경했다. 2010년 1월 1일에는 LG파워콤과 함께 LG텔레콤(현재의 LG유플러스)에 합병되면서 데이콤 시대는 막을 내렸다.

◇ **생면부지 환경서 회사 탄생**: 데이터통신은 컴퓨터와 통신선을 연결해 데이터를 전송하는 것이다. 그러나 당시만 해도 데이터통신이 무엇인지 아는 이가 거의 없었다. 수익을 낼지도 불투명했다. 당연히 데이콤에 투자하겠다는 곳이 없었다.

반면에 새로운 통신서비스를 전담할 회사가 필요하다고 생각한 정책 입안자들은 데이콤 앞날이 유망하다고 확신했다. 그래서 민간 투자를 유치하기 위해 적극 나섰다. 먼저, 통신 관련 기업을 불러 모아 투자 설명회를 했다. 그러나 반응은 썰렁했다. 전화 사업에 비해 시장 규모가 작아 이익을 내기 어렵다고 생각했기 때문이다.

결국, 오명 체신부 차관까지 나섰다. 오 차관은 데이콤이 5년 안에 흑자를 낼 것이라며 기업 투자를 독려했다. 그제야 기업들은 데이콤 투자에 관심을 보여 결국 20여 회사가 출자를 약속했다. 출자회사 자격은 한국전자공업진흥회 회원사와 TV방송국·통신사·한국전기통신공사 등으로 제한했다. 총출자액은 59억 8,000만 원이었다.

최대 주주는 20억 원을 출자한 KT였다. 삼성과 LG(당시 럭키금성), KBS, 대영전자도 3~7억 원씩을 냈다. 연합통신·한국전자통신·중앙전기·대한전선·광림전자·국제전자·오리콤·제일정밀 등도 투자에 참여했다. 출자 한도액은 민간 회사 그룹은 1개 그룹당 7억 원 이하, 일반 회사는 5억 원 이하로 정했다. 이런 과정을 거쳐 1982년 1월 27일 체신부 회의실에서 데이콤 설립을 위한 발기인회 모임을 했다. 이 자리에서 이우재 한국통신공사 사장이 발기인회장으로 선임됐다. 이어 데이콤은 1982년 3월 10일 26개 주주와 발기인 대표가 참석한 가운데 창립총회를 열고 초대 사장에 이용태 박사를 선임했다.

데이콤의 초대 사장이 누가 될 것인지도 당시 초미의 관심사였다. 후보로 떠오른 사람은 두 사람이었다. 이용태 사장과 함께 성기수 KIST 시스템공학연구소 소장도 유력 후보였다. 성 소장은 경제기획원(기획재정부) 예산업무와 체신부 전화요금 업무 등 정부의 각종 업무 전산화와 민간 업무 전산화를 도맡은 컴퓨터와 소프트웨어 전문가였다.

반면에 한국전자기술연구소 부소장을 지낸 이 사장은 삼보컴퓨터를 설립하는 등 기업가로 명성을 쌓고 있었다. 정보통신업계에 새 판을 짤 데이콤 사장을 놓고 격돌한 두 사람 경쟁에서 이용태 박사가 승리했다.

데이콤이 기업이다 보니 기술 전문가보다 비즈니스맨이 더 낫겠다는 것이 정부의 판단이었다. 1983년에는 데이콤이 공중통신 사업자가 될 수 있는 길도 열렸다. 전기통신법이 '전기통신기본법'과 '공중전기통신사업법'으로 분리, 제정됐기 때문이다. 정보통신이라는 새로운 용어가 탄생한 것도 이때다.

◇ 대한민국 첫 PC통신 시대 문 열어: 데이콤은 정보통신 업무와 공중통신사업자, 행정전산망 전담 업체로 지정받으며 야심 차게 여러 사업을 추진했다. 1986년에는 국내 최초로 PC통신 '천리안' 서비스를 시작해 데이터 기반 통신 시장을 꽃피웠다. 1990년대 초까지 '음성통신은

한국통신, 데이터통신은 데이콤'이라는 구도 속에 데이콤은 전성기를 누렸다. 1991년 11월에는 국제전화 사업을 앞두고 이름을 데이콤으로 바꾸었다.

한 달 뒤인 1991년 12월 3일에는 식별번호 002를 사용하는 국제전화 사업도 시작했다. 1995년에는 저궤도 위성통신(글로벌스타) 사업에도 참여했고, 1996년에는 시외전화 서비스를 시작했다. 신규 통신사업에 도 관심을 가져 한솔PCS 컨소시엄에 참여해 PCS 사업권도 따냈다. 1997년에는 비대칭 초고속인터넷 서비스사업을 시작한 하나로텔레콤 의 최대 주주(10%)가 됐다.

인터넷이 부상하면서 쇠락하기 시작한 데이콤은 1999년 11월 반도체 빅딜로 인하여 LG그룹 계열사로 넘어갔다. 당시 LG는 동양그룹이 갖 고 있던 데이콤 지분 18.56%를 전량 매입해 데이콤 지분을 50% 이상 확보했다. LG는 2000년 1월 데이콤과 데이콤 5개 자회사 등 6개 사를 계열사로 공식 편입시켰다. 데이콤은 2002년 인터넷 사업과 e비즈니스 및 전화 사업 등의 호조에 힘입어 창사 21년 만에 매출 1조 원을 달성 하기도 했다.

데이콤이 우리 통신사에 남긴 발자취는 작지 않다. 인터넷데이터센터 (IDC)와 웹하드, 무선인터넷전화 서비스 등을 우리나라에서 처음으로 선보였다. 2006년 9월 22일 데이콤은 임시 주주총회를 열어 사명을 LG데이콤으로 변경했다. LG데이콤은 2010년 1월 1일 LG파워콤과 함 께 LG텔레콤(현재의 LG유플러스)에 합병되면서 데이콤 시대는 막을 내렸다.

〈전자신문〉의 기사에서 약술한 것과 같이 28년간 화제를 몰고 다녔던 국 내 첫 정보통신 전문기업이었던 데이콤은 출범 때부터 큰 화제를 모았다.[29] 대학 졸업자들에게도 최고의 직장으로 꼽혔다. 이는 데이콤이 첨단 통신회사라는 이미지와 함께 연봉이 국내 기업 중 최고 수준이었기 때문이다. 데이콤이 최고 연봉 직장이 된 데에는 사연이 있었다.

이야기는 데이콤 설립 이전으로 거슬러 올라간다. 데이콤 설립은 정부의 강력한 정책 의지에 따라 이뤄졌다. '한국전기통신공사'를 설립한 체신부는 데이터통신을 전담하는 회사를 설립하기로 방침을 정했다. 전화를 주±업무로 하는 한국전기통신공사에 맡겼다가는 제대로 육성이 안 될 것으로 판단했기 때문이다. 세계에서 처음으로 하는 시도였다. 이 작업은 체신부 내 통신정책국이 맡았다. 통신정책국은 1982년 만들어진 신생부서였다. 이 통신정책국의 주요 업무 중 하나가 바로 데이터통신을 전담하는 회사, 데이콤 설립이었다. 체신부 실무진은 광화문우체국에서 이 작업을 주도했다.

당시 우체국 골방에서 이 작업을 했다고 해서 이 팀을 '골방팀'으로 불렀다. 데이콤과 관련된 각종 규정은 여기서 만들어졌다. 그중 하나가 직원 보수다. 실무진은 보수를 책정하기 위해 여러 회사를 참고했다. 그들 가운데 한국통신공사와 전자통신연구소, 한국방송공사KBS, 금성사 등 이른바 잘나가는 4개 회사를 기준으로 삼았다. 그러나 회사마다 보수 규정이 달라 어려움이 많았다. 특히, 직책 수당, 판공비, 기타 수당 등 드러나지 않은 보수가 문제였다. 당시 KBS는 단일 보수체계여서 사장이나 운전기사나 보수가 같았다. 다만, 직책에 따라 판공비와 수당 등이 달랐다.

이런 것들을 고려해 대학 졸업 후 5년 차, 10년 차가 됐을 때, 받을 보수를 4개 회사와 비교해 가장 높게 산출했다. 체신부 실무진은 여기서 한 발 더 나갔다. 산출된 금액에 20%를 더해 보수를 책정한 것이다. 당연히 당시 데이콤은 비슷한 기업 가운데 신입사원 연봉이 가장 많은 직장으로 꼽혔고, 우수한 사람들이 데이콤에 몰렸다.

LG유플러스로 통합된 데이콤과 LG의 관계도 재미있다. 국내 첫 정보통신 전문기업이었던 데이콤은 몇 차례 대기업의 경영권 공격을 받았다. 1995년에도 그랬다. 당시 새로운 전기통신사업법이 발효돼 기본 및 부가통신사업에 대기업 참여 폭이 넓어졌다. 이 때문에 LG 등 대기업은 제2 시외전화 사업권을 가지고 있던 데이콤을 인수하기 위해 경쟁했다. 1999년에도 데이콤은 또 한 번 대기업의 인수 대상이 됐다. 당시 통신사업자에 대한 동일인 지분 제한 규정이 삭제돼 데이콤을 인수하면, 국제전화 등 새로운 전화 사업을 할 수 있었기 때문이었다.

LG그룹도 마찬가지다. 강력한 인수 희망을 피력했다. 특히, 구본무(具本茂, 1945~2018) LG 회장은 1999년 4월 27일 청와대에서 열린 정·재계 간담회에서 "향후 정보통신사업을 주력 사업으로 키울 것이며, 이를 위해 데이콤 인수를 희망한다"라고 공공연히 밝혔다. 구 회장은 1995년 2월 회장에 취임한 이후 '종합 유무선 통신사업자'라는 원대한 꿈을 이루기 위해 몇 년간 계속해 데이콤 인수를 강력히 추진했다. 마침내 LG는 1999년 11월 그렇게 원하던 데이콤을 품에 안았고 종합통신그룹으로 도약하는 전기를 마련했었다.

제3장
체신업무 전산화와 체신보험 · 금융 전산망 구축

정보통신 활용과 특정통신회선 사업

대한민국의 정보통신 사업은 우리의 예상과는 다르게 '체신'이라는 단어 속에 숨어 있다. 우리나라 통신사업은 '우정사업'과 '전기통신사업'을 두 가지 큰 기둥으로 삼고 있었다. 우정사업은 다시 '우편'과 '금융'으로 나누어지고, 전기통신사업은 '전신'과 '전화'로 나누어진다. 그러나 성격이 서로 다른 우편과 금융, 전신·전화는 다양한 과정을 거쳐 우리나라에서 체신사업이라는 하나의 울타리 속에서 성장·분화하면서 오늘에 이르고 있다. 우리나라에서 전개된 최근 정보통신의 역사를 짧게 개관하면 다음과 같다.[1]

우리나라의 최근 정보통신 발전사 개관

(⋯) 1960년대를 시작하면서 경제개발 5개년계획이 성과를 거두면서 나라의 살림이 나아지기 시작했지만, 보편적 통신수단으로 사용되는 전화는 턱없이 부족하였다. 전화 적체는 갈수록 심했고, 뒷날 개발 시대의 아파트처럼 전화가 투기의 대상이 되기도 하였다. 전화에 얽힌 부조리가 사회문제로 대두되자 궁여지책으로 내놓은 처방전이 청색전화 제도였다. 1970년대 우리나라에서는 가장 중요한 통신수단인 전화 문제를 해결하기 위하여 몸부림치면서 보냈다.

1980년대에 접어들면서 우리나라 통신사업에 커다란 변혁이 일어나기 시작하였다. 한국통신(KT)의 설립이 그 출발점이었다. 정부 기관에서 공기업으로 그 모습을 바꾼 KT가 자율성과 탄력성을 확보하면서 우리나라 통신사업 발전에 가속도가 붙기 시작하였다. 그때까지만 하여도 삼류 부처라는 불명예를 달고 다니던 체신부의 변신도 놀랍게 달라졌다. 통신사업자에서 통신정책 입안자 또는 집행자로 처지가 바뀐 체신부가 통신 분야의 변화를 주도하면서 전신·전화 위주의 기본통신에서 데이터통신과 이동통신으로 그 영역을 넓혀나갔다.

데이터통신이 무엇인지도 모르는 시절, 전담 회사인 한국데이타통신 주식회사(약칭 데이콤)를 설립해 컴퓨터와 통신이 결합한 데이터통신이라는 새로운 정보통신 방식을 널리 전파하였다. 그것이 오늘날처럼 전(全)세계를 지배하는 정보통신의 거대한 고속도로망, 즉 인터넷으로 발전할 것으로 예상한 사람은 아무도 없었다. 1984년 한국이동통신이 설립되고, 그 회사가 삐삐와 휴대전화를 보급하기 시작하면서 휴대전화는 우리 일상생활과는 함께하는 생활의 일부가 되었다.

정보통신 분야의 변화와 혁신은 단지 서비스 분야에만 머물지 않았다. 특히, 기술개발 측면에서의 변화와 혁신은 서비스 분야를 능가하면서 발전했다. 1980년대 중반에는 'TDX'라고 불리는 한국형 디지털 전화교환기를 생산했다. 선진국에서는 이미 일반화된 기술이었지만, 우리나라가 전자교환기와 같은 대규모 정보통신 시스템 기술의 개발에 성공한 것은 이것이 처음이었다. 이어 행정전산망에서 사용된 중형 컴퓨터를 우리 손으로 개발했고, 미국, 일본 등과 같은 선진국의 전유물이었던 D-RAM 반도체 개발에 성공하면서 기술개발에 대한 자신감을 가질 수 있었다. 이러한 첨단 정보통신기술개발은 계속되면서 우리나라가 미국을 누르고 정보통신기술 분야에서 추격자에서 선도자로 자리매김하면서 오늘에 이르고 있다.

위에서 약술한 것과 같이 우리나라에서 데이터통신이라는 새로운 영역을 개척하는 사업 전담 기관으로 출발한 데이콤은 신설 회사로서 스스로 돈을 벌어 운영할 수 있는 자구책을 마련하는 것이 가장 중요한 과제였다. 하나의 방편으로 처음 시작한 사업이 '특정통신회선' 사업이다. 산업사회를 거쳐 정보사회가 시작되면서 홍수처럼 쏟아져 나오는 다양한 정보를 신속하고 정확하게 처리하기 위하여 개발된 특정통신회선은 컴퓨터와 컴퓨터, 컴퓨터와 단말기, 단말기와 단말기 사이에 교환 설비를 매개하지 않고 직접 연결하여 필요한 정보를 전달할 수 있게 하는 전기통신 회선으로, 흔히 '온라인회선' 또는 '데이터 전용회선'이라고도 한다. 이것은 데이콤이 설립 준비과정에서부터 최우선으로 꼽은 계획된 사업이기도 하였다.[2]

1980년대 초반 KT에서 운영하는 선로 가운데 하나인 '특정통신회선'은 가입자가 단독으로 사용하는 것이다. 일반 전화선은 가입자가 단독으로 사용하는 것이 아니고, 여러 사람이 공동으로 사용하는 것이지만, 전용회선은 가입자가 단독으로 사용하는 회선이다. 즉, 이러한 전용회선은 은행의 본점과 지점, 기업의 본사와 공장 등과 같이 사용자가 희망하는 두 지점 사이를 직접 연결하여 컴퓨터와 컴퓨터 간에 데이터를 주고받을 수 있게 된다. 그러므로 전용회선의 사용료는 정액제로 책정되었으므로 일반 전화요금에 비해 매우 비쌌다. 이러한 전용회선을 데이콤이 한국통신으로부터 인수하여 수익사업으로 운영하게 되었다.

이러한 수익사업으로 데이콤이 '특정통신회선사업'을 끌어들인 것은, 데이콤 설립 실무전담반의 아이디어였다. 애초에 실무전담반은 데이콤의 스스로 회사를 운영하는 자금조달 방안으로 '특정통신회선사업'과 '텔렉스사업'의 두 가지를 내놓았다. 그들은 실제로 전용회선 사업의 운영을 전제로 하여 1982년부터 10년 동안의 데이콤 운영 수지를 전망한 자료로 만들어, 데이터 통신 전담회사 설립안에 첨부하여 1981년 11월 대통령에게도 보고하였다. 그러나 데이콤이 설립된 후, 모든 사업계획은 재검토되었다. 전담반이 작성한 설립안에는 데이콤이 설립 후, 6년 동안은 계속 적자를 내는 것으로 되었으며, 데이콤 경영진과 체신부 통신정책실 실무자의 구미에도 맞지 않았다. 따라서 데이콤의 적자를 메꿀 수 있는 사업은 '특정통신회선사업'과 '텔렉스사업' 뿐이라는 결론에 도달하였다.[3]

그러나 이들 두 가지 사업의 데이콤 이관에 대하여 KT는 완강히 반대하였다. 그들이 표면적으로 내세운 반대 이유는 공중전기통신사업은 KT만이 경영할 수 있다는 전기통신법의 규정이었지만, 실제로는 수익성과 장래성 있는 고유사업을 아무런 통신설비도 갖추지 못한 신설 회사에 넘겨주어야 한다는 데 대한 반감이 컸다. 또한, 텔렉스사업의 이관에도 KT가 반대하였다. 그 당시 텔렉스의 수요가 한창 증가 추세를 보였으므로 전용회선 사업의 수입을 훨씬 능가하고 있었으며, 최신 전자교환기인 지멘스Siemens의 EDS(Electronic Data Systems)를 도입·개통해 놓은 실정이어서 텔렉스사업에 대한 미련도 떨쳐버리기도 어려웠다.[4]

이같이 신설된 정보통신회사 데이콤의 수익사업에 대한 뾰족한 방안이 마련되지 않자, 오명 차관은 체신부 예산으로 지원하는 방안을 검토하도록 했으나, 이번에는 데이콤 측이 반대하였다. 그 당시 상황에서 데이콤이 필요한 것은 일시적인 지원이 아니라, 상당한 수입이 보장되는 영속성 있는 사업이었으며, 그러한 취지에서 볼 때, 가장 적합한 사업은 '특정통신회선사업'이었다.

이러한 KT와 데이콤 간의 계속된 지루한 공방은 체신부의 중재로 해결되었다. 해결방안은 그 당시 법으로 허용되는 범위에서 데이콤이 특정통신회선 업무를 위탁받아 업무를 대행하지만, 전기통신법을 개정하여 이 사업을 데이콤으로 이관하기로 하였다. 이와 같은 체신부의 의지가 천명됨으로써 양사 간의 협의는 빠르게 진행되어, 1982년 9월 4일 양사 대표가 '양사 간의 특정 데이터통신 회선 사용업무 취급에 관한 협정서'에 서명하게 되었다. 이 협정서에는 양도자, KT 사장 이우재와 양수자, 데이콤 이용태 사장은 물론 입회자로서 체신부차관 오명이 먼저 서명하였다.

이와 같은 지루한 협상 과정을 거쳐 데이콤은 1982년 9월 6일부터 서울 지역을 대상으로 KT의 '특정통신회선사업'을 위탁받아 운영하게 되었다. 협정 기간은 1982년 말까지로 하였지만, 매년 연장할 수 있도록 하였다. 업무의 취급지역은 데이콤이 지방 조직이 구성되면 지방으로 확대할 수 있도록 하였다. 이 사업은 예측대로 데이콤의 설립 초기의 어려움을 극복하고 자립 기반을 다지는 데 결정적인 역할을 하였다. 출발 첫해인 1982년의 데이콤의 총 매출액은 3억 7,700만 원이었는데, 그중에서 '특정통신회선사업' 수입은 3억 4,200만 원으로 90%를 차지하여 설립 첫해의 경영수지를 흑자로 만드는 데 결정적인 역할을 담당하였다.[5]

그리고 1983년 12월 30일 전기통신법이 분리되어 '전기통신기본법'과 '공중전기통신사업법'이라는 새로운 법으로 탄생하면서 KT 이외의 통신사업자에게도 공중통신사업자의 자격이 부여되었다. 이렇게 하여 공중통신망사업 경영의 독점권이 깨졌으며, 1984년 9월 데이콤은 체신부로부터 새로운 공중통신사업자로 지정받았다. 이러한 과정을 거쳐 1985년 2월 1일 데이콤은 KT로부터 특정 통신회선 사업의 경영권을 이관받아 새롭게 업무를 시작했다. 그 후, 이 사업은 데이콤의 가장 중요한 재원이 되었다.

이처럼 '특정통신회선사업'은 그 장래가 극히 불투명한 모험기업인 데이콤이 설립 첫해부터 흑자를 이끌어 전도가 양양한 선망의 기업으로 발전하는 데 결정적 역할을 하였다. 이 사업을 확보함으로써 데이콤은 막대한 투자

재원이 소요되지만, 돈벌이는 시원찮은 '공중정보통신망'과 '행정전산망' 건설에 박차를 가할 수 있었다. 또한, 정보화 마음가짐을 확산·정착하기 위하여 한 푼의 수입도 없는 정보문화 운동에도 적지 않는 투자를 하는 부수적인 업적도 달성할 수 있었다. 그 결과, 정보통신망 구축과 정보통신 서비스 제공, 그리고 정보화 마음가짐 확산·정착 운동으로 정보사회를 앞당긴다는 데이콤의 설립목적은 생각보다 빨리 달성될 수 있었다.[6]

우편대체 체신업무 전산화

대한민국 정보통신 사업에 첫걸음을 떼면서 조직 정비와 사업추진 계획에 눈코 뜰 사이 없이 바쁜 시간을 보내고 있던, 1982년 6월 11일, 체신부로부터 데이콤에 한 통의 공문이 도착하였다. 제목은 '우편대체 전산화 추진'이었다. 구체적으로는 체신부 환급관리사무소[7]가 추진하고 있는 우편대체 업무 전산화 작업에 데이콤이 참여하여 사업에 차질이 없도록 적극 협조를 요청하는 내용이었다. 체신부 환급관리사무소의 일반대체, 전화 청약금, 연금 계좌 계산관리 등의 업무는 당시 체신부 산하 전자계산소가 일괄처리batch processing 방식으로 업무를 처리해 왔다. 그러나 전자계산소의 업무량 폭주와 컴퓨터 용량 부족으로 업무처리의 한계점에 도달함으로써 개선책을 만들지 않으면, 전산처리를 할 수 없는 심각한 사태에 직면할 수도 있을 것으로 예견되었다.[8]

따라서 체신부는 환급관리사무소에 전용 컴퓨터를 도입하면서 1982년 말까지 20개 주요 우체국에 터미널을 설치하고, 1984년까지 설치 대상을 군 단위 이상 200여 곳의 우체국으로 확대하는 온라인화 계획을 수립하였다. 또한, 업무용 온라인 프로그램 개발은 전문기관에 용역을 주고 배치 프로그램과 기존에 사용하던 프로그램 변환은 자체에서 해결한다는 방침을 세웠다.

그러나 이러한 체신업무 전산화 개발계획은 자체 검토 결과, 고급 인력의 확보가 어려울 뿐만 아니라, 관련 기기의 도입에 필요한 기간과 프로그램 개발 기간이 촉박할 뿐만 아니라, 기종을 통일하는 문제까지 겹쳐서 그해 말까지 온라인 개발이 불가능하다는 결론에 도달하였다. 이러한 사정을 고려하여 추진 일정 차질에 따른 업무의 혼란을 방지하기 위하여 업무 전산화 계획을 수정할 필요가 있었다. 이러한 상황에서 마침 정보통신 전문회사인 데이콤이 탄생함으로써 자연스럽게 두 기관의 접합점이 마련되면서 체신부는 데이콤에 체신업무 전산화 사업을 맡기기로 했다.

이같이 체신부가 데이콤에 업무 전산화 사업을 맡기기로 함에 따라서 원래 체신업무 전산화 계획은 대폭 수정이 불가피하게 되었다. 원래 계획에 따르면, 전용 컴퓨터 도입은 그해 10월로 예상하였으며, 도입과 동시에 업무를 전환하는 작업에 들어가며, 개인 계좌 업무는 12월부터 시작하고, 20곳의 우체국 온라인화는 1983년 1월 중에 완료한다는 것이었다. 그러나 수정된 계획안은 사업추진을 단계화하여 1단계 사업에서는 컴퓨터와 주변 장치 도입이나 그 당시 업무의 전환을 원래 계획대로 진행하지만, 개인 계좌 업무의 개시는 1983년 1월로 미루었다. 그리고 거치 계좌의 전산화는 4월에 시행하기로 하였다. 후속되는 2단계 사업으로 우체국의 온라인화 기계 설치는 1983년 중에 끝내고 업무 개시는 1984년 1월에 하기로 하였다.

이렇게 변경된 체신부 업무 전산화에 참여하게 된 것은 데이콤의 처지로서는 국가행정망 전산화 사업이라는 거대한 프로젝트에 참여하는 중요한 첫걸음일 뿐만 아니라 정보통신 전문기관(회사)으로서 위상을 뚜렷이 자리매김할 절호의 기회로 활용할 수 있었다. 체신부가 본격적으로 전산화 사업을 추진함에 앞서 기획관리실장을 책임자로 하는 추진전담반을 구성하였으며,

체신업무 전산화에 관한 종합개발계획의 작성·추진 및 일정의 계획·조정을 비롯하여 예산조정의 업무를 수행하는 추진전담반에는 데이콤의 이동욱 책임연구원이 전산 전문 요원으로 참여하였다. 추진전담반의 주요 업무는 개발 대상 업무의 전산화 타당성에 대한 조언과 개발계획을 기술적 측면에서 검토하며, 컴퓨터 도입과 전담 요원의 훈련 계획과 업무 추진을 검토하는 것이었다.

한편, 체신업무전산화사업(Ministry of Communication Administration System: MOCAS) 프로젝트에 주도적으로 참여하게 된 데이콤은 1983년 3월에 이 사업을 효과적으로 추진하고 관계 부처와의 업무 조정을 원활하게 하려고 체신부와 환급관리사무소에 전문 요원을 파견하였다. 데이콤이 체신부가 추진하던 야심적 사업인 MOCAS 사업계획서를 3월 26일 작성·제출하였다. 이 사업계획의 주요 목적은 다음과 같이 기술되었다.[9] 첫째, 고도 산업사회에서 정보사회로 진입하는 데에 파급 효과가 큰 금융업무 전산화와 전국적 체신행정망 형성, 그리고 수익성이 높은 체신금융 실시로 요약되는 체신의 사업적 측면이었다. 둘째, 종합정보통신망ISDN 또는 DACOM-Net를 이용한 금융업무 부문의 소프트웨어 개발로 요약되는 컴퓨터통신의 사업적 측면이었다.

그 당시 MOCAS 사업의 필요성은 (1) 체신사업의 양적 팽창과 질적 수준 향상으로 사업 경비를 절감하여야 하는 상황에서 업무 전산화가 필수적이었으며, (2) 체신사업의 수입원 감소로 인하여 적자 요인에 대한 타개책이 필요하였으며, 그리고 (3) 농어촌 지역 주민들이 금융기관 이용에 따르는 시간·공간적 불편을 체신금융으로 해결해야 하는 대국민 서비스 기능의 중요성이 제시되었다. 이러한 필요성에 따라서 사업의 내용은 경영정보체제

(Management Information System: MIS)와 체신금융, 재무관리, 인사관리, 사무자동화, 그리고 통신 정책으로 구분하고 각 사업을 다시 세분화하여 업무 전산화 작업을 수행하였다.[10]

MOCAS 사업은 MIS, 재무관리, 인사관리, 사무자동화, 통신정책, 체신금융 등의 분야로 나누어 분야별로 세분화하여 데이콤이 역량을 다하여 단계별로 전담반을 편성하여 추진되었다. 먼저, 기존의 단위 업무별 추진체계를 분야별 종합전산화 체계로 구축한 다음, 다시 분야별 시스템을 연동하여 운용함으로써 체신업무의 효율성을 극대화하였다. 다음으로 기술 추세를 반영하여 분산처리 방식을 도입해 우정·전파관리·정책정보시스템은 초기부터 분산 방식을 적용하고, 체신금융 분야는 우선 그 당시 시스템의 안정화 작업과 동시에 분산시스템으로 신규 구축을 추진하는 방법으로 진행되었다.

MOCAS 사업은 새롭게 시작하는 사업이었음에도 추진 계획에 따라서 대부분 성공적으로 마무리되었다. 이들 사업을 진행하는 동안 전담 부서인 시스템개발부 연구원은 물론이고 관련 부서 직원들도 철야 근무를 예사로 하였다. 이러한 업무 태도는 오늘날 MZ세대[11]와는 뚜렷한 차별화가 가능하다. 그 당시 이 사업에 참여한 연구원과 부서 직원들은 동료 의식으로 구축된 신뢰에 기초하여 국가에 대한 충성(애국심)과 책임 의식으로 빛나는 성과를 이룩할 수 있었다. 이들 사업 가운데 그 당시 첨단 정보통신기술을 사용하여 새롭게 시도한 사업은 체신보험망, 종합금융 온라인, 체신금융 온라인 단말기 등이다. 이들 사업 가운데 체신보험과 체신금융 단말기 국산화 사업에 얽힌 일화를 기술하면 아래와 같다.

체신보험 전산망 사업

1929년부터 시작된 체신보험이 1976년에 농협으로 관할을 옮겼다가 1982년 12월에 '체신예금보험에 관한 법률'을 제정하고 1983년 7월 1일부터 체신보험 사업을 체신부(현재 과학기술정보통신부)가 맡으면서 오늘에 이르고 있다.[12] 체신부는 금융업무를 다시 시작하면서 컴퓨터시스템 구축이 필요하였다. 이 러한 맥락에서 데이콤은 체신보험과 종합금융 전산망 구축을 서둘러 완성하여야 하였다. 데이콤은 설립과 함께 이러한 온라인 전산망 구축이 필요할 것을 예측하고 체신부에 여러 차례 준비하도록 건의하였다. 그러나 그때마다 체신부에서는 데이콤 건의에 귀를 기울이지 않고 아무런 준비도 없이 있다 가, 느닷없이 1983년 6월 중순에 당시 최순달 체신부 장관이 이용태 사장을 불러서 우선 '체신보험 전산망'을 서둘러 6개월 안에 완성해 달라는 요청을 하였다.[13]

그러나 아무런 준비도 없이 터무니없이 짧은 기간에 새로운 사업을 완성 하기는 불가능한 상황이었다. 이러한 전산망 구축을 위해서는 사전에 치밀한 준비과정이 필요하다. 이러한 상황에서 이용태 사장은 체신부 최순달 장관과 의 대담에서 따지고 들었다. "일을 미리미리 준비해서 하는 것이 아니라, 어 느 날 갑자기 만들어 내라고 하는 것은 무리입니다."[14] 이러한 사업은 모든 업 무 절차가 완비되어 있고, 각종 서류의 양식이 갖추어져 있어도 그렇게 단시 일에는 감당하기 어려운 일이다. 우선 업무체계를 전산화하려면 시스템 자체 를 분석하고 설계·개발하여야 한다. 이 경우에는 사업 개념도 자체도 정립이 되어 있지 않은 상태이었으며, 실제 작업을 하여 프로그램을 완성하는 데도 1년은 족히 걸리는 사업이었다. 그것을 단 6개월 안에 해내라고 하는 것은 무 리였다. 데이콤에서는 체신부 장관의 요구는 말도 되지 않는 것이었으나, 체

신부가 데이콤의 상급 기관이었기 때문에 하는 수 없이 이 사업을 맡을 수밖에 별다른 도리가 없었다.[15]

그 당시 체신부에서도 일을 서둘렀던 또 다른 이유도 있었다. 국회에서 1983년부터 체신보험을 체신부에서 취급하는 법률이 통과되었기 때문이다. 만약, 데이콤이 체신부에서 요구한 기간 안에 업무를 전산 작업으로 바꾸지 못하면, 그 일을 수작업으로 처리하는데 체신공무원 500명을 새로 충원하여야 하였다. 그러나 보험업무 제도는 확정되었지만, 체신부에서는 500명을 충원할 재원이 확보되어 있지 않았기 때문에 데이콤은 체신부가 요청한 기간 안에 체신보험 전산망을 구축하여야 하는 어려운 상황에 직면하였다. 이 사업의 실무책임자이었던 데이콤 이동욱 본부장은 그때의 어려운 사정을 다음과 같이 증언하였다.[16] "사장님이 체신부에 갔다 돌아오셔서, 체신보험 전산망을 6개월 안에 개발하라는데 되겠냐고 하세요. 그런데 저희가 조사를 해보니까 60명에서 70명이 최소한 5년 정도 개발하여야 하는 규모가 매우 큰 과제였습니다."

이같이 정상적으로는 5년 걸릴 사업을 6개월에 마치기 위해서는 비장한 각오가 필요하였다. 이용태 사장은 마음으로는 내키지 않는 사업이었다. 그러나 그는 주무 관청의 입지를 살리는 동시에 데이콤의 자존심을 위해서라도 어려움을 무릅쓰고 '돌격대(?)'를 조직하여 임무를 완수하는 것밖에는 별다른 도리가 없었다. 데이콤의 업무에 투입된 '돌격대'와 체신부에서 파견을 나온 요원들은 머리를 맞대고 '보험업무는 무엇이며, 업무는 어떻게 운영되는가'와 같은 가장 기본 개념부터 학습해 가면서 프로그램을 작성하기 시작하였다. 이러한 과정을 거쳐서 사업을 시작한 6개월 후에 데이콤의 '돌격대'는 약속한 체신보험 전산망 구축을 완성할 수 있었다.

다음은 그 당시 사업 부문의 이동욱 본부장과 요원들을 불러 모아 행하였던 이용태 사장의 비장한 각오[17]와 이동욱 본부장이 '돌격대'와 어떤 각오와 자세로 사업을 완수하였는가에 대한 생생한 비망록의 한 토막이다.[18]

체신보험전산망 구축에 얽힌 비망록

이용태 사장의 각오	(…) 업무 절차도 결정되지 않은 보험업무를 단 6개월 안에 전산화하는 것은 역사상 유례를 찾아볼 수 없는 일일 것입니다. 그러나 이 불가능에 가까운 일을 우리는 해내야 합니다.
	여러분은 이제 죽었다고 생각하십시오. 사무실에 침대를 들여놓고 침식을 회사 안에서 해결하면서라도 기간 내에 일을 끝내야 합니다.
	모두 집에 가서 '이혼(?)'하고 오십시오.
이동욱 본부장의 각오와 자세	(…) 사장님이 "너희들 이제부터 집에 가서 이혼하고 돌아오라. 이건 국가적인 대역사이니까 꼭 해내야 한다"하고 지시하셨습니다. 6개월 안에 어떻게 그런 큰일을 하느냐고 말들이 많았습니다. 그래서 저는 직원들을 집합시키고 그랬죠. '이제 가족하고는 (당분간) 이별(?)이야.' 그런 뒤에 전부 다 여관방에 집어넣고 6개월에 걸쳐 죽을 각오를 하고 사업을 해치웠습니다.
	그때 고생한 이야기는 이루 다 할 수가 없어요. 보험업무가 무슨 말인지도 모르고, 은행의 종합터미널이 무슨 말인지도 모르는데 아무튼 은행 종합터미널과 똑같은 수준으로 만들라 했으니까 그렇게 만들어 낸 것입니다.

체신종합금융 온라인 전산망과 단말기 국산화 사업

체신보험망 사업을 6개월 안에 마치자마자 '체신종합금융 온라인 전산망' 사업, 즉 보통예금과 저축예금 온라인 전산망 과제가 기다리고 있었다. 체신부는 1984년 1월부터 1985년 1월까지 전국에 흩어져 있는 우체국을 온라인으로 연결하여 고객에게 온라인 서비스 체제를 완료·제공하는 것이 목표이었다. 그 당시 정부 기관의 전산망으로는 전무후무한 획기적 사업으로 그 파급 효과는 매우 큰 것이었다. 따라서 체신 금융망 구축을 위하여 조직된 '돌격대'는 전열을 가다듬고 다시 전투에 투입되었다.[19]

이번 경우에도 기술도 기술이지만, 국가적 사업을 기간 안에 완료하겠다는 투지와 오기로 '돌격대'는 사업에 몸을 던졌다. 그들은 각자 집에 가서 자기 아내와 가족에게 이 기간에는 남편과 아버지가 장기 출장을 떠난 것으로 생각하라는 이별(?)을 고하고는 관련 자료를 가지고 여관으로 들어가 그야말로 온몸을 바쳐서 일에 몰두하였다. 틈틈이 가진 휴식 시간에는 라면을 안주 삼아 소주를 마시면서 쌓인 피로와 긴장감을 풀었다. 이러한 생활의 연속으로 '돌격대(?)' 대원 중에는 건강이 나빠진 사람도 있었다. 드디어 예정된 기간에 체신 '종합금융 온라인 전산망'은 완성되어 체신부에 넘겨짐으로써 기적과도 같은 일이 완성되었다.[20] 그때의 기분은 상상을 초월하는 것이었다, 마치 두더지가 하늘을 나는 것과 같은….

그 후 우리나라에서는 국가기간전산망 사업을 '전산망조정위원회'에서 총괄·추진하고 있었다. 이 사업의 한 분야로서 체신부에서는 전국 우체국을 대상으로 온라인 서비스망으로 종합정보서비스 전산망(Community Information System Computer Network: CISCN)을 구축·운영하였다.[21]

CISCN을 통한 우체국에서 제공이 가능한 서비스로는 행정전산망과의 접속으로 민원처리 대행 서비스, 금융전산망과의 접속으로 다양한 체신금융 서비스, 국내에서 구축된 부가가치 서비스망과의 접속에 의한 정보제공 서비스, 그리고 우체국 자체 업무를 신속·정확하게 고객에게 제공하는 서비스를 제공할 수 있었다.

또한, 체신보험·금융 전산망을 구축하는 과정에서 이용태 사장이 의욕적으로 추진한 사업은 체신금융용 단말기를 국산화하는 사업이었다.[22] 은행용 단말기는 은행의 창구직원이 사용하는 컴퓨터 단말기이다. 이 사장은 데이콤의 관련 직원들과 회의하면서 이 기회에 은행용 단말기를 국산화하는 방안을 제시하였다. 그는 이 사업은 국내의 정보산업을 비약적으로 발전시키는 계기가 될 것이라고 역설하였다. 또다시 평소에 생각하고 있던 그의 선구자적인 안목이 발동되었다. 전문가의 시각으로 미래를 내다보는 혜안이 하나 더 추가되었다. 그 당시 은행용 단말기를 국산화한다는 것은 시중 금융기관에서는 상상도 못 할 일이었다. 따라서 이 사업을 시작하는 초기 단계에서는 엄청난 저항이 있었다. 이와 관련하여 데이콤 이동욱 본부장은 그때의 상황을 아래와 같이 회고하였다.[23]

은행용 단말기 국산화 사업에 대한 용단

(그 당시) 산업자원부(현재 산업통상자원부)의 '전자산업국'인가 하는 부서에 백○○ 과장이 있었어요. 그의 주관으로 컴퓨터 관련 사람들, 은행에서 (정보 관련 업무를 하는) 사람들, 업체 대표 등을 모두 모시고 토론회를 개최했습니다. '은행용 단말기를 국산화하는 것을 어떻게 생각하느냐'라고 물으니까, 은행 쪽 사람들은 지금은 시기상조라고 대답했어요. 완벽한 외국 것도 불안한데 국산은 말도 안 된다고 하니까,

여기저기서 그렇다는 호응이 나왔습니다.

그때 은행용 단말기를 국산화한다는 것은 이용태 사장님의 숙원이자 확고한 지론이었어요. 저희는 이 사장님의 뜻을 받들어서 지금 정보산업을 육성하지 않으면, 언제, 어떻게 우리가 잘살 수 있느냐고 하면서 그들 반대론자를 여러 가지 근거로 설득했죠. (…)

이용태 사장은 '1970년대부터 기회가 있을 때마다 국가기관에서 국산 컴퓨터 단말기를 사용해야 한다'라고 외치고 다녔으며, 그 파급 효과는 엄청나서 우리나라 정보산업 발전에 일대 전기를 마련할 것이라고 믿고 있었다.[24] 그러나 당시 시중은행에서는 대부분 외국 저명 ○○○회사의 단말기를 사용하고 있었다. 은행의 대부분 업무는 돈을 다루는 것이기 때문에 1원이라도 차이가 나면, 원인을 밝혀야 하는 것이 특징이다. 따라서 은행에서는 가장 믿을 수 있는 회사의 은행용 단말기를 사용하는 것이 당연한 일이었다. 체신부의 '종합금융 온라인 전산망'에서도 시중은행과 마찬가지로 금융기관으로서 국산 단말기를 쓰자는 제안에는 반대 시각이 많았다. 이러한 갑론을박 속에서 아직 만들어지지도 않았으며, 시장에서도 성능이 확인되지 않은 국산 은행용 단말기를 사용한다는 것은 결코 쉬운 일이 아니었다.

그 당시의 이러한 상황에서 외국의 ○○○회사는 자사의 제품이 우리나라 전국 우체국에서 사용할 것으로 판단하고 있었다.[25] 이유는 간단하다. 당시 체신보험금융 전산망 개발과정에서 그 회사의 단말기를 24대 구매하여 시험·운영했던 일이 있었고, 그 회사에서도 체신부에 새로운 과제가 있다는 정보도 가지고 있었다. 또한, 거의 모든 시중은행이 그 회사 제품을 사용하고 있었으니, ○○○회사는 체신부도 당연히 그 회사 제품을 사용할 것으로 속단하고 있었다. 그러나 이용태 사장은 '중앙컴퓨터는 어떤 회사의 제품을 선정하여 사용하는 것은 문제가 되지 않지만, 전국 우체국에서는 사용하는 단말기는 국산화가 필요하다'라는 지론을 가지고 있었다. 왜냐하면, 단말기는 숫자가 많으므로 구매비용이 중앙컴퓨터 구매비용보다 훨씬 많았기 때문이다. 따라서 그는 '단말기를 국산화한다는 것은 국가적으로는 큰 이익이고, 새로운 정보산업을 하나 더 추가한다는 데에 의미가 있다'라고 믿고 있었다.

은행용 단말기 국산화 사업이 추진되는 과정에서 ○○○회사는 자신들이 알고 있는 관련 기관에 압력을 넣어 사업의 중단을 부추기고 다녔다. 사실 그 회사로서는 우리나라에서 자신들이 정보산업 분야의 커다란 시장 하나를 잃어버릴 수도 있는 위기 상황에 직면한 것으로 판단했었다. 이같이 새로운 혁신이나 제품을 도입하려는 과정에서는 언제나 보이지 않는 저항 세력의 위협에 시달리면서 이를 현명하게 극복하는 방안을 마련하는 것이 중요하다. 때에 따라서는 생각하지도 않는 곳의 도움을 받기도 한다. 그 당시 청와대 과학기술 비서관 홍성원 박사가 데이콤의 은행용 단말기 국산화 개발사업에 응원군으로 지원하고 있었다. 그는 우체국에서 사용할 은행용 단말기 국산화에 얽힌 당사자들 간에 얽힌 비밀스러운 이야기를 아래와 같이 회고하였다. [26]

은행용 단말기 국산화 개발사업에 얽힌 비망록

외국의 ○○○회사 회장이 우리나라에 왔을 때, 당시 김재익 수석이 우리나라가 정보화 사회를 빨리 이루기 위해서 노력하는데, 정부에서 추진하는 정보산업 시장을 당신 회사에 줄 테니 그 대신에 당신 회사의 기술을 우리나라에 이전하라고 했어요. 그러니까 그 사람들이 '아니오(No)'라고 하는 것입니다. 그 회사는 (김 수석의 말이) 정치와 연결된 사업(business)이라고 생각하였던 것 같아요.

그 뒤에 제(홍성원)가 그 회사 사람들을 만났더니 체신부에서 은행용 단말기를 국산화하는 복안에 대해서 말이 많았는데, 이용태 박사를 눈엣가시처럼 생각하는 것 같았어요. 저는 그 회사 측에 대고 정부의 국산화 제품의 양은 그렇게 많지 않으니, 걱정하지 말라고 일러주었어요. 은행 쪽은 물론 주전산기는 모두 당신네 회사 것인데 뭐가 걱정이냐고 했지요. 정부가 시행하는 정보산업 때문에 당신들 매출이 떨어지는 것이 아니고 늘어날 것이니 크게 보라고 했지요. (…)

이같이 어려운 주변 환경에도 불구하고 체신금융 전산망 구축사업은 계속하여 꾸준히 진행되었다. 지금 그 당시를 돌이켜보면, 체신금융 온라인 전산망과 구축사업에서 '대형시장, 즉 수요가 있는데 왜 남의 나라의 제품이나 기술도입을 하여야 할까'라는 생각에서 은행용 단말기 국산화 사업은 시작된 것으로 볼 수 있다. 1980년대에 수요가 있는 곳에 첨단기술 개발을 통한 공급 확대는 국가와 산업체의 경쟁력을 확보한 대표적인 사례로서 행정전산화 개발, 체신금융 온라인 전산망 구축 및 은행용 단말기를 최초로 국산화에 성공한 일을 꼽을 수 있을 것이다.

특히, '은행용 단말기 국산화'는 1982년 데이콤 시스템개발본부에서 이동욱 본부장이 추진한 사업이다. 이 사업은 그 당시 공급처인 우체국이라는 커다란 시장이 있기에 장애물을 딛고, 우리나라 기술진의 참여로 은행용 단말기 국산화에 성공함으로써 기술력을 확보했을 뿐만 아니라 외화 낭비도 막고, 수출의 문을 열 수 있었던 사업이라고 할 수 있을 것이다.

추진내용을 간단하게 살펴보면, 오명 체신부차관과 이용태 사장은 1단계로 외국계 은행용 단말기인 ○○○회사 개인용컴퓨터 24대를 구매하여 현장에서 시험 운행한 후, 나라 안팎의 반대에도 불구하고 체신금융용 단말기를 국산화하는 데 성공하였다. 국산화 단말기가 전국 우체국 온라인 전산망과 연결되어 성능이 검증된 뒤로는 시중은행으로 확대·보급된 것은 정보산업 육성에 또 하나의 큰 고지를 마련한 것이라 할 수 있다.

다음으로 체신부가 먼저 국산화 단말기 성공 후에 민간 금융기관에 설치한 사례는 이용태 사장과 체신부 오명 차관의 정책과 의지의 결과라고 본다. 이 사업의 성공에 힘입어 한국전자통신연구원(Electronics and Telecommunications Research Institute: ETRI)의 은행단말기 연구개발과 LG전자, 한국컴퓨터, 효성, 청호컴퓨터는 국산화 단말기를 생산하여 국내 금융기관에 보급하는 기회를 잡은 것이었지만, 이 또한 외국회사의 압력과 금융기관의 비판을 감수하는 데에도 어려움이 많았다.

이와 관련된 사례를 하나 소개하면, 상공부(현재 산업통상자원부로 확대·개편) 주관 세미나에서 체신금융 단말기 국산화 과정을 발표하였는데, 체신부와 민간 금융기관의 금융 부서 책임자들이 참여하였다. 이때 금융기관의 전산 책임자들이 이구동성異口同聲으로 국산 은행단말기의 사용에 부정적인 의사를 표시하였고, 크게 갑론을박하며 싸운 기억이 난다. 은행 업무의 특성상 1원이 틀려도 퇴근이 어려운 상황에 국산화 시스템의 사용을 제안하는 것은 현실적으로 상당히 부담이 따르는 일이었다. 그러나 산업자원부의 권유로 전국에 흩어져 있는 은행에서 국산 은행단말기가 채택되어 사용됨으로써 외화 낭비를 방지하고 단말기 국산화에 크게 이바지한 것으로 생각한다.

이와 같은 나라 안팎의 모함과 반대 세력을 물리치고 이용태 사장은 체신부에서 사용할 은행용 단말기를 국산화함으로써 하드웨어 분야의 정보산업 육성에서 또 다른 공헌을 하는 기록을 남겼다. 오늘날 정부 기관, 금융기관, 교육기관 등에서 값싸고 편리한 국산 단말기가 이용태 사장의 애국심과 집념에서 비롯되었다는 사실을 아는 사람은 몇몇 사람에 불과할 것이다. 이 사장은 단말기 국산화는 불가능하며, 이러한 시도는 '미친 짓'이라는 비웃음에도 아랑곳하지 않고 사업을 추진하여 성공적으로 마무리하였다. 특히, 그 당시 컴퓨터 생산의 선두 주자인 삼보컴퓨터가 이 단말기 사업에 참여하지 못하도록 하였다는 사실도 눈여겨볼 만한 대목이다.[27] 그 당시 은행용 단말기 국산화의 역사적 의미에 대한 이동욱 본부장과 이용태 사장[28]의 각각의 회고는 아래와 같다.

은행 단말기 국산화의 역사적 의미

이동욱 본부장의 회고	체신부의 은행용 단말기 국산화라는 획기적인 사업은 오명 차관과 이용태 박사가 합작해서 추진한 것입니다. 그 두 분의 정보화 추진 의욕은 두 손뼉처럼 잘 맞아떨어졌던 것입니다. 그 후에 계기가 되어서 국내의 은행용 단말기 생산 업체 여러 곳이 성장할 수 있는 길이 열렸어요. 그중 하나가 오늘날 한국컴퓨터의 '피너클(pinnacle)'이며, 이 전산 업체는 현재 정부 기관이나 은행 등의 전산망 설치를 하는 전문업체로 성장했습니다. 그때 국산화를 단행하지 않았으면, 이런 국내 업체는 발전하지 못하고 항상 외국업체의 손에 놀아날 수밖에 없었을 것입니다. (…)
이용태 사장의 회고	외국 ○○○회사가 우리나라 시장에 들어와서 사업을 하면서 최대의 실수는 체신부의 은행용 단말기 과제를 놓친 것이었다. 체신부를 시작으로 금융기관들은 차츰차츰 국산 은행용 단말기를 쓰게 되었으니, 그들은 결과적으로 거의 모든 금융기관을 완전히 빼앗겨 버린 것이다. 오늘날 금융

기관이 값싸고 편리한 국산 은행용 단말기를 쓰고 있음을 보고, 나는 흐뭇하면서도 씁쓸한 생각을 지울 수가 없다. 10년 전 정부 관리에게 단말기를 국산화하자고 제의했다가 '미친놈'이라는 말을 들었던 기억이 난다. 어떻든 정보산업의 한 분야를 국산화하여 우리나라 정보산업의 발길을 재촉하였다는 점에 보람을 느낀다. (…)

제4장
86아시안게임 · 88서울올림픽의 종합정보망서비스 구축

국제경기대회와 종합정보망

일반적으로 국제경기대회는 여러 나라 사람이 모여서 각자 갈고닦은 기량을 뽐내면서 즐기는 지구촌 축제의 한마당이다. 우리에게 익숙한 대표적 국제경기대회는 올림픽과 아시안경기대회가 있다. 우리나라는 이미 올림픽과 아시안경기대회를 개최한 역사가 있다. 1981년 9월 30일 독일의 바덴바덴에서 열린 제84차 국제올림픽위원회IOC 총회에서 서울이 일본의 나고야를 제치고 1988년 제24회 하계올림픽 개최권을 거머쥐었다. 이 사건은 세계의 비상한 관심을 불러일으켰을 뿐만 아니라 대한민국을 흥분의 도가니로 몰아넣었다. 우리나라가 개발도상국으로는 첫 번째, 아시아에서는 두 번째, 세계에서는 열여섯 번째로 하계올림픽 개최국의 영광을 차지하는 순간이었다. 이어서 두 달 후인 11월 26일 인도의 뉴델리에서 열린 아시아경기연맹AGF 총회에서 서울은 1986년 제10회 아시안경기대회 유치에 성공함으로써 다시 한번 우리 민족의 저력을 세계에 과시하였다.

특히, 우리나라의 올림픽 유치와 개최에는 1960년대 이후 줄기차게 추진한 경제개발의 성공으로 충실한 국력을 세계에 유감없이 보여줌으로써 선진국으로 올라선다는 국제적 야심과 당시 제5공화국 출범에 즈음하여 사회 전체에 짙게 퍼져있던 불안과 불만을 잠재워 국민 정서를 '새로운 신바람의 마당으로 끌어 올린다'라는 국내적 배려가 맞물려 있었다.[1] 이 같은 국내외적 상황에서 두 국제 경기의 개최권은 따내었지만, 각종 경기 시설의 확보 못지 않게 시급한 문제로 떠오른 것은, 경기 운영에서 발생하는 수많은 정보 및 통신을 매끄럽게 소화할 수 있는 '정보통신망' 구축이었다. 아무리 경기 운영이 성공적으로 이루어졌다고 하더라도 그에 대한 정보와 통신의 효율적인 뒷받침이 따르지 않는다면, 대회를 성공적으로 치르지 못할 뿐만 아니라 정보통신서비스의 수준이 주최국의 대외 이미지에 먹칠할 것은 뻔한 일이었다.

이러한 상황에서 우리나라에서 국제경기대회를 위한 정보통신서비스 체제 구축은 1988년 서울올림픽을 목표로 하여 기본계획이 추진되었다. 따라서 1986년 아시안경기대회는 중간 단계에서 성과를 확인하는 성격으로 계획·추진되었다. 올림픽 경기에서 컴퓨터의 이용은 1964년 도쿄올림픽에서 시작되었으며, 그때는 경기의 결과를 전산으로 처리하는 부분적 도입에 지나지 않았다. 그 후, 1972년 뮌헨올림픽에서 컴퓨터가 본격적으로 이용되면서, 1976년 몬트리올올림픽을 거쳐 1984년 LA올림픽에서는 경기 운영과 결과는 물론이고 대회 관리나 지원에 이르기까지 모든 분야에서 컴퓨터를 통한 정보통신이 폭넓게 이용됨으로써 컴퓨터 기술이 올림픽 경기대회의 성패를 가름하는 중요한 조건이 되었다. 따라서 원활한 정보통신과 통합된 전산시스템이 주요 국제경기대회의 새로운 장외 종목으로 일컬어질 정도로 관심의 대상이 되었다.[2]

우리나라에서 국제경기대회에 대한 전산화는 서울올림픽조직위원회(The Seoul Olympic Organizing Committee for the Games of the XXIV Olympiad, or SLOOC)가 직접 사업을 관장하고 한국과학기술원(Korea Advanced Institute of Science and Technology: KAIST, 현재 KIST)을 기술 주관기관으로 위촉하여 시작되었다. 그러나 전산화를 위한 소프트웨어

주관기관과의 약정 체결, 하드웨어 공급업체의 선정 등과 같은 주요 업무가 매끄럽게 해결되지 않았을 뿐만 아니라, 사업의 특성상 규모가 방대하고 다양한 기술 분야와 연계되며 정부의 강력한 측면 지원이 필요함으로 인하여 불가피하게 체신부가 업무를 총괄하기에 이르렀다.

1984년 6월에 오명 체신부 차관을 단장으로 LA올림픽 개최지에 현지 조사단을 파견하여 올림픽 정보통신망 업무를 자세히 조사한 결과, 앞으로 우리나라에서 열릴 아시아경기와 올림픽 두 대회의 정보통신 지원을 성공적으로 완수하기 위해서는 관련 조직의 확대·보강이 시급하고, 위성기지국의 추가 건설로 국제 텔레비전 중계 시설을 확보, 국내 교환시설을 전자화, 전자전송시스템(Electronic Messaging System: EMS)과 전화사서함, 카드 공중전화 등의 새로운 통신서비스를 개발하고, 올림픽 종합정보통신망의 구성 방안 마련이 요구되었다.

따라서 이들 방안은 기관별로 업무가 나누어졌다. 체신부는 기본계획의 수립과 조정 업무를 맡았으며, 서울올림픽조직위원회는 통신, 전산, 전자, 방송 등 기술 분야를 총괄하는 기술국을 설치하였으며, 한국통신KT은 올림픽 통신사업단을 조직하였다. 그리고 전산 기술 주관기관으로 결정된 KAIST는 대회 준비와 운영에 필요한 소프트웨어 시스템의 구축 작업을 시작하였으며, LA올림픽에 사용된 SIJO(System Information de Juex Olympique)를 도입하는 것을 검토했다. 그러나 KAIST는 SIJO를 도입하는 대신에 순수한 국내 기술로 우리 실정에 맞는 새로운 소프트웨어 시스템을 독자적으로 개발하여, 앞으로 우리나라에서 개최되는 각종 국제대회에 약간의 수정·보완을 거쳐 활용하고, 다음 아시안경기대회, 올림픽 등의 국제경기대회를 개최하는 국가에 수출함으로써 외화 획득에도 이바지한다는 목표를 정하였다.

이러한 목표에 따라서 개발이 진행된 국제경기대회를 위한 전산시스템은 기능별로 나누어 경기운영시스템(Games Information On-line Network System: GIONS), 종합정보망시스템(Integrated Network System: INS), 대회관리시스템(Seoul Olympic Management System: SOMS), 대회지원시스템(Seoul Olympic Support System: SOSS)으로 구성되었다.

GIONS는 경기의 각종 프로그램을 모듈화하여 경기 결과를 경기장별로 소형 컴퓨터로 처리하는 시스템으로 KAIST 시스템공학연구소(System Engineering Research Institute: SERI)가 개발을 주관하였고, SOMS는 인력관리, 입장권 관리, 선수촌 및 기자촌 관리, 등록 또는 의전 관리 등 대회 준비와 운영의 기초적인 시스템으로서 쌍용컴퓨터주식회사가 개발하였다. 그리고 SOSS는 숙박, 운송, 물자, 연습장 관리를 하는 시스템으로 한국전산주식회사가 담당하였다.

그리고 종합정보망시스템INS은 국내 유일의 정보통신 전문회사인 한국데이타통신주식회사(약칭 데이콤)가 담당하였다. INS는 기존 통신시스템인 텔렉스, 페이징 및 컴퓨터를 공중정보통신망, 즉 DACOM-NET으로 연결하여 선수단, 각 경기단체, 서울올림픽조직위원회, 숙소 및 지원단 등이 서로 각종 정보를 주고받을 수 있는 전자우편 기능과 경기 결과나 선수 신상 조회 등의 정보처리 기능, 관광, 문화행사 등의 일반 정보 서비스 기능을 시스템으로 구축함으로써 개인용컴퓨터를 가지고 있는 일반 국민은 물론이고 세계 전역의 공중정보통신망 가입자에게 서울과 같은 시간대에 올림픽 정보를 서비스받을 수 있도록 개발하였다. 이것은 그 당시 우리나라에서 유일한 정보통신 전문회사로 출발하던 데이콤으로서는 정보통신 산업의 개척자로서 자리매김하는 기회로 활용되었다.

이같이 다양한 기능을 수행하는 국제경제 종합정보망시스템은 다양한 특성을 가진다. 이러한 경기정보시스템의 다양한 특성을 데이콤에서 시스템 설계·개발을 직접 주관하였던 이철수 본부장은 다음과 요약한다. 첫째, 오류 誤謬 없이 실시간으로 정보가 소비자에게 전달되어야 한다. 둘째, 정보사용자가 국적과 관계없이 편안하고 사용하기에 쉬워야 한다. 셋째, 제공되는 정보가 재미있어야 한다. 넷째, 정보시스템의 중단 없는 운영이다. 이 본부장은 이러한 특성을 반영하여 1986년 아시안경기대회와 88서울올림픽 종합정보망시스템을 분야별 개발 주관기관의 담당자와 협력하면서 설계·개발하여 경기에 활용함으로써 정보통신 강국으로서 지위를 확보하는 데 공헌하였다.

1986년 아시안게임과 종합정보망시스템

데이콤이 서울올림픽조직위원회로부터 국제경기대회 종합정보망시스템INS 전산화를 위한 개발기관으로 잠정 지정은 1984년 6월이었으며, 정식으로 참여 기관으로 선정된 것은 9월 4일이었다. 아시안경기대회를 비롯한 국제경기대회를 위한 전산화 업무의 특성은 시스템 날짜를 변경할 수 없고, 운영 기간도 짧은 기간인 점 외에도 경기 결과가 세계 전역의 이목을 집중시키기 때문에, 경기가 끝나자마자 기자단과 보도진을 통하여 신뢰성 있는 정보가 신속하게 전달될 수 있어야 한다는 것이다. 이와 같은 현실적인 이유로 국가적이며 민족적인 대사업에 참여하게 된 데이콤은 맡은 임무를 훌륭히 수행함으로써 대회의 성공을 뒷받침하는 동시에 높은 기술력의 확보로 장기적인 발전 토대를 마련하는 기회로 활용하기 위하여 '올림픽전산화팀'을 구성하였다.

종합정보망시스템INS 개발을 위한 조직은 데이콤 OA개발부의 '올림픽전산화팀'으로 출발했다. '올림픽전산화팀'은 1986년 8월부터 10월까지 3개월 동안 필요한 자료를 수집·분석하고, 그 결과를 바탕으로 86아시안경기대회와 88서울올림픽에서 사용할 INS의 개요를 비롯하여 시스템 구성, 제공할 서비스 범위, 개발 일정 계획, 소요 예산 등에 관한 기초적인 조사보고서를 작성했다. 그리고 11월 1일에는 올림픽전산화팀의 인원이 11명으로 늘어서 '올림픽사업단'으로 조직을 확대·개편하였다.

개편된 '올림픽사업단'에서는 INS 개발의 기본방침을 일곱 가지로 요약했다. 첫째, 생산성과 신뢰성을 높이고 시행착오를 최소한으로 줄이기 위하여 국내외 전문기술을 최대한 활용한다. 둘째, 구조화된 검토회를 통하여 기자를 포함한 다양한 매체의 보도진, 즉 사용자와의 협의 과정을 거치면서 정확한 요구사항을 파악한다. 셋째, 근거리정보통신망LAN 시스템을 구축한다. 넷째, 분산처리, 분산 자료 집약을 통하여 시스템을 모듈화한다. 다섯째, 비상 운용을 자동화하고 고장 복구가 가능하게 함으로써 오류가 발생했을 때, 그 파급효과를 최소한으로 줄인다. 여섯째, 구조기능적인 방법으로 시스템을 분석·설계하여 시스템의 수준 향상과 수정·보완이 쉽게 한다. 일곱째, 86아시안경기대회와 88서울올림픽 이후의 활용도를 고려하여 신뢰도와 편리성을 높이는 데 역점을 두고 정보의 일괄처리가 아닌, 온라인 즉시처리bachless system에 의하여 24시간 운영이 가능한 시스템을 구축하도록 노력한다.

올림픽사업단은 이러한 자료 수집과 분석에 추가하여 새로 개발하게 될 시스템의 이름을 무엇으로 할 것인가도 검토하였다. 특히, 경기와 관련된 시스템을 구성하는 장치의 기능과 특성을 종합적으로 표현하기 위해서는 이름이 중요하다. 이와 같은 이유로 인하여 종합정보망시스템의 이름으로 임시로 사용하고 있던 INS는 이미 일본이 개발하여 세계적으로 이름이 널리 알려진 시스템 INS와 이름이 같음으로써 일본의 시스템으로 오해할 수 있다는 점이 지적되었다.

국제경기대회에서 사용하는 시스템의 이름은 참가자를 비롯하여 세계인에게 쉽게 이해할 수 있는 것으로 작명하는 것이 필요했다. 태어날 아기에게 될 수 있는 대로 부르기 쉽고 좋은 의미가 있는 뜻을 가진 이름을 주고 싶은 산모의 심정으로 '올림픽사업단'이 머리를 맞대고 궁리한 결과는 헤르메스Hermes라는 이름으로 잠정적으로 결정되었다. 그해도 얼마 남지 않은 12월 18일이었다. '헤르메스'는 그리스 신화에 나오는 신들의 사자로서 고학, 학예, 상업 등 변론의 신이며, 태어날 때부터 총명하고 날개가 있는 모자와 신발을 신고 뱀을 감은 지팡이를 들고 있어서 바람보다 빨리 신들의 제왕 제우스의 메시지를 전달한다고 알려져 있다. 그러나 헤르메스는 한국적인 이미지가 전혀 없다는 흠이 지적됨으로써 결정이 보류되고 다른 수많은 문제와 함께 새해의 과제로 넘겨졌다.

올림픽사업단이 여럿의 머리를 짜내어 생각한 것이 '에밀레'라는 기발한 이름을 들고나온 것이 1985년 1월 11일이었다. 에밀레는 영문으로 EMILLEH 라고 표기하며, 그것은 Electronic Messaging & Illustrative Ether의 약자로서, 내용을 널리 전하는 의미가 있을 뿐만 아니라 영문 표기나 발음에도 무리가 없으면서 한국적인 독특한 이미지를 지니고 있다는 호평을 받았다. 따라서 아시안경기대회의 종합정보통신망은 명칭이 에밀레로 정해진 상태에서 개발에 들어가게 되었다.

이러한 과정에서 1985년 12월 그 당시 오명 체신부 차관이 'EMILLEH'라는 명칭이 한국적인 이미지를 갖고 있어서 좋기는 하나, 슬픈 이미지여서 다소 문제가 있다고 지적하였다. 이에 따라서 명칭 문제를 재검토하여 1986년 4월에는 'INS'로 명명하기로 최종 결정을 내리고, 공식적으로 아시안경기대회의 종합 정보통신망의 공식적인 이름으로 결정·사용하였다.

이 사업은 이 분야의 해외 전문회사인 AT&T의 기술자문, 전산화 사업 추진을 위한 모의 시스템 개발 등의 과정을 거쳐 아시아경기가 개최되었던 1986년에 들어서 개발 사업이 본격적으로 추진될 수 있었다. 이어서 데이콤은 자체에서 개발한 INS를 국내 패킷교환망인 DACOM-NET와 연결함으로써, 제공하는 정보를 세계 각국 어디서나 공중정보통신망을 통하여 동시에 찾아볼 수 있는 시스템으로 개발하는 데 중점을 두었다. 그것은 그때까지 어떠한 국가에서도 시도한 적이 없는 획기적인 방법이었다.

데이콤이 개발을 추진한 아시안경기대회의 종합정보망시스템의 소프트웨어는 전자우편, 경기 정보, 일반 정보, 외부 접속, 운영체제의 다섯 가지 시스템으로 구성되었다. 이 시스템은 1985년 1월부터 분야별 소프트웨어 개발에 필요한 여러 단계의 업무 설계, 코딩, 성능 시험 등을 거쳐서 8월 말에는 서울올림픽조직위원회에 넘겼다. 그리고 그해 9월에는 세 차례의 막바지 예행연습rehearsal을 거친 INS는 데이콤의 독자적 종합정보망으로서 86아시안경기대회에서 그 진가를 유감없이 발휘하였다. INS의 소프트웨어는 아래의 다섯 종류의 소프트웨어로 구성되었다.[3]

첫째, 전자우편의 세부적인 업무는 사용자 서비스 프로그램(User Service Program: USP)의 설계와 코딩, 내부 편집 프로그램의 설계와 코딩, 비상 운용과 비상 복구, 화면 편집의 수정, 개발 장비의 사양 확인 및 운용 장비의 적용 검토와 사양 확인, 기본 운용이나 기술 향상에 관한 교육, 전자우편 시스템의 전반적인 사항, 운영 주변 장치의 적용 프로그램 작성과 전환, 운용 지침 및 사용자 지침의 작성 등이었다.

둘째, 경기 정보의 세부 사항은 그날그날의 경기에 관한 설계와 코딩, 경기 완료의 설계와 코딩, 선수 프로필의 설계와 코딩, 전송 자료 현행화의 설계와 코딩, 뉴스 속보bulletin의 설계와 코딩, 경기 정보 메뉴 양식의 협의와 결정, 메뉴 입력, 운용 기본 교육, 경기 정보시스템의 종합, IBM의 접속 시험, 운용 주변 장치의 적용 프로그램과 전환, 운용 지침 또는 사용자 지침의 작성 등이었다.

셋째, 일반 정보의 세부 사항은 검색 프로그램의 설계와 코딩, 메뉴의 입력 설계와 코딩, 기록 정보 입력의 설계와 코딩, 패킷교환망의 설계와 코딩, 서비스 항목과 출력 양식의 협의, 운용 기본 교육, 일반 정보시스템의 종합, 운용 주변장치의 적용 프로그램과 전환, 운용 지침과 사용자 지침의 작성, 메뉴 파일의 구성 등이 포함되었다.

넷째, 외부 접속의 자세한 업무는 수신정보의 오류 검사 프로그램 설계와 코딩, 데이터 배열 프로그램의 설계와 코딩, 통계 및 외부 접속 시스템의 장애 복구와 마감 절차shut-down procedure 작성과 소프트웨어의 설계와 코딩, 고저 레벨level 접속 소프트웨어 개발, 3회에 걸친 접속 시험, 운용 지침 및 사용자 지침의 작성, 패킷망 시험 등이었다.

마지막으로 운영체제의 세부 업무는 전산망 사이의 자료 전송 프로그램의 분석·설계 코딩, 기본 운용과 기술 향상에 대한 교육, 운용 지침의 작성, 운용장비용 시스템의 2차에 걸친 구축, 포트port 할당의 적용 등이었다.

데이콤이 개발한 INS는 아시안경기대회에서 눈길을 끄는 장면 가운에 하나였다. INS는 아시안경기대회를 첨단의 과학기술 대회로 꽃피웠다. 참가국으로부터 온 4천여 명의 내외신 기자들로부터 LA올림픽 전산시스템인 EMS를 뛰어넘는 최첨단 컴퓨터시스템이라는 극찬을 받았으며, 데이콤의 기술 수준을 세계에 유감없이 자랑하였다. LA올림픽에서 운영된 EMS는 경기 결과 시스템과 정보통신 시스템 사이에 접속이 불완전하여 정보를 전송하는 과정에서 여러 가지 문제가 발생하였고, 자주 컴퓨터시스템의 작동이 멈추기도 하였으나, INS는 서로 다른 컴퓨터 기종 간의 접속이 완벽하게 이루어져 고장 없이 운용되는 커다란 성과를 거두었다.

INS는 메인프레스센터에 개안용컴퓨터 PC24 단말기 40대와 PT200M 프린트 27대를 설치한 것을 비롯하여 각 경기장과 호텔, 공항, 관련 기관 등 모두 72개소(지방 4개소 포함)에 439대의 단말기와 228대의 프린트를 설치하고 그것을 하나의 네트워크로 묶어, 경기와 관련된 각종 정보를 서비스하였다. 아울러 DACOM-NET와 연결함으로써, 전全 세계 52개국의 공중정보통신망 가입자들이 서울과 똑같은 시간에 정보를 받아볼 수 있게 하였다. INS의 사용에 대한 외신 기자들의 찬사를 소개하면 아래와 같다.[4]

종합정보망시스템에 대한 외신 기자들의 평가

종합정보망시스템(INS)를 이용하여 각종 경기 정보를 찾아보고, 이를 영국의 본사에 패킷교환망으로 연결하여 전자우편을 이용, 기사 송고 등에 활용하였는데 대한민국에서 이같이 훌륭한 컴퓨터통신시스템이 개발·운용되고 있다는 사실에 정말 놀랐다. (로이터통신 폴 스미드화이트 기자)

매우 훌륭하고 편리한 시스템이다. 교도통신에서는 대회 기간 중 하루 150~200건 정도의 정보를 INS에서 찾아 보냈다. 도쿄 본사에서도 공중정보통신망으로 INS를 연결하여 하루에 13시간씩 필요한 정보를 이

INS는 사용하기 쉽고 편리하였다. 특히, 며칠이 지난 경기결과 등을 알아보는 데 큰 도움이 되었다. 우리도 1990년 아시안게임을 치러야 하므로 컴퓨터시스템에 많은 관심이 있다. (신화사통신 지안 아이오기 기술부국장)

이같이 86아시안게임 기간에 INS를 이용한 외국 보도진은 한결같이 그 기능의 우수성을 칭찬하였다.

1988년 서울올림픽 전산시스템과 종합정보망서비스

1988년 9월 17일부터 10월 2일까지 16일간 서울에서 하계올림픽대회(이하 88 서울올림픽)가 열렸다. 세계인의 이목이 쏠리는 대표적 스포츠 행사인 올림픽은 주최국의 외교, 문화, 사회, 경제발전을 보여주는 무대이자 첨단 과학기술의 실험장으로 불릴 만큼 과학기술 발전의 전시장이다. 2018년 개최된 평창동계올림픽도 '정보통신기술ICT 올림픽'이라는 별칭을 내세우면서 우리나라의 5G 이동통신과 가상현실 등의 첨단 정보통신 신기술을 선보였다. 이보다 30년 전에 개최된 88서울올림픽은 우리나라 ICT의 발전 가능성을 시험할 수 있는 첫 번째 출발점으로 국제무대에 선보이는 무대로 활용되었다.[5]

20세기 중반 이후 올림픽 개최국들은 경기 규모가 점차 커짐에 따라 폭발적으로 증가하는 각종 정보를 빠르게 처리하기 위해 첨단 ICT를 활용하였다. 1964년 도쿄올림픽에서 처음으로 컴퓨터가 사용되었으며, 1976년 몬트리올올림픽에서 사용된 최초의 올림픽 전산시스템은 SIJO(System Information de Juex Olympique)였다. SIJO는 국제올림픽위원회(International Olympic

Committee: IOC)가 경기 결과 보고체계의 전산화에 대한 표준을 제공하고 IBM이 용역을 받아 개발한 것으로 경기 결과 처리 중심의 시스템이었다.[6]

SIJO는 1980년 모스크바올림픽과 1984년 LA 올림픽에도 사용되었으며, 경기를 거듭할수록 정보제공 및 속도가 발전하였다. 특히, LA 올림픽에서는 신기술인 전자전송시스템EMS도 선보이면서 기존의 단순한 정보처리시스템을 넘어 최초로 통신과 결합한 전송시스템으로 당시 최고의 전산시스템으로 평가되었다.

이러한 상황을 반영하여 88서울올림픽에서도 SIJO의 사용은 국내외에서 당연한 것으로 받아들여졌다. 당시의 우리나라 정보통신기술 수준은 서울올림픽조직위원회에서도 '스포츠 관련 전산화 경험이 거의 없을 뿐만 아니라 올림픽대회의 완전무결한 전산망 구축을 위한 컴퓨터 기술 축적이 부족하고, 개발 기간이 촉박함 등의 이유를 들면서 올림픽용 전산시스템의 국내 개발에 대하여 회의적인 반응'이 지배적이었다. 그러나 이러한 우려에도 불구하고 우리나라는 새로운 서울올림픽 전산시스템의 자체 개발을 계획·추진하였다.[7] 정부는 전 세계의 이목을 집중시키는 지구촌 축제를 더욱 빛내기 위하여 데이콤, 한국과학기술원 부설 시스템공학연구소, 쌍용컴퓨터주식회사, 한국전산주식회사의 4개 회사를 지정하여 완벽한 '88서울올림픽 전산망'을 갖추도록 지원·독려하였다.

'88서울올림픽'에 사용된 전산시스템은 기능별로 나누면, 경기운영시스템(Games Information Online Network System: GIONS), 종합정보망서비스(Wide Information Network Services: WINS), 대회관리시스템(Seoul Olympic Management System: SOMS), 대회지원시스템(Seoul Olympic Support System: SOSS)의 4개의 시스템이 결합하여 전체 시스템이 구성되었다. GIONS는 참가선수와 임원의 등록

관리, 경기운영 결과처리, 경기정보관리 등 3대 주요 업무를 중심으로 대회 운영이 원활하도록 돕고, 다양한 정보를 신속·정확하게 제공하는 것을 목적으로 하였다. WINS는 GIONS로부터 경기 정보를 전송받아 국내외에 결과를 알리고 나누어 주는 것이 목적이었으며, 161개국 올림픽 참가국의 공중정보통신망 가입자가 즉시 경기 결과를 검색하여 찾을 수 있도록 운용되었다. SOMS는 올림픽의 인력관리, 입장권 관리, 등록카드 발급관리, 선수촌 관리 등의 업무를 전산처리하였으며, SOSS는 숙박, 수송, 물자, 연습장 관리 등의 대회 지원 업무를 전산처리하였다.[8]

데이콤은 88서울올림픽 종합정보망 가운데 종합정보망서비스, 즉 WINS를 개발·운영하였다. 이 정보망은 시스템이 뜻하는 고유의 의미 외에도 '승리한다'라는 의미를 나타내어 경기에서뿐만 아니라 문화 제전, 전통 양식, 과학기술 등에서도 승리를 거둔다는 것을 함께 의미했었다.[9] 데이콤은 88서울올림픽 전산망 사업에서도 정보산업을 견인한다는 태도로 과감하게 사업을 처리하였다. 이미 1985년에 시작한 행정전산망 사업으로 도입한 운영체제인 유닉스UNIX를 이용하여 88서울올림픽 4개의 전산망 시스템을 병렬로 묶어서 연동하는 소프트웨어를 개발하였다. 그것은 완전히 새로운 컴퓨터시스템을 우리나라가 직접 구축하였다는 것을 의미하는 것이었다. 이것은 세계 어디에 내놓아도 자랑할 만한 컴퓨터시스템이었다. 그 당시 WINS 개발의 책임을 맡았던 이철수 본부장이 증언하는 그 당시의 국내외 올림픽 전산망에 대한 현황은 아래와 같았다.[10]

88서울올림픽 종합정보망서비스와 국내외 올림픽 전산망 현황

(88서울올림픽 종합정보망서비스 구축과정에서 연구진은) 1983년 LA 올림픽에서 개발하여 사용했던 각종 자료를 모으고, 그것을 토대로 더 진전된 올림픽대회를 치르자는 목표를 세우고, 총괄적인 업무는 올림픽조직위원회가 맡았지요. 데이콤은 시스템공학연구소가 수집하여 정리한 각종 경기 기록을 국내외에 알리기 위하여 관련 정보를 나누어 주는 통신업무를 맡았었지요. 경기 기록의 수집과 통계 처리 작업은 멕시코올림픽 때부터 어느 정도 기술과 방법(know-how)이 쌓여 있었다.

그러나 그것을 홍보하는 작업은 LA올림픽에서 처음으로 사용하였기 때문에 비교적 새로운 분야이었지요. 그런데 우리는 더 좋은 서비스를 하기로 계획하였던 것입니다. (…)

88서울올림픽의 종합정보망시스템, 즉 WINS는 그 당시까지 올림픽에서 통용되었던 시스템인 중앙집중식에서 벗어나 분산처리 방식을 도입함으로써 시스템의 효율성과 서비스의 지속성을 똑같이 유지하는 데 성공한 것으로 평가되었다.

경기 결과 처리시스템과 전자전송시스템EMS 사이의 접속이 불안전하여 정보의 전송 과정이 만족스럽지 못했다는 평판을 들은 LA올림픽과는 다르게 88서울올림픽은 기종이 다른 컴퓨터 사이의 접속을 실현함으로써 그 같은 난점을 해결했다. 즉, 주전산기인 IBM과 현장 서버인 3B20S 사이의 프로토콜을 맞추는 별도의 소프트웨어를 개발한 것이 그것으로 이에 따라 안정적이고 지속적인 서비스 제공이 가능했다. 컴퓨터와 통신의 결합으로 서로 다른 시스템 간의 메시지(정보) 교환이 가능하게 한 것도 데이콤 기술의 개가였다. WINS를 DACOM-NET와 접속함으로써 전全 세계 어디서든지 단말기를 이용하여 서울과 똑같은 시간에 똑같은 내용의 정보를 온라인으로 받아볼 수 있게 하였다. 또한, 공중정보통신망이 설치되어 있지 않은 나라에 대해서는 컴퓨터시스템과 텔렉스망을 접속함으로써 정보 전달 및 수집을 할 수 있도록 하였다.

88서울올림픽 참가선수들에게 가장 큰 추억거리는 역시 WINS를 통하여 배달되는 축하와 격려의 편지였다. 전全 세계 공중정보통신망과 접속된 DACOM-NET를 통하여 WINS에 전자 편지가 들어오면, 선수촌 안의 데이콤 사무실에서는 호돌이 그림을 배경으로 하는 편지지에 그것을 인쇄하여 봉함한 다음, 편지의 주인인 선수에게 전달하였다. 전자 편지의 내용도 여러 가지였다.[11]

아래의 격려 편지는 9월 17일 오후 4시 53분에 우리나라 탁구 선수 현정화에게 보내온 전자 편지의 내용이며, 발신인은 제임스 딘James Dean이었다:

"안녕! 나는 하늘나라의 제임스 딘이야. 너, 내 영화 좋아하지? 그러면 꼭 우승해. 너와 너의 팀에게 축복이 있기를!"

또한, 영국의 데일리펜클럽에서 자기 나라 육상 선수인 톰슨에게 보내온 전자 편지로서, 내용은 다음과 같이 WINS를 통하여 느끼는 현대의 과학기술에 대한 찬사로 되어 있었다.

"당신과 당신 팀에 행운이 있기를 바랍니다. 당신의 경기 결과를 이 경이로운 네트워크를 통하여 보고 있는데, BBC나 ITV보다 한수 앞서 가능한 것 같군요. 정말 과학이란 놀라운 것입니다!"

이같이 데이콤이 책임을 지고 개발한 WINS는 LA 올림픽에서 사용한 정보망 서비스보다 앞서는 것으로 나타났다. WINS 사용자의 대부분은 선수나 참가국의 올림픽 관계자들인 선수촌과는 다르게 중앙프레스센터, 국제방송센터, 기자촌 등에서 이용하는 보도진이었다. 따라서 흥미 위주로 WINS를 이용하는 것이 아니고 실제 보도용으로 자료를 검색하는 것이었다. 따라서 WINS가 제공하는 자료의 신속성과 정확성은 그들에게는 절대적이었다. 특히, 경기 결과가 종합되면, 즉시 보도진에게 배포되기 때문에, WINS를 사용하여 그들은 실시간으로 기사 작성을 할 수가 있었다.

다행스럽게도 데이콤이 개발한 WINS는 LA올림픽의 정보망 서비스보다 훨씬 적은 비용으로 세계가 놀랄 만한 전산시스템으로 기록되면서 올림픽에서 '장외금메달'이라는 찬사를 받기도 하였다.[12] 또한, 홍보에서도 88서울올림픽 전산화 사업은 대성공을 거두었다. 덕분에 데이콤을 비롯한 기능별 전산시스템 개발에 참여한 기관도 언론의 찬사를 받았다. 이러한 성공적인 올림픽 전산체계의 설계·개발에서 총괄책임자 역할을 담당하였던 오명 박사는 그 당시의 숨은 이야기를 아래와 같이 회고하였다.

성공적인 88서울올림픽 전산시스템에 대한 회고

LA올림픽에서는 체육관 안에서만 기자들이 진행되는 모든 자료를 실시간으로 받아서 처리하는 서비스를 하였지요. 그러나 우리는 각종 경기자료를 통신망으로 연결하여 전 세계에 나누어 주었어요. 예를 들면, 뉴욕타임즈(*New York Times*) 기자가 한국에 오지 않고, 자기 책상 앞에서 터미널로 우리나라 체육관에서 움직이는 내용을 실시간으로 같이 받아보고 편집할 수 있게 만들었어요. 이렇게 전 세계를 상대로 하는 획기적인 서비스는 우리가 처음으로 시작했거든요. 이 통신서비스, 즉 종합통신망서비스(WINS)는 이용태 박사와 이철수 박사의 데이콤

팀이 담당했죠.

한편, 경기장 내부에서 각종 기록을 모아 집계하는 일, 즉 경기운영시스템(GIONS)은 성기수 박사의 시스템공학연구소 팀이 담당했어요. 두 가지가 모두 성공을 거두었죠. 다만, 다소 문제가 되었던 것은, 두 팀의 실무자들 사이에 협조가 잘되지 않아 두 팀의 작업을 연결하는 과정에서 약간의 고충이 있었어요. 심하면 행정공무원들이 개입하여 조정하는 일까지 생겼습니다. 그러나 어떻든, 우리나라에서 처음 개발한 서비스로서 반응은 폭발적이었죠. 자랑할 만한 일이었습니다.

88서울올림픽으로 우리나라 전자산업은 또 다른 도약을 맞이하는 계기가 되었다. 전全 세계의 눈이 서울의 IT 인프라에 집중하게 되었으며, 올림픽 경기를 송신하기 위해 전산망, 통신 인프라를 확충하는 계기가 되었다. 체계적인 경기 진행, 선수단 지원을 위해 내부적 통신망 정비도 필요하였다.

1988년 9월 17일부터 16일간 펼쳐진 축제에는 세계 160개국 선수 9,000여 명이 참가했다. 88서울올림픽은 경기 운영, 안전, 기술 면에서도 어느 대회보다 훌륭한 대회로 평가받았다. 금메달 12개를 따내 소련·동독·미국에 이어 종합순위 4위를 차지한 우리나라는 명실상부한 스포츠 강국으로 부상했다. 특히, 독자적인 기술로 개발한 경기운영시스템, 종합정보망서비스, 대회 관련 지원시스템 등 전산화를 통해 체계적으로 정보를 제공하고 생생한 경기 장면을 세계 각국에 신속하고 완벽하게 생중계했다. 이 같은 노력으로 국내 통신기술 수준을 세계적으로 과시한 88서울올림픽은 '전자 올림픽'으로 자리매김하게 되는 쾌거를 이룩한 국제행사로 기록되었다.

국제경기대회 올림픽 전산시스템 개발의 성공과 계승되지 못한 성취

1988년 개최된 서울올림픽은 그 당시 올림픽 역사에서 최고의 전산시스템으로서 올림픽의 '장외금메달'이라는 언론의 찬사를 받았다.[13] 이같이 88서울올림픽 전산망 체계에 대한 호평은 우리나라 정보통신과 결합한 전산화 기술력의 높은 수준이 화제가 되었던 것임이 분명하다. 이와 관련하여 종합정보망서비스WINS 개발을 행정적으로 지원하였던 데이콤의 김대규 본부장은 통신기술 판매와 관련된 이야기를 아래와 같이 회고하였다.[14]

88서울올림픽 종합정보망서비스과 통신기술 판매

나중에 (올림픽) 전산 통신기술을 스페인(Spain)에도 팔았습니다. 우리 기술자들이 순진해서 처음에 그들에게 너무 많은 (기술을) 보여주었기 때문에 그들이 헐값에 사 갔습니다. 당시 외국 기자들은 이동통신 단말기를 사용했는데 패킷망(packet network)이 열린 곳에서는 그것을 볼 수도 있었습니다. 어떻든 올림픽 전산화를 통하여 우리나라 기술의 우수함을 일반 사람들에게 인식시키는 계기가 된 것입니다. 고생은 많이 했지만, '잘했다'라는 칭찬이 자자해 보람을 느꼈었지요. (…)

그러나 이러한 긍정적인 분위기에도 불구하고, 88서울올림픽이 끝난 이후, 올림픽 전산시스템은 실제 수출로 연결되지 못했다. 이 전산시스템 개발에 참여하였던 익명의 연구자는 그 이유를 전산시스템 개발과정에서 진행된 행정적 처리방식에서 찾았다.[15] 기술 주관기관 선정이 기술적 관리능력은 고려하지 않고, 행정적 측면만을 고려하여 '통신·전산대책위원회'와 '전산운영협의회'로 이원화됨으로써 '프로그램 등록에 따른 법적 소유권이 명확하지 않았다'라는 것이었다. 올림픽 전산시스템 개발·구축에 참여하였던 기관들이 각자의 소유권을 인정할 수 있는 제도적이고 재정적인 지원책에 대한 문제가 제기되었지만, 특별한 조치는 취해지지 않았다. 대신에 무리한 창구 단일화로 수출창구가 한국전기통신공사(현재 KT) 해외협력단으로 일원화되면서 몇몇 부분적인 시스템을 제외하고는 수출이 순조롭게 이루어지지 못했다.[16]

또한, 수출 자문에 응하기 위하여 해외협력단에서 올림픽 전산시스템 개발기관에 관련 자료를 달라는 요구는 많았으나, 해외협력단이 비전문가로 구성되었고, 무엇보다 경기운영시스템의 소유권이 올림픽이 끝나고 해체된 '서울올림픽조직위원회'에 있었는데 1년이 넘도록 명의변경을 해주지 않아 수출 협의가 원활하게 이루어지지 않았다.

88서울올림픽 전산시스템의 기술 성과를 확산할 수 없었던 또 다른 이유는 1980년대 후반 우리나라의 정보통신 정책의 방향이 소프트웨어 개발보다는 통신으로 전환되었기 때문이기도 하다. 이러한 추세를 반영하여 정보통신 분야를 주도하기 위한 부처 간 경쟁이 치열하던 시기에 체신부는 올림픽 전산시스템 사업의 주관부처로 선정에 이어서 국가기간전산망 사업까지 주관하면서 우리나라 정보통신 분야의 주관부처로 입지를 굳히게 되었다.[17] 여기에는 1980년대 정보통신 분야의 연구 및 정책이 데이터통신을 중심으로 이동하고 있던 국제적 추세도 반영되었다. 즉, 체신부가 정보통신 분야의 주관부처가 되면서 우리나라 정보통신 정책도 소프트웨어보다는 정보통신으로 치중하게 되었다.[18]

1980년대 후반 우리나라에서 진행된 정보통신을 강조하는 추세에 영향을 받아 소프트웨어 관련 연구개발 과제는 줄어들면서 전산시스템 개발에 참여하였던 인력도 대기업으로 흡수되면서 올림픽 전산시스템 관련 기술은 현상 유지도 어렵게 되었다.[19] 추가하여 올림픽 전산시스템은 단일한 하나의 시스템이 아니라 다른 기관이 개발한 각기 다른 네 개의 모듈이 결합한 복합물이기 때문에 어느 기관도 올림픽 전산시스템의 기술 성과를 혼자 독차지할 수 없었고, 그에 대한 소유권이나 유산을 계승하기도 어렵게 되었다.[20] 이러한 사례는 연구기관이나 부처 간의 갈등을 일으킨 문제 중 하나로 우리나라 산업기술사에서 계속 제기되었던 도입과 개발을 둘러싼 논쟁을 설명하고 있다.

올림픽 전산시스템의 개발에서도 빠르게 변모해가는 1980년대 우리나라 과학기술의 정책과 역사가 담겨 있다.[21] 88서울올림픽 전산시스템이 성공적인 개발·활용에도 불구하고 성취가 계승되지 못하는 아쉬움이 남는다. 이러한 역사가 되풀이되지 않기 위해서는 시작 단계에서 개발·사용된 시스템에 대한 소유권과 활용에 대한 종합적인 방안 마련이 하나의 해결책이 될 수 있을 것이다.

이와 관련하여 국가기간전산망의 설계·개발이 완료된 후, 운영과 소유권과 관련된 문제를 해결하기 위하여 1990년 후반 한국전산원의 노력[22]과 최근 공공부문에서 ICT 관련 외부기관 위탁용역의 공공경영governance 체계에 관한 연구[23]는 공공분야에서 전산시스템의 개발과 활용에 대한 근본적인 해결방안 마련에 대한 실마리를 제공하고 있다. 🐀

제Ⅱ부

행정전산망 구축으로
디지털 행정서비스 기반을 조성하다

제5장
국가기간전산망, 국가 행정 종합정보시스템과 행정전산망

정보화를 통한 국가 발전과 국가기간전산망

산업사회를 지나고 정보사회를 맞이하면서 우리 사회를 변화시키는 가장 큰 요소 가운데 하나는 정보통신기술(Information and Communication Technology: ICT)이다. 하루가 다르게 발달하고 있는 ICT는 사회 각 부분에서 응용되어 커다란 변화와 혁신을 일으키고 있다. 따라서 변화와 혁신이 강조되는 정보사회에서는 '국민 개개인이 ICT를 얼마나 능동적으로 수용하여 사회를 바람직한 방향으로 이끌어 가는야'에 따라 국가 발전의 명암이 갈리고 있다. 이같이 정보화의 물결은 그만큼 강력하다. 이에 발맞추어 정부에서는 국제적으로 급격히 변모하는 새로운 움직임에 능동적으로 대처하기 위하여 1983년을 '**정보산업 육성의 해**'로 지정하고 컴퓨터와 통신기술의 결합을 이용하여 국가기간전산망 구축 계획을 수립하였다.[1] 이같이 20세기 후반부터 시작된 정보화 물결에 대한 국가의 대응은 그만큼 중요한 의의가 있었다.[2]

20세기 후반, 다가오는 정보사회에 대비하여 대부분 국가는 정보화와 관련되는 이야기의 주제를 중심으로 국가기간전산망 구축에 관한 다양한 정책을 계획·추진하였다. 세계 각국은 국가기간전산망의 분야, 방향, 전략, 방법 등에서는 약간의 차이를 보였지만, 효과적인 정보화를 위하여 컴퓨터를 사용하여 원활한 정보교환을 위한 정보통신망을 적극적으로 추진한다는 기본 입장에서는 차이가 없었다.[3] 그러나 미래 사회에서 국가 간의 정보화 격차는 경제적 효율성, 산업 생산성, 사회 능률성 등의 격차를 낳고 궁극적으로 국가 간의 경쟁력 격차를 초래할 것이라는 인식에서 세계 여러 나라는 경쟁적으로 국가 수준의 정보화를 계획·추진하는데 다양한 노력을 기울였다.

우리나라에서 국가 차원에서 추진되었던 국가기간전산망의 기본구상은 대통령비서실을 중심으로 1983년 5월에 구성된 '정보산업육성위원회', 1984년 3월에 이 위원회의 개편으로 구성된 '국가기간전산망조정위원회'를 통하여 기본 방향과 방침이 정해지면서 국가정책으로 구체화되었다. 그러나 실제 집행을 위한 기본 계획은 '전산망법'이 제정되고 '전산망조정위원회'가 구성되는 등 관련 법령, 필요 자금 및 추진체계가 정비된 1987년부터 본격적으로 추진되었다.[4] 이같이 1980년대 초반에 시작된 국가기간전산망 사업의 근본적인 목표는 2000년대 초까지 선진국 수준의 정보사회 실현을 위하여 컴퓨터를 중심으로 하는 정보통신망의 구축이었다. 이를 위해 1990년대 중반까지 국가기간전산망을 완성하고 작고 효율적인 정부를 구현하고, 높은 기업 생산성을 실현하여, 궁극적으로 국가 경쟁력을 확보하고 유지하도록 한다는 것이었다.[5]

1986년 5월 '전산망 보급확장과 이용촉진에 관한 법률'이 제정되면서 전산망조정위원회와 분야별 위원회가 구성되고 기본적인 추진체계와 기틀이 마련되었다. 그리고 이듬해 전산망 개발·보급과 이용·촉진에 관해 주요 정책 사항을 심의·조정하기 위해 대통령 직속으로 '전산망조정위원회'를 구성하고, 전산망 관련 감리, 표준화와 기술지원을 전담하기 위해 체신부(현재 과학기술정보통신부로 확대·개편) 산하에 한국전산원(현재 한국지능정보사회진흥원)을 설치하였다. 행정전산망은 1986년 아시안게임 전산시스템 구축을 시범사업으로 하여 시작했고, 이어서 1988년에는 교육·연구전산망이 구축되었다.[6]

그러나 행정전산망 구축을 위한 법적 기반인 '전산망 보급확장과 이용촉진에 관한 법률'을 제정하기 위해서는 다른 숱한 기존의 법령과의 충돌 문제를 미리 해결해야 했는데, 이 문제를 해결하려면, 엄청난 시간과 비용이 필요함으로써 사실상 불가한 상황이었다. 이러한 상황을 해결하는 방안이 데이콤의 정보통신연구소 백인섭 소장 주도로 다음과 같이 제시되었다.

행정전산망 구축을 위한 법령의 충돌 문제 해법

세상의 모든 것은 직간접으로 상호연결되어 있다는 불교 논리처럼 세상의 모든 법도 상호연결 되어 있다. 그런데 그러한 사실을 모르는 경우, 연관된 것들이 서로 상충하는 경우가 많다. 특히, 우리나라에서의 법령은 더욱 그러하다. 제정 당시 제정자들의 통합적인 안목이 부족한 것이 주원인이고, 다음은 철없는 이상주의적 한국문화 특성 때문에 현실이 어떻든 단지 이상만을 추구하기 때문이기도 하다.

각자 자신 입장에서 이상을 주장하면, 다른 사람의 입장에서의 이상과 충돌할 수밖에 없기 때문이다. 따라서 '전산망 이용촉진법'이 제대로 효과를 얻으려면 제정에 앞서 기타 모든 관련 법령과의 충돌 문제를 미리 파악해서 대처방안을 미리 마련해 두어야 한다. 이는 존재하는 모든 기존법령을 조사·분석하고 대응 방안을 모색해야 함으로써 그야말로 법으로 먹고사는 법률전문가들의 일이며, 중요한 건 그리하려면 어마어마한 시간과 경비가 필요하기에 사실상 불가능하다는 사실이었다.

이런 딜레마적 상황을 풀 열쇠가 법률전문가가 아닌 컴퓨터 분야 전문가인 데이콤 정보통신연구소(소장: 백인섭)에 의해서 제안되었다. '이 법은 기존의 다른 모든 관련 법에 우선한다'라는 단서 조항을 첨부함으로써 '전산망 이용촉진법'은 바로 제정되자마자 그 막강한 효력을 발휘할 수 있게 되었다.

돌이켜 보면, 이야말로 요즘 같은 민주화 사회에서는 상상도 할 수 없는 일이고 절대권력을 가진 정부 주도의 사업에서만 가능한 일이었다. 다시 말해, (그 당시의 시대 상황에서) 절대권력(?)의 덕을 톡톡히 본 하나의 예시였다.

1987년부터 추진된 '국가기간전산망' 사업은 제1단계 1987~1991년, 제2단계 1992~1996년에 이어 1997년부터 제3단계 사업이 추진되었다. 이 사업은 1990년대 중반까지 국정 분야별로 행정전산망(정부·정부투자기관), 금융전산망(은행·보험·증권기관), 교육·연구전산망(대학·연구소), 국방전산망(국방 관련 기관), 공안전산망(공안 관련 기관) 등으로 나누어 추진되었다. 1995년 5월에는 산업정보망과 종합물류 전산망이 추가되었다.[7] 또한, 이 사업의 성공적인 추진을 위하여 '하향식'의 사업추진 방식과 '선투자, 후정산'의 사업추진 전략이 채택되었다.[8]

제1단계 국가기간전산망 사업의 성과는 미래 정보사회에 대비한 전략적 시험사업으로서 전산화, 정보화에 대한 국가적 관심과 인식이 제고되었고, 전국적인 통신망의 구축·운영으로 6개 우선 업무에 대국민 종합서비스가 가능해져 전국이 단일 민원 행정권의 망으로 구축되어 전국 어디에서나 필요한 서류를 필요한 시간에 발급받을 수 있게 되었다. 또한, 국산화 주전산기의 개발과 감리제도의 정착도 성과 중의 하나이었다. 제2단계에서는 전반적으로 사업의 중요성에 대한 인식 제고나 추진력 면에서 부진했으나, 정부 부처에서 정보화 인력의 확충, 개인정보보호에 관한 법률 제정 등의 성과를 얻었으며, 여권, 토지 분야의 정보 공동 활용을 통한 대민서비스를 개선하였다.[9]

국가기간전산망 사업은 '국가사회 전반의 전산화'와 함께 '국내 정보산업 육성'이라는 두 가지 정책적 목표를 가지고 있었다. 특히, 이 사업은 정부행정기관, 금융기관, 교육·연구기관 등 공공부문의 전산화를 통하여 효율적인 정부를 구현하고 국민의 편의를 증진하여 기업의 생산성을 제고시키면서 전산망 사업으로부터 발생하는 수요를 바탕으로 컴퓨터 등 전산망의 기본요소들을 개발하여 정보산업 발전을 도모하고자 하는 정부의 의지를 담았다.[10] 또한, 제1~2차 국가기간전산망 사업은 전자정부의 기본토대가 되는 국가 기본 정보의 디지털화와 1980년대부터 작고 효율적인 정부를 구축하기 위하여 정보기술을 활용하려는 선진국의 움직임에 적극적으로 대응하는 의미도 있었으며, 이후에 진행된 전자정부의 물적 기반 시설로 활용되기도 하였다.[11]

이같이 우리나라 국가기간전산망의 기본 계획은 행정전산망, 교육·연구전산망, 금융전산망, 국방전산망, 공안전산망 등 5대 분야별 전산망의 기본계획과 주전산기 개발·보급, 다기능 사무기기 보급 및 성능 강화 계획, 소프트웨어 개발, 통신회선 지원, 표준화 추진, 감리 기능 발전, 정보보호 및 안전대책 수립, 국가기간전산망 운영체계 발전 등의 분야로 나누어 다양한 지원계획이 구성되었다.

행정전산망: 행정전산망은 국가기간전산망 중에서 파급 효과가 가장 큰 사업으로 작고 효율적인 정부의 구현, 대국민 행정서비스의 향상과 행정전산화에 필요한 투자를 국내 정보산업 육성에 활용한다는 목표를 가지고 추진되었다.[12] 구체적으로는 부처별, 지역별로 흩어져 있는 행정업무를 종합적으로 전산화하고 전산 관련 행정, 제도 및 기술지원을 체계적으로 연계시킴으로써 작고 효율적인 정부를 달성하면서 동시에 정부 전산화 비용을 정보산업 육성을 위한 투자로 활용하도록 하였다. 추진 대상은 기존업무, 우선 업무, 계획업무로 구분하였다. 기존업무는 이미 각각 부처별로 추진된 업무로 부처 책임하에

계속 유지·발전시키면서 우선 업무 완성 후 연계·활용하도록 계획하였다.

우선 업무는 주민등록관리, 부동산관리, 자동차 관리, 고용관리, 통관관리, 경제통계관리 등 전체 국민이 관련된 6개 분야의 업무로 우선 추진하여 국가전산화의 표준을 제공하고 개발소요 자금은 '선투자, 후정산'의 방식으로 지원하여 조기에 계획이 완성되도록 하였다. 계획업무는 신규 업무로 우선 업무의 표준과 호환을 채택하고 예산의 범위 내에서 국민편의 증진업무를 우선하여 추진하도록 하였다. 이 밖에도 행정전산망 사업계획에는 6개 분야의 우선 업무와 시범사업으로 진행된 우체국 전산화 사업에 대한 주요 업무 내용 및 목표 일정이 명시되어 있고, 그리고 필요 자금 확보, 자금의 정산 절차 개선 등과 같은 자금에 관한 계획, 필요 인력 및 확보에 관한 인력계획, 필요 기기 및 확보에 관한 기기 계획, 전산 실무조직의 기능 강화, 공무원 전산 교육 등에 관한 내용이 포함되어 있었다.[13]

교육·연구전산망: 교육·연구전산망은 1983년 10월 국가기간전산망 사업계획이 수립되어 추진되었다. 그러나 교육과 연구 분야의 특수성을 고려하여 1988년 12월 전산망조정위원회의 의결을 거쳐 교육전산망과 연구전산망으로 분리 추진되었다.[14]

교육전산망은 각급 교육기관에 선진국 수준의 컴퓨터 이용환경을 조성하여 정보사회에 효과(율)적으로 대처할 수 있도록 정보인력 양성과 학교에서 컴퓨터 교육을 지원하는 것을 주요 사업으로 진행하였다. 그 밖에도 대학 전산화, 도서관 전산화, 학술정보 데이터베이스 구축, 교육행정망 구축, 교육전산망 구축 등도 주요 사업에 포함하였다. 교육부에서는 초·중·고등학교에 컴퓨터와 관련된 교육과정을 신설하고 1990년부터 개인용컴퓨터를 보급하기 시작하였다. 교육전산망 구축사업은 1990년부터 1996년까지 3단계로 구분하여, 전국을 서울·중부·영남·호남·제주권으로 구분하여 구성하였고, 총괄조정은 교육부가 담당하고 각 단위 사업은 사업별 주관기관 책임으로 추진하는 것을 원칙으로 하였지만, 필요한 경우에는 외부 민간 전문업체를 활용하도록 하였다.[15]

연구전산망 사업은 연구기관의 연구환경을 개선하기 위하여 대덕연구단지를 중심으로 시범 연구망을 구축하고 서울·대덕·광주·부산·대구·포항·창원에 지역지원센터를 설치하여 시스템공학연구소(현재 한국전자통신연구원 ETRI 부설로 이관)의 슈퍼컴퓨터를 중심으로 국내 대학, 연구기관 등의 주전자계산기를 상호 연결하였다. 이와 같은 방법으로 연구연결망에 연결된 대학과 연구기관 상호 간은 물론 해외연구소와도 정보를 교환할 수 있도록 하였다. 연구전산망은 정부출연 연구기관 및 국내외 교육·연구 기관의 연구인력을 대상으로 전산 자원의 공동 활용과 연구·기술정보의 상호교환을 원활히 하도록 함으로써 국내 과학기술 연구의 생산성을 향상하기 위하여 구성되는 총체적 컴퓨터 네트워크를 의미한다.

연구전산망 사업도 교육전산망과 마찬가지로 1990~96년의 기간에 3단계로 구분하여 추진되었으며, 추진한 주요 분야는 망 구축 및 서비스 사업, 데이터베이스 구축 및 정보검색 서비스, 컴퓨터 및 소프트웨어 공동 활용 관련 기술의 표준화, 전산망 운영, 전산망 연구·개발 등으로 나눌 수 있었다. 연구전산망에 가입함으로써 서비스를 받을 수 있는 대상은 정부출연 연구기관의 연구원, 대학의 교수, 대학원생, 국공립 및 기업 부설 연구소의 연구원 등이다.[16]

금융전산망: 금융전산망은 파급 효과가 높은 은행의 전산망 구축에 중점을 두고 추진되었으며, 은행 간의 전산망을 연계·운영하여 현금자동인출기 공동이용, 타행환시스템, 자동응답 서비스 등의 국민을 대상으로 하는 금융서비스 업무를 공동으로 추진하도록 함으로써 국민의 금융 편의를 증진하고 향후 금융시장 자유화와 국제화에 능동적으로 대처하여 국제경쟁력을 확보하는 것을 목표로 하였다. 업무 특성과 투자효율을 극대화하기 위하여 은행, 증권, 보험, 투자의 분야별로 구분하여 추진하고, 이들 4개 시스템을 구축하고 난 다음, 단일 금융전산망을 구축·운영하도록 하였다. 그러나 은행 중심의 금융전산망을 먼저 구축하고, 분산처리 체제를 도입하여 전산망의 안전성, 가용성 및 확장성을 추구하고 행정망과의 호환을 위해 금융정보 및 자료를 공동으로 활용하는 체제를 구축하고 국가표준을 채택하도록 계획되었다. 이밖에 금융전산망 사업계획에는 단계별 추진업무 내용 및 목표일정, 추진체계, 자금계획, 인력계획, 기기 계획, 표준화 및 교육·홍보에 관한 내용이 포함되었다.[17]

국방전산망과 공안전산망: 국방전산망과 공안전산망 사업은 기관의 특성을 고려하여 해당 기관의 자체 계획에 따라서 추진하도록 하였다. 이 중에 국방전산망은 국가 방위체제의 선진화를 목표로 하여 추진되었으며, 정보화 정책·계획·제도·조직 등의 전산 환경 개선, 주요 정보화 기반 체계 및 응용업무 체계 구축을 전략으로 국방 정보화 환경조성, 정보화 기반 체계 구축, 응용체계의 효율적 개발을 주요 내용으로 하였다. 국방 정보화 환경조성을 위해서는 정보화 관련 제도 확립 및 전산기기·인력보강, 국방 전산 교육체계 개선, 국방 전산망 표준화 사업추진, 국방 정보화 기술기반 조성 및 이용자

지원정보센터 운영 등을 포함하였다. 정보화 기반체계 구축사업으로는 국방 자료 데이터베이스 구축, 국방기능과 군대에서 병사 조직 구분의 단위인 제대梯隊별 전산장비 체계 확립, 국방 전산통신망 구축과 군용 전산기 및 보안 방비 개발사업이 추진되었다.[18]

이같이 업무 분야별 국가기간전산망 사업의 내용과 기능에서 살펴본 것처럼 디지털미디어의 발전에 가장 핵심적인 기술적 토양은 컴퓨터 기술의 급속한 발전에 있다. 국가기간전산망 구축의 초기인 1980년대와는 다르게 오늘날 개발·이용되고 있는 첨단기술을 응용한 디지털 기반의 뉴미디어는 컴퓨터 기능을 응용하지 않은 분야가 없을 정도로 그 활용범위와 잠재력은 방대하고도 강력하다. 특히, 컴퓨터가 정보통신과 융합되면서 단순한 정보처리 기기로서 역할을 넘어서 다양한 의사소통 양식을 매개하거나 그 자체로서 독자적인 기능을 가진 의사소통 미디어로 그 응용범위가 확대되고 있다. 따라서 컴퓨터를 이해하지 않고서는 일상생활에서 디지털로 의사소통하는 것과 미래 사회를 예측하는 것이 불가능하다고 하여도 지나치지 않다.[19]

국가 행정 종합정보망과 시범사업

우리나라는 1967년 경제기획원(현재 기획재정부로 개칭) 조사통계국에서 컴퓨터를 도입한 이래, 각 부처의 정부 기관도 컴퓨터를 업무수행에 활용해 왔었다.[20] 이러한 경향을 정부 차원에서 통합·조정하기 위하여 제1차는 1978~1982년, 제2차는 1983~1986년 기간에 행정전산화를 위한 기본계획을 수립하고 추진하였다. 제2차 계획은 1983년 청와대 과학기술비서관 홍성원

洪性源 박사에 의해 사업계획이 마련되기 시작하였다.[21] 이러한 행정전산화 계획은 '전산망보급확장과 이용촉진에 관한 법률'을 기반으로 하여 전산망, 즉 정보통신망을 중심으로 하드웨어와 소프트웨어의 균형발전을 통해 정보산업을 육성하고 정보사회를 실현하는 것을 목표로 하였다. 이 법률은 사실상 국가 차원의 정보산업 육성계획의 실천 방안이었다.

이러한 계획에 따라 1978년 행정전산화 시범 연구사업은 한국과학기술연구소(Korea Institute of Science and Technology: KIST) 성기수 박사가 주도하는 팀에 의하여 충청북도에서 시작되었다.[22] 이 시범사업의 목표는 일정한 지역을 선정하여 필요한 시스템을 개발하고 이것을 시범적으로 운영하면서 그 과정에서 나타나는 문제점과 해결방안을 전국규모의 사업에 참고 자료로 활용하는 것이었다. 연구팀은 충청북도 도청에 컴퓨터실을 만들고 음성군의 각 면까지 단말기를 설치하여 대규모 사업을 진행하였다. 그러나 1979년 10·26사태의 발생으로 시범사업은 중단되었다. 그러나 이 사업은 우리나라 최초의 도 단위를 대상으로 하는 본격적인 컴퓨터망을 구축으로 하는 것으로써 향후 행정전산망 사업계획과 추진과정에서 활용하는 귀중한 자료를 제공하였다.

그 후, 우리나라 정부는 1984년을 '정보산업의 해'로 선포하고 국가 5대 기간전산망 사업의 일환으로 행정전산망 시범사업으로서 동사무소 업무를 전산화하는 표준시스템 연구개발이 필요하게 되었다. 이에 따라 서울특별시 시장과 과학기술처 장관은 시스템공학연구소(Sysrem Engineering Research Institute: SERI) 성기수 소장에게 동사무소 업무전산화를 요청하였다. SERI는 동사무소 전산화용으로 국산 컴퓨터를 제한적으로 사용하면서 동사무소 전체 업무[23]를 전산화한 표준 소프트웨어를 개발하였다. 개발된 소프트웨어를 동사무소의 실제 업무에 적용하기 위한 데이터베이스를 구축하여 서울특별시 강남구 논현동에 적용·운영하면서 행정전산망 구축을 위한 동사무소 전산화용 표준시스템을 개발·검증하는 절차를 거쳤다.[24]

이러한 계획과 시범사업을 거치면서 행정기관에서 행정업무가 전산화되었다. 그러나 전산화된 행정정보를 해당 기관에서만 활용한다면, 그 효용가치는 반감될 뿐만 아니라 유사한 업무의 중복개발과 정보의 수집·가공·유통 등의 중복투자로 막대한 인력, 예산, 자원 등에서 낭비를 초래하게 된다. 따라서 공공기관 간에 정보를 공동으로 활용하고 민간 기관에도 필요한 정보를 제공할 수 있도록 행정정보 공동 활용체제 구현을 추진하였다. 행정정보 공동 활용체제는 크게 두 가지로 나누어 볼 수 있다.[25] 첫째, 중앙전산 본부의 인력과 시설을 활용한 행정정보의 공동 활용이다. 둘째, 중앙전산 본부를 행정정보 유통센터로 하여 기관 간 업무의 데이터베이스를 공동으로 활용하기 위한 체제 구축이다.

행정전산망은 (앞에서 잠깐 살펴본 것을 포함하여) 정부 주도의 기본사업이 추진되기 전부터 이미 시작되었다. 그 불씨는 이용태 사장이 1981년도 한국전자기술연구소KIET 부소장으로 재직하면서 '서울특별시와 사업 계약, 즉 종로구 효자동의 주민등록업무 전산화와 자동차등록 업무의 시범사업'을 추진하는 것이었다. 그리고 이 시범사업의 연장선상에서 데이콤 사장으로 취임하여 1984년 행정부 전체 부처를 대상으로 '행정전산망 사업의 타당성을 조사, 분석하고 대안을 제시한 것'이었다. 이들 시범사업의 주요 내용에 대한 이동욱 본부장의 회고는 아래와 같다.

행정전산망 사업 불씨 지피기

첫째, 종로구 효자동의 주민등록업무 전산화 사업은 오늘날 사용되는 행정전산망의 불씨를 잡아당긴 최초의 시범사업이라고 볼 수 있다. 이 사업을 통하여 전국 행정망 사업의 미래 청사진을 그릴 수 있었다. 이 시범사업의 목적은 종로구 효자동의 주민등록과 강남구청 자동차 등록사무소의 자동차등록 업무를 중심으로 전산화 모델을 도출하고, 고려해야 할 쟁점 사항(issue), 대안 수립 등과 같은 전산화를 위한 방향을 설정하는 것이었다.

1981~1982년에 이루어진 이 시범사업의 주요 주제와 결과는 컴퓨터 시스템의 규모와 성격, 운영체제, 통신, 데이터베이스의 규모와 검색 방식, 개발언어, 한자 개발과 한자 수, 개발 도구, 코드화, 보안, 표준화 양식, 소요 예산 등 전산화의 전반을 구현했으며, 향후 발전 방향에 대한 대안을 제시하는 것이었다. 특히, 시스템 도입과 관련하여, 그 당시는 우리나라에 도입되지 않았던 'POINT-4'라는 시스템을 도입하였고, '가상코드(PSUDO-CODE)' 기법을 도입하여 활용하였고, 주민등록 업무의 검색 시간을 3초 이내로 단축하기 위해 다양한 프로그램 개발기법을 사용하여 최적화하는 부단한 노력을 기울였다.

이 사업의 성공 요인은 여러 가지를 들 수 있다. 북창동에 공동사무실을 준비하여, 서울특별시, 한국전자기술연구소(KIET), 한국전산주식회사(Korea Information Computing Company: KICO)와의 공동개발팀이 구성되어 상호협력하면서 업무를 진행하였다. 서울특별시 책임자 장연태 전산소 소장의 적극적인 협조와 사명 의식, KIET의 탁월한 기술력, 자부심과 헌신, 이용태 박사의 초기 단계의 기획, 계속된 멘토링과 격려, 용역기관의 이상준 이사와의 의기투합 등이 성공모델을 만들었다고 생각할 수 있다. 이 불씨가 향후 국가의 대역사였던 행정전산망 구축을 위한 초기환경을 제공하는 데 이바지하였다고 할 수 있다. 특히, 공무원들의 헌신과 고생의 결과는 '언덕 위의 구름'을 따라 도전하는 이상향의 원동력이 되었다고 볼 수 있다.

둘째, '행정전산망 사업의 타당성 조사, 분석 및 대안 제시' 사업은 행정 업무 가운데 우선하여 전산화가 필요한 업무를 선정하는 기초자료로 활용하기 위하여 기획되었다. 행정전산망 사업의 타당성 조사를 위하여, 데이콤 연구진은 현장을 방문하여, 설계된 양식에 의한 기초조사와 인터뷰를 통한 내용을 종합·정리하여 분석하고 단 다음, 대안을 제시하였다. 최종적으로는 1984년 11월 2일, 행정전산망 우선 추진 6개 사업을 확정했다. 우선 추진사업으로 주민등록업무, 부동산관리업무, 자동차등록업무, 통관관리업무, 고용관리업무, 경제통계관리업무, 국민연금관리업무 등이 제안되었다.

대국민 종합행정서비스와 행정전산망

우리나라의 행정전산망은 국가 행정기관들을 통신망으로 연결하여 행정정보를 공유할 수 있게 함으로써 대국민 서비스를 일괄적으로 처리할 수 있게 하는 국가기간전산망 가운데 하나이다. 1984년부터 정부가 국가기간전산망 사업으로 구축한 행정전산망은 1987년 행정전산망 종합계획을 확정함과 동시에 시작하였다. 행정전산망 사업은 '데이콤을 전담사업자'로 지정하여 전국을 단일행정권으로 묶어서 정책 결정의 합리성과 능률성을 높이고 신속·정확한 대민서비스를 제공하면서 효율적인 작은 정부를 실현하는 것이 목적이었다. 이와 관련하여 이용태 사장과 이동욱 본부장이 학술 전문지에 기고한 논문의 핵심 내용은 아래와 같다.[26]

대국민 종합행정서비스를 위한 행정전산망

가. 필요성: 정부가 범국가적인 차원에서 행정전산망을 추진하게 된 배경 또는 필요성을 살펴보면, 첫째, 정부를 둘러싼 행정환경이 급속히 변화하고 있다는 사실이다. 과거의 행정은 협의의 집행·관리 기능을 주로 하였으나, 현대적 의미의 행정은 과거 입법부의 고유기능이었던 정책 결정 기능까지도 담당하게 되면서 현상 유지자로서 기능만이 아니라 변화를 스스로 주도하는 변화 담당자로서 기능까지 맡게 되었다. 이같이 행정영역이 확대되었을 뿐만 아니라 환경으로부터의 해결을 요하는 갈등 문제에 신속히 대처하고 생산성을 향상하기 위해서는 행정정보의 전문화 및 정책 결정의 종합정보 체계가 시급히 요구되는 것이다.

둘째, 경제발전을 통한 국민의 생활 수준과 의식 수준의 향상을 위하여 좀 더 나은 행정서비스를 요구하기에 이르렀다. 즉, 국민의 기대 수준을 충족하고, 행정수요의 양적 팽창에 대처하면서 국민에 대한 책임 있는 대민봉사를 수행하기 위한 효율적인 수단으로 전산화가 필요하게 되었다.

나. 목표: 정부에서는 앞에서 언급한 바와 같은 필요성에 당면하여 합리적인 정책 결정과 능률적인 행정관리는 물론 국내 정보산업을 활성화하기 위해 행정전산망 사업을 적극 추진하고 있다. 이러한 관점에서 볼 때, 결국 행정전산망이 궁극적으로 달성하고자 하는 목표는, 첫째, 전국을 단일 정보권으로 형성할 수 있는 국가행정의 종합정보시스템을 구축하고 국민에게는 신속, 다양한 서비스를 제공한다. 둘째, 행정 업무를 자동화함으로써 효율성을 제고하고 전산 자원의 공동 활용을 통한 투자 효과를 극대화한다. 셋째, 현재의 국내 정보산업을 육성하여 수출 전략 산업으로 유도한다는 것이다. (⋯)

대상 업무: 전산망 대상 업무는 총 89개이며, 이는 이미 개발된 업무와 신규 개발업무가 이에 포함되어야 한다. 이미 개발된 업무는 정부 내

에서 사용 중인 업무로서 47개(454종류) 업무가 이에 해당한다. 신규 개발업무는 각 부처가 새로 소요 제기한 42개 업무로서 성격상 유사한 업무끼리 분류해 보면, 인력 정보는 주민등록관리 등 5개 업무, 부동산 정보는 토지기록관리 등 3개 업무, 조세·복지 정보는 수출입 통관 관리 등 6개 업무, 그 외에도 자동차 관리 등 22개 업무가 있다.

그러면 이러한 업무들을 어떻게 전산화할 것인가? 그 구성 방향은 여러 가지 방향이 있겠으나, 단계적 개발을 원칙으로 하는 것이 바람직할 것으로 본다. 즉, 국가정책상 시급하고 업무 성격상 유사한 17개 업무를 우선하여 개발하지만, 그 가운데 아래와 같은 선정 기준에 따라, 주민등록관리, 고용정보 관리, 토지기록 관리, 관세관리, 대외경제정보 관리, 자동차 관리의 6개 업무를 중점 개발하여 우선하여 운영되도록 한다. (…)

시스템(컴퓨터): 행정전산망의 대상 기관은 최고 정책 결정기관으로부터 (그 당시 정부 조직체계로서는) 2원 16부 4처 14청의 중앙행정기관, 13개 시·도, 231개 시·군·구, 3,424읍·면·동이고 행정전산망의 구성 중 시스템(컴퓨터)은 기능적인 측면에서 주전산기, 단말기, 주변기기 및 통신기기의 4개 요소로 분류될 수 있다. 이러한 요소들은 행정전산망 구성기기로서 가장 핵심이 될 것이며, 각 기기의 성능은 전체 시스템의 성능을 좌우하므로 신뢰성(reliability)을 고려하여, 가장 최신의 시스템을 신중히 선택하여야 할 것이다. 특히, 소요 예산의 측면에서 볼 때, 구성기기가 전체 예산에서 차지하고 있는 비중이 높아, 차제에 시스템의 국산화가 절실히 요구되고 있다. (…)

통신망: 통신망 구성은 각 시·도간을 연결하는 망, 시·도와 시·군·구간을 연결하는 망, 시·군·구와 읍·면·동을 연결하는 망 및 지역을 중심으로 한 통신망 등의 4단위로 구분하여 구성, 관리해야 한다. 통신망의 형태는 PSDN(Public Switching Data Network)이나 PSDN(Public Switching Telephone Network)을 이용한 컴퓨터망으로 구성된다. (…)

추진계획: 행정전산망 구축은 단계적 개발을 원칙으로 하였다. 제1단계 개발은 우선 1985년부터 1988년까지를 추진 기간으로 정부 각 부처에서 소요 제기된 42개 업무 중에서 국가 정책상 시급한 17개 업무를 우선 개발하고, 17개 업무에 대한 설계, 분석 후에 그중 중요 6개 업무를 중점 개발하기 위해 컴퓨터시스템 및 통신망을 구성하고 데이터베이스를 구축하면서 관련 업무 프로그램을 개발하자는 것이다. 그 다음 1988년부터 2000년까지를 제2단계 추진 기간으로 하여 제1단계에서 제외된 나머지 25개 업무도 종합설계, 개발하며 이를 지원하기 위한 시스템을 구성하고 통신망 확장 및 데이터베이스를 구축하는 것이다. 또한, 이미 개발된 업무 역시 제1단계와 제2단계에서 종합시스템을 구성할 때, 점차 흡수통합하여 운영함으로써 궁극적으로 2000년대 이후 제3단계에서는 기타 4개 기간전산망과 연결하여 전산시설 및 통신시설을 공동이용하고, 행정정보를 공동 활용할 수 있는 범국가적인 단일 종합전산망으로 구축하는 것이다. (…)

기대효과: 범국가적 사업인 행정전산망이 성공적으로 구축되고 효과적으로 운영될 때, 우리가 기대할 수 있는 효과는 여러 가지가 있겠지만, 그중 중요한 것 몇 가지를 언급하면, 첫째, 전국이 하나의 통신망으로 연결되고, 종합적인 정보시스템이 됨으로써 좀 더 효율적이며 양질의 행정서비스가 제공되고, 국민 편익이 크게 증대될 것이다. 따라서 행정부는 언제, 어디서나 필요한 정보를 신속하게 얻을 수 있게 되어 종합정보시스템을 이용한 합리적인 정책 결정과 국가 경제 동향의 장기 예측이 가능하게 되어 국가경쟁력도 크게 강화될 수 있다.

둘째, 국내 정보산업의 획기적인 발전을 가져오게 될 것이다. 국내적으로 컴퓨터의 국산화를 조기 실현하는 계기를 마련하게 되며, 국제적으로는 정보산업을 수출전략으로 산업화하여 부가가치가 높은 수출을 통해 무역수지를 개선하게 될 것이다.

셋째, 국민 실생활 차원에서 본다면, 전국적으로 균형 있는 발전이 가능하게 되어, 대도시로만 모이던 인구집중 현상에 대한 자연적인 해결책이 마련될 것이다. 이뿐만 아니라 필요한 서류를 발급받기 위해, 본적지나 주소지로 가야만 하던 불필요한 여행이 해소되고, 민원 처리 시간의 단축으로 인한 대민서비스의 향상과 친절한 대민봉사가 이루어지면서 정부에 대한 국민의 신뢰도가 향상되게 될 것이다.

행정체계의 전산화 계획: 능률 높이고, 행정공해 최소화

서울 강동구 둔촌동에 사는 H씨는 결혼생활 7년 만에 조그만 집을 마련했으나, 모은 돈이 부족해, 산 집을 은행에 담보·융자하지 않으면 안 되었다. 은행에서 요구하는 서류는 인감증명서, 주민등록, 등기부등본(토지 건물), 도시계획증명서 등 머리가 어지러울 정도로 많았다. 그나마 한군데서 모든 서류를 다 할 수 있으면 좋으련만 동사무소, 구청, 등기소 등을 거치고 한군데서 서너 시간씩 허비하고서야 3일이 걸려서 은행에서 요구하는 서류를 대충 갖출 수 있었다. 직장에 다니는 사람으로서 윗사람 눈치 봐 가면서 개인 시간을 3일 동안이나 낸다는 것은 매우 고달픈 일이었다. (…) 컴퓨터 행정 체제가 이루어지면 개인은 원하는 서류를 얻기 위해 시간과 경비를 들여 출생지 동사무소, 구청 등을 찾아가야 하는 번거로움이 해소된다. (…)

이같이 국내 정보산업 육성을 지원하기 위한 하나의 방안으로써 1987년부터 1991년까지 본격적으로 설계·구축하기 시작한 제1차 행정전산망 사업의 핵심은 국민 생활과 직접 관련된 주민등록, 부동산, 자동차, 통관, 고용, 경제통계의 6가지 업무 전산화를 우선 추진하는 것이었다. 이들 분야 전산화의 주요 내용은 15개 시·도와 내무부(현재 행정안전부), 교통부(현재 건설교통부) 등 업무별 주요 기관에 160여 대의 국산 주전산기를 설치하고, 4,300여 일선 행정기관에 보급된 개인용컴퓨터 13,000여 대를 5,600여 개의 통신회

선으로 연결하는 방대한 작업이었으며, 우리나라 최초로 전국적인 전산망을 구축한 사업이었다. [27]

행정전산망 사업은 1987년부터 본격적으로 시작되었다. 사업의 시작 단계에서 곽치영 행정전산사업단 단장을 비롯하여 행정전산개발본부(본부장 이동욱)와 행정전산망구축본부(본부장 이철수)의 연구원들은 '한마음대행진' 행사를 기획·실행하였다. 경기도 이천시利川市에 있는 설봉산(雪峯山, 해발 394m)에서 진행된 1박 2일의 이 행사는 두 부서의 전全 직원이 참여하여 협동작업teamwork을 위한 유대를 다지는 시간으로 활용되었다. 함박눈이 내리는 설야雪夜의 야간 산행에서 행정전산망 구축에 참여한 전사戰士들은 나침판에 의존하면서 목포지점인 설봉산 정상에서 만나서 전우애(?)를 불태우면서 행정전산망 사업의 성공을 다짐하기도 했었다.

행정전산망 사업은 정부 행정기관의 다양한 업무를 통합하여 추진하는 것으로 국가정보화 및 국가 행정업무에서 정보통신혁명을 견인하는 역할을 담당하였다. 이러한 업무의 통합단계에 숨어 있는 '죽음의 계곡 넘어서기'와 '악마 잡기'는 다양한 분야에서 전개되었다. 아래는 데이콤 정보통신연구소 백인섭 소장이 회상하는 행정전산망 사업의 초기 단계에서 다양한 분야에서 부딪치는 난관을 극복하는, 즉 '죽음의 계곡 넘어서기'와 '악마 잡기'의 각각의 예시다.

'죽음의 계곡 넘기와 혁신' 예시

행정전산망은 국가기간전산망 중에서 파급 효과가 가장 큰 사업으로, 그 목적은 (1) 작고 효율적인 정부 구현, (2) 대국민 행정서비스 향상, 그리고 (3) 행정전산화에 필요한 장비에 대한 투자를 통합해서 주전산기의 국산화 비용으로 사용하여 성공시킴으로써 전산화에 따른 '**해외 종속성에서 탈피**'하고, 나아가서는 '**정보산업을 육성**'하는 원대한 목표를 가지고 추진하는 사업이었다.

그러나 본질적으로 (행정업무의) 통합은 기존에 각자도생 방식으로 자생하던 개체, 즉 이해당사자들에게는 엄청나 위협이 될 수밖에 없다. 따라서 기존의 모든 개체는 일단 통합을 거부하든가, 비판적일 수밖에 없다. 따라서 정부 각 부처를 대상으로 정부 기관도 아닌 데이콤이라는 '전담사업자'가 정부 일을 통합·추진하기 위해서 싸워야 한다는 것은 바로 죽음의 계곡으로 들어서는 것과 마찬가지였었다.

1984년부터 정부가 국가기간전산망 사업으로 구축하고 있던 행정전산망은 1987년 행정전산망 종합계획을 확정함과 동시에 시작했다. 1987년부터 1991년까지 제1차 행정전산망 사업 기간에 (그 당시) 전국 15개 시·도에 전산 본부와 160대 주전산기를 설치했으며, 일선 행정기관(읍·면·동 사무소)에 4,300여 대의 PC를 보급했다.

이것은 현재 3단계 국가 행정체계, 즉 도·특별시-시·군·구-읍·면·동의 체계를 2단계로 축소한 엄청난 행정체계 개혁이었다. 비록, 실제의 국가 행정체계의 개선은 이루지 못했지만, 어쨌든 대단한 기술 결정론적 혁신이었음에는 분명하다.

'악마 잡기' 예시

행정전산망 전담사업자인 데이콤은 추진단계에서 숨어 있는 수많은 악마를 잡아내야 했다. 예를 들면, 당시 우리나라 정부가 국민을 대상으로 관리하는 데이터 속성이 151가지 정도가 되었는데 그 중 절반 정도가 아무도 사용하지 않는 쓸데없는 이상한 속성의 자료들이었다. 우리는 이들 자료를 종합·분석하여 78개 정도만 행정전산망 구축에서 사용하는 과감한 조처를 감행하였다.

그러자 현장에서 난리가 났었다. 실무담당 공무원들은 모두가 반대하고 나섰다. 이유는 간단했다. 자료가 옳든, 그르든 현재 존재하는 것들은 모두 보존되어야 한다는 것이었다. 어찌 생각하면, 요즘 이 나라에서 판치고 있는 이상한 민주주의식 논리와 비슷하였다. 아무짝에도 쓸모없는 것도 존재하는 건 모두 존중해야 한다는 어리석기 짝이 없는 주장이었다.

우리 몸에서 전혀 쓸데없는 쓰레기는 과감히 제거해야 건강이 유지된다는 것은 삼척동자도 알만한 얘기이지만 말이다. 그래서 나(백인섭 소장)는 주장했었다. 이것은 전산화 이전의 문제로서 전산화보다 몇 배 더 중요한 행정의 효율화·합리화 이슈로서 행정혁신의 문제이었다. 자료로 분류된 항목의 뜻도 모르고, 사용처가 전혀 없다면, 그것은 단지 쓰레기일 뿐이었다. 따라서 내 목을 걸고 100% 책임질 터이니까, 걱정하지 말라고 장담하니까 결국 설득되었다.

돌이켜 생각하면, 이는 단순한 행정에 필요한 자료 전산화의 문제가 아니라 어마어마한 행정개혁 내지는 효율화의 문제였다. 요즘 같으면, 이런 일을 해내려면 대통령 수준의 결단과 관련 법들이 모두 고쳐져야 가능할까 말까 한 일이고, 또한 몇 년의 준비작업을 거쳐도 될까 말까 한 일이다. 그러나 그 당시에는 막강한 권력의 절대 지지를 받는 기술 전문가집단에 의해서 손쉽게 이루어질 수 있었던 것이었다. 절대권력 시대가 아니었다면, 절대로 불가능했던 기술 결정론적 혁신이었던 것이었다. 이와 같은 관점에서 절대권력도 이용하기에 따라서 이득(?)이 있었음을 거듭 강조해 본다.

이같이 행정전산망은 정부의 행정기관들을 단일 통신망으로 연결하여 행정정보를 공유할 수 있게 함으로써 각종 인허가 업무의 신속한 처리를 비롯하여 각종 생활정보도 제공하도록 설계되었다. 또한, 행정전산망은 각종 행정업무 중에서 대민행정과 직결되는 지방세, 민원 행정 등의 주요 업무를 단계적으로 전산화하여 행정정보를 공동 활용하고 지방과 중앙, 지방과 지방 간을 연결하는 지방행정 종합정보망도 구축, 지역 간의 정보격차를 줄여서 지역 균형발전을 도모하는 것도 중요한 목표 중 하나였다. 이러한 행정전산 망은 41개 과제를 전산화 대상 사업으로 선정하였으며, 그 가운데 주민등록 관리, 부동산관리, 자동차 관리, 통관관리, 고용관리와 경제통계 업무 등을 6 대 우선 추진사업으로 확정하여 구축하였다.[28]

행정전산망 우선추진업무

데이콤을 전담사업자로 지정하여 전국을 단일행정권으로 묶음으로써 정책 결정의 합리성과 능률성 제고, 신속하고 정확한 대민서비스 제공, 효율적인 작은 정부 구현, 국내 정보산업 육성 지원 등의 목표 달성을 위하여 행정전 산망 사업은 출발하였다. 1987년부터 본격적으로 구축하기 시작한 제1차 행 정전산망 사업의 핵심은 국민 생활과 직접 관련된 주민등록관리, 부동산관 리, 자동차관리, 통관관리, 고용관리, 경제통계관리의 6개 업무 전산화를 우 선 추진하는 것이었다. 이들 분야의 업무 전산화의 주요 내용은 15개 시·도 와 내무부(현재 행정안전부), 교통부(현재 건설교통부), 노동부(현재 고용노동 부) 등 업무별 주관기관에 160여 대의 국산 주전산기를 설치하고, 4,300여 일 선 행정기관에 보급된 1만 3,000여 대의 개인용컴퓨터를 5,600여 개의 통신회 선으로 연결하는 방대한 사업이었으며, 국내 최초의 전국적인 전산망을 구축 한 사업이었다. 행정전산망 사업에서 우선하여 처리한 분야는 아래와 같다.[29]

첫째, 내무부(현재 행정안전부) 주관하에 추진된 주민등록관리 업무는 제1차 행정전산망 사업 중 가장 규모가 크고 방대한 핵심사업이었다. 주민등 록관리 전산망 사업은 전 국민의 성명, 주소 등 11개 분야 78개 필수항목을 종합, 전산화하고 전국 3,600여 읍·면·동사무소와 유관 부처 및 공공기관을 온라인으로 연결하는 사업이었다. 이 사업은 대국민 서비스의 폭과 질을 크게 개선하였다. 주민등록 데이터베이스는 전자정부의 핵심인 마스터키를 제공하는 정보 공동이용의 가장 중요한 대상이었다. 특히, 주민 관리 시스템이 제공하는 인구통계 자료는 다양한 분야의 국가정책을 위한 기초자료로 활용되면서 오늘에 이르고 있다.

둘째, 부동산관리 전산화 업무는 (당시 총무처, 내무부, 한국전산원 등 관계 부처와 협력하여) 전국 3,200만 필지의 토지 및 임야대장을 데이터베이스에 수록하고 전국 273개 시·군·구를 온라인으로 연결하는 사업으로 1990년 4월 대국민 서비스를 시작하여 이듬해 2월부터 전국 온라인 서비스를 개시하였다. 특히, 정부의 부동산관리는 국민의 재산권 보호와 국가의 재정수입 확보를 위해 중요한 업무로서 토지등록 상황을 전산화하여 시·군·구, 시 및 도와 중앙을 온라인으로 연결하여 토지 관련 변동사항을 바로 처리하는 시스템이다. 즉, 전국의 모든 필지의 토지와 임야에 대한 지번·지목·면적·소유자 등의 정보를 데이터베이스화하여 전산망으로 연결함으로써 정부는 각 개인이 소유하고 있는 토지와 임야의 내용을 정확히 파악하여 토지 관련 세제를 설계하고 투기 목적의 부동산 과다 보유 억제 등의 정책 시행의 자료로 활용되고 있다.

셋째, 자동차관리는 자동차가 출고되면서부터 폐차될 때까지 전체 과정에 걸친 행정 및 대민 업무를 말한다. 자동차관리 업무의 전산화는 (당시 교통부와 협력하여) 전국의 모든 자동차 등록사항을 데이터베이스화하여 자동차 등록사업소와 검사소, 자동차 정비조합 등 100여 개 관련 기관을 전산망으로 연결한 사업이다. 이 사업은 자동차 등록 원부의 정보를 데이터베이스에 입력하고 이를 전산망을 통해 연결하여 관련 기관이 이용할 수 있게 만든 시스템으로, 자동차 신규등록·변경·이전·말소·저당·압류 등 자동차 생애주기 관련 모든 정보를 컴퓨터에서 입력·관리할 수 있도록 하였다.

넷째, 통관관리 업무의 전산화는 (당시 관세청과 통관관리국과 협력하여) 수출입 통관, 수속 및 보세화물 관리 등을 포함한 통관과 관세 관련 업무를 전산화하고, 13대의 주전산기와 400여 대의 행정망용 다기능 사무기기를 도입하여 서울·김포세관, 관세사, 보세구역 및 운송업체, 은행 등 109개 기관을 온라인으로 연결한 사업이다. 1980년대까지만 하여도 공항에서 수입품이 '관세법'에 규정된 절차에 따라 수입업자에게 인도되거나, 수출품이 선적되기까지는 복잡한 절차를 거쳐야 했으나, 통관관리 업무가 전산화됨으로써 수출입 신고 및 검사, 보세·운송·화물 관리 등의 서비스를 편리하게 이용할 수 있는 기반을 갖추게 되었다. 이후 통관업무는 업무 범위와 통관지역을 지속하여 확대·발전시킴으로써 오늘날 세계 최고 관세 시스템을 구축하여 운영되고 있다.

다섯째, 노동부(현재 고용노동부) 주관으로 이루어진 고용관리 업무의 전산화는 시작 단계에서 5대의 주전산기와 140여 대의 행정전산망 다기능 사무기기를 도입하고, 전국에 흩어져 있는 36개 지방노동사무소 및 국립직업안정소, 전문인력취업센터 등 49개소를 온라인으로 연결하여 구직자와 구인기관 간 정보를 교환함으로써 실업 해소와 취업의 원활화를 도모하는 사업이었다. 이 사업은 취업 알선 정보를 제공하여 고용시장의 불완전한 정보 흐름을 보완함으로써 고용을 촉진하기 위한 시스템이었다. 또한, 고용관리 시스템은 지역·시기·차종별 등의 각종 정책 지원 통계 및 기준을 제공하여 각종 통계 분석을 통한 교통 정책 자료를 제공함으로써 신속·정확한 교통정책 수립을 가능하게 하였으며, 전국적인 실시간 서비스 제공으로 대국민 서비스 지원이 가능하게 되어 오늘에 이르고 있다.

마지막으로 데이콤은 경제기획원(현재 기획재정부)과 협력하여 경제통계 관리 업무의 전산화는 시작 단계에서 통계청에 보고되는 20여 개 분야 105종에 달하는 각종 통계를 데이터베이스화하여 관련 기관이 공동으로 이용할 수 있도록 한 사업이다. 1980년대 후반에 우리나라는 경제의 외형 규모가 선진국 수준으로 확장되었고, 동시에 대외적으로 보호무역주의와 우루과이라운드 등에 따른 대외 통상개방 압력이 강해지면서 이에 대처하기 위한 경제통계는 국가 경제정책 수립에 있어 매우 중요한 기초자료라고 할 수 있었다. 이에 경제통상 업무를 행정전산망 우선 추진업무 제1단계 사업에 포함하여 시스템을 구축하였다. 그리고 구축된 경제통계 데이터베이스는 전국규모의 통신망을 통해 각급 기관들이 온라인으로 검색·활용할 수 있도록 하였다. 최근에는 이들 경제통계 관련 자료는 우리나라가 경제 선진국으로 도약함으로써 국제화·세계화의 표준에서 요구하는 경제통계 작성에서도 유용하게 활용되고 있다.

위에서 살펴본 행정전산망 6대 우선 추진사업에 추가하여 '국민연금관리' 전산화에 대하여 짧게 살펴본다. 애초에는 행정전산망 6대 우선 사업에 포함되었으나, 행정전산망 추진 계획이 일부 수정·보완되어 '국민연금관리'는 빠지고 대신에 '자동차관리' 업무가 우선 추진사업으로 선정·추진되었다.

1986년 후반기에 들어오면서 국민연금관리 업무를 다시 1차 행정전산망 사업에 포함함으로써 1987년 2월 24일에 있는 차관회의에서 '국민연금관리'가 행정전산망 우선 추진사업으로 정식 결정되고 사업이 추진되기 시작하였다. 데이콤을 전담기관으로 보건사회부(현재 보건복지부) 연금제도과, 인구

보건연구원, 의료보험관리공단 등으로 국민연금 전산화 공동작업반을 구성하여 전산화를 위한 분석 작업을 시작하였다. 그 후 국민연금 관리에 필요한 여러 단계의 전산화 작업을 거쳐 전산시스템의 시험 가동이 시작되었다.

그러나 국민연금관리 전산시스템의 시험 가동 초기인 1988년 1월에는 시스템의 불안정, 연금 가입자와 입금액의 착오 발생 등으로 자료 불량률이 13%에 이르러 곤란에 빠지기도 하였으나, 약 3개월에 걸쳐 시스템 안정화와 데이터 정비를 하는 밤샘 작업의 강행군 끝에 3월 15일 국민연금관리공단 전국 14개 지부 및 11개 출장소를 연결하는 온라인 개통식을 가졌다. 이후에도 계속적 수정·보완을 거치면서 시스템은 안정화 단계에 들어갔고, 1988년 8월 30일 시스템의 인수인계를 하였다. 이러한 과정을 거쳐 약 25억 원의 개발비가 투입된 국민연금관리 전산화 사업은 성공적으로 마무리되었다.

국민연금관리는 공무원과 군인, 사립학교 교원을 제외한 16세 이상 60세 미만의 전 국민을 대상으로 하고, 전국 약 7만여 사업장과 5백만 명의 가입자를 관리해야 하는 방대한 규모의 사업으로서, 전국적인 컴퓨터통신 시스템이 갖추어지지 않고서는 시행이 원칙적으로 불가능하였다. 또한, 국민연금법 시행일이 임박해서 시행규칙 등 세칙이 확정되었고, 고유업무를 수행할 국민연금관리공단의 설립이 늦어져 업무 체계가 정립되지 않았으며, 일괄처리 batch processing에는 적합하지 않은 톨로런트 전산시스템의 사용 등으로 인하여 환경적인 어려움도 한둘이 아니었다.[30]

이러한 어려움에도 불구하고, 데이콤이 개발한 '국민연금관리' 업무 전산화는 복지사회의 조기 실현이라는 국가적 과제의 달성에 초석이 되었다. 그리고 국산 주전산기를 처음으로 설계·개발하여 실제 업무에 운영함으로써 시스템의 안정화를 이루는 데도 크게 이바지하였으며, 다른 분야의 행정전산화 사업이 순조롭게 추진될 수 있도록 하는 기반을 제공하였다는 점에서도 의의를 찾을 수 있을 것이다.

이같이 행정전산망 우선 추진사업은 여러 가지 어려움에도 불구하고 1990년 3월에 국무총리 주제로 행정전산망 우선 추진업무의 종료식이 열렸다. 그때까지 대부분 행정부처는 모두 시스템의 운영권을 인수인계하였지만, 내무부(현재 행정안전부) 주민과는 인수인계하지 않았다. 이유는 주민등록 데이터베이스가 5% 정도는 원장元帳과 일치하지 않고 시스템이 불안하여 인수할 수 없다는 것이었다. 하는 수 없이 한국전산원에서 시스템의 안정화 작업을 계속하면서 운영했다. 이와 관련하여 이철수 본부장이 회상하는 행정전산망 우선 추진사업의 완성과 운영에서 발생했던 (문제점에 대한) 일화의 한 토막은 아래와 같다.

행정전산망 우선 추진사업의 운영과 관련된 문제점

행정전산망 사업은 시작 단계에서는 모든 시스템을 전담 기관인 데이콤이 운영하기로 하였으나, 주전산기 오류 문제가 발생하면서 행정전산망조정위원회에서 각 부처가 운영하는 것으로 원칙을 바꾸었다. 그러나 전체 행정전산망은 단일망으로 구축이 되어서 한 개 기관이 행정전산망 운영관리가 필요하였다. (…) 따라서 초기 단계에서는 한국전산원이 행정전산망을 관리하였다.

그 이후 1993년도에 내무부(현재 행정안전부) 주민과도 주민 관리업무를 인수하면서 정부의 전체 행정전산망의 운영관리를 정부전산관리소(현재 행정안전부 국가정보자원관리원에서 운영관리)가 인수·운영하였다. 그때에는 행정전산망에서 이상이 발생하면, 자동으로 경보음(alarm)이 울리도록 구축되어서 해당 시스템을 바로 인식하고 즉각적인 수정·보완이 가능하였다.

이 같은 사고가 발생하던 당시 행정전산망 사업은 계속 추진되면서 구축된 행정전산망에 사용하는 컴퓨터는 7,000대를 웃도는 수준이었다. (…) 그러나 그 후에 추가로 구축·설치되는 시스템은 문제 발생을 알려주는 자동 경보음 기능을 갖추지 못하였다. 또한, 공무원들이 시스템에 관한 전문적인 기술의 부족과 개선 노력의 부족으로 인하여 문제 발생은 계속될 것이며, 앞으로도 계속 유사한 사태가 발생할 것으로 판단되었다.

이러한 문제점을 해결하는 방법은 전체 시스템에 대한 운영감리를 통하여 시스템에 대한 활용도 평가를 통하여 시스템의 폐기, 연계, 통합하여 재편하는 방법이 가장 효율적이고 합리적인 방법이라고 판단하였다.(…)

이상에서 짧게 살펴본 것과 같이, 행정전산망 우선 추진사업은 국가기간전산망과 연계하여 진행되었다. 특히, 행정전산망은 정보화 촉진을 위한 여건 조성으로 정부는 1997년 9월, 21세기 멀티미디어 정보사회의 인프라 infrastructure, 즉 기반 시설 구축을 위해 1995년 3월부터 추진해 오던 초고속 정보통신의 기반 시설을 구축하는 계획을 수정·보완한 정보통신망 고도화 추진 계획을 수립하였다.[31] 이와 같은 과정을 거쳐서 행정전산망 구축의 우선 추진사업은 대부분 성공적으로 마무리되었다. 그러나 우선 추진사업이 종료되는 시점에서 약간의 문제점도 발생하였다.

이용태 사장이 '하룻강아지 범 무서운 줄 모르고 시작한 불씨'인 행정전산망인 국가행정정보시스템(National Administrative Information System: NAIS)은 효율적인 행정을 위한 기반 시설의 고도화를 넘어 행정혁신을 이끄는 전자정부의 탄생으로 연결되었다.[32] 이들 결과는 세계 최고의 행정전산망 개발의 실용화에 관한 국제연합이 평가한 전자정부미래 보고서(2010, 2012, 2014년)에도 잘 나타나 있다. NAIS 사업이 시작된 1981년부터 1987년까지 현장에 참여한 연구진들은 1단계의 '장단기종합계획 수립에서 올바른 사업 방향 설정과 생태계 환경조성'으로 정보기술 강국을 향한 초석을 다지는 국가적 대사업에 참여한 것에 관하여 긍지를 느낀다.

제6장
행정전산망 자금조달과 '선투자 후정산' 방식

정부 예산과 회계방식

국가경영에서 예산豫算은 일정 기간의 국가경비와 수입에 대한 계획이다. 국가 활동은 원칙적으로 사경제私經濟에서 볼 수 있는 영리 추구와 같은 구체적인 목표가 없으며, 그 활동의 성과에 직접 이해관계가 없는 관료에 의하여 운영된다. 이러한 이유로 인하여 국가 활동과 이에 수반되는 화폐의 수입과 지출을 합리적으로 집행하기 위하여 체계적인 계획표를 사전에 작성할 필요가 있다. 또한, 현대 민주주의 원칙에서는 국가의 수지收支에 대하여 국민의 동의를 얻어야 한다. 이러한 의미에서 현대국가의 예산은 국가 수지를 합리적으로 정리한다는 국고 기능뿐만 아니라 정부의 모든 정책을 집약적으로 체계화하여 표현한 것으로 의회에서 정치적 토론의 주요한 대상이 된다. 예산안은 행정부에서 편성하여 국회에 제출되며, 의회의 최종적 심의와 확정을 받아 성립된다.[1]

일반적으로 예산 확보 과정은 여러 단계를 거쳐 결정된다.[2] 첫째 단계는 특정 국가사업을 위하여 예산이 필요한 국가기관에서 제1차 연도에 예산을 신청하면, 제2차 연도에 예산 심의기관에서 그 사업의 타당성을 조사한다. 둘째, 예산이 확보되면, 예산을 신청한 국가기관은 조사에 따라 제3차 연도에 본예산을 확보할 수 있다. 그러나 정부 기관에서는 1985년 정기국회 예산심의안에 단말기workstation 구매비용을 아예 상정조차 하지 않았다.[3] 실제 단말기 보급계획은 상당한 차질을 빚어 1987년부터 본격적으로 시행되었으며, 그 결과 데이콤이 이를 실행에 옮기는 데에는 무려 1년이란 세월을 허송세월하여야 하였다.

한편으로는 시스템 설계와 소프트웨어 개발 책임기관인 한국데이타통신주식회사(약칭 데이콤, 2010년 LG유플러스로 합병)는 예산이 확보되지 못하여 2년이 지나도록 행정전산망 사업과 관련된 실질적 업무는 단 한 건도 처리하지 못하고 있었다. 그러나 그 당시 용역사업 분야는 국가 예산에서 배제되어 있었고 '예산회계법'에서 모든 예산은 사전 심의를 거친 곳에서만 집행한다는 규정이 명문화되어 있었다. 따라서 사업의 개발 결과를 확인하여야 상품으로서의 가치를 판단할 수 있는 소프트웨어 등의 용역사업에서는 예산 집행을 위한 사전 심의나 감리가 어떤 형태로든 불가능한 상황이었다.[4]

이와 같은 과정을 거쳐 본예산을 받아 국가기관은 실제 사업을 시작하게 되지만, 이러한 방식으로는 하나의 사업을 하는 데에만, 최소 5년의 기간이 필요하다. 행정전산망이 한창 추진되던 1985년을 기준으로 하여 2000년까지는 얼마 남지 않은 기간에 단지 3~4번 정도밖에 사업을 추진하지 못한다는 결론이 나올 수밖에 없었다. 이용태 사장은 이러한 예산 집행에 따라서 행정전산망 사업을 추진한다면, 아무것도 할 수 없다고 생각하였다. 이번에도 그의 사물을 밝게 보는 슬기로운 눈, 즉 그의 혜안慧眼이 발휘되었다. 궁리 끝에 그는 행정전산망 사업에 필요한 자금을 먼저 투자하고 나중에 정산하는, 즉 선투자先投資 후정산後精算 방식의 예산 집행을 요구했다.[5] 예상대로 고정된 틀에 익숙한 정부의 예산담당자는 그의 요구를 기상천외한 발상이라고 하면서 문제를 제기하였다. 특히, 경제기획원(현재 기획재정부) 담당자는 아래와 같이 강력하게 반발하였다.[6]

틀에 박혀 있는 정부 예산담당자들은 이용태 사장의 요구를 기상천외한 발상이라고 하면서 펄쩍 뛴 것이었다. 그러나 이 '선투자 후정산' 방식의 사업에 필요한 자금 예산 집행의 방식은 그 당시 체신부차관 오명 박사와 청와대 경제비서실 비서관 홍성원 박사의 적극적인 지원으로 가능하게 되었다.

이같이 국가기간전산망 사업에서 가장 초미의 관심사는 예산이었다. 이를 얼마나 확보하는지가 결국 시장을 활성화하고 국가 프로젝트 자체의 성패를 결정짓는 가장 큰 변수였다. 당시만 해도 정보화 예산이라는 별도 항목이 없어 프로젝트 자체의 성공 여부를 확신하지 못했다. 물꼬를 튼 것은 '행정전산망추진계획'이었다. 전산망조정위원회는 행정전산망 사업에 필요한 자금 규모로 1986년부터 1995년까지 10년간 모두 7,607억 원을 배정했었다. 여기에는 주전산기 283대와 일선 관청에 투입할 다기능 사무기기(16비트 PC) 2만 7,924대의 구매 비용, 컴퓨터 전문인력 2,830명 인건비 등도 포함돼 있었다.[7]

이러한 점에서 행정전산망 종합계획(안)이 의미를 갖는 것도 이 때문이다. 사실 기간전산망 프로젝트를 둘러싸고 나온 보고서나 계획안에서는 자금 소요 계획만 명시했을 뿐, 조달 방법은 구체적 안을 내놓지 못해 사업 자체가 졸속이라는 비판을 면치 못했다. 가령, 1986년 1월 '전산망조정위원회'가 발표한 '다기능 사무기기 보급계획(안)'은 1986년 3월부터 1988년 2월까지 2년 동안 일선 관청에 모두 5,185대 개인용컴퓨터PC를 보급한다고 하지만, 정작 중요한 자금 소요 계획은 빠져 있어 논란을 불러일으켰다. 더욱이 이러한 일정을 진행하려면, 당장 1986년부터 정부 예산이 필요한데 청와대와 관련 부처는 1985년 정기국회 예산심의안에 관련 예산을 아예 상정조차도 하지 않았다.

국가기간전산망 계획 초기 단계에서 제기되는 문제는 예산만이 아니었다. 국가기간전산망 사업의 책임기관 가운데 하나인 데이콤도 예산이 확보되지 않아, 2년이 지나도록 행정전산망 사업과 관련된 실제 업무는 단 한 건도 처리하지 못했다. 더욱이 당시 소프트웨어 개발과 같은 무형의 용역사업 분야는 국가 예산 집행 대상에서 배제돼 있었고, 예산 회계법상 모든 예산은 사전 심의를 거친 곳에만 집행한다는 규정이 있었다. 따라서 개발 결과를 확인하고 상품으로서의 가치를 판단할 수 있는 소프트웨어 개발사업에서는 예산 집행을 위한 사전 심의와 감리를 할 수 없으므로 행정전산망 사업과 비슷한 정부 프로젝트는 이루어질 수가 없는 상황이었다.

이런 딜레마적 상황에서 물꼬를 튼 것이 바로 기상천외한 '선투자 후정산' 방식의 국가 예산 집행방안으로 이용태 박사가 데이콤 사장을 맡는 조건으로 제시했던 것을 대통령이 수락함으로써 세상에 나타난 기괴한(?) 회계방식이었다. 바로 이런 기발한 장치로 예산 집행의 물꼬가 트임으로써 그 엄청나면서 동시에 미지의 세계인 행정전산망 사업이 데이콤에 의해서 용감하게 추진될 수 있었던 것이었다. 행정전산망 개발에 있어서 이러한 모험성이 용인되지 않았다면, 행정전산망 개발을 통해 달성했던 국가행정의 합리화와 효율화는 불가능했을 것이고 단순하게 행정의 기계화 내지는 자동화만 이루어졌을 것이다. 다음은 이와 관련된 이용태 사장의 증언의 한 토막이다.

오명 체신부차관이 나보고 한국데이타통신주식회사 초대 사장을 맡아달라고 했을 무렵, 나는 벤처투자회사를 만들 자본금 800만 달러를 모금해서 미국 실리콘 밸리(Silicon Valley)로 가기로 작정했을 때였다. 따라서 이 제안을 거절하기로 했다. 그러나 국가를 위하여 한번 큰일을 해보겠다는 뜻으로 다음과 같이 제안했었다.

'정부의 행정전산망 사업을 전부 나에게 맡기되 미리 예산을 정해서 일을 하는 것이 아니라, 우리가 타당하다고 생각하는 일을 미리 해 놓고 난 다음에 비용을 청구하는 것을 받아준다면 한번 해보겠다.'

천만뜻밖의 대답이 돌아왔다. 오명 차관이 전두환 대통령을 설득하여 '선투자 후정산' 예산 집행에 대한 재가를 받아 왔다. 나는 실리콘밸리에 가는 것을 포기하고, 데이콤을 맡을 수밖에 없게 되었다. (…)

돌이켜 생각해 보면, 이용태 사장 개인이 제시한 '선투자 후정산'이라는 기발한 아이디어, 즉 회계방식 덕분에 행정전산망 전담사업자인 데이콤이 기존의 예산이 확정된 상태에서 사업추진이라는 경직된 국가 예산 사용의 틀에서 벗어나 자유롭게 계획에 따라서 시기적절하게 행정전산망 통합구축이라는 대모험을 감행할 수 있었던 것임을 다시 한번 강조한다.

'선투자 후정산' 예산 회계방식

1987년 2월 발표된 '행정전산망 종합계획'에서는 '행정전산망' 사업이 본격적으로 추진되는 과정에 없어서는 되지 않을 결정적 내용이 한 가지 들어 있었다. 이것은 그 사업의 추진을 위한 자금조달 방안, 즉 '선투자 후정산' 방식이었다. 행정전산망사업 추진에 필요한 자금조달을 위한 종합계획의 내용은 다

음과 같다.[8]

첫째, 필요한 자금은 행정전산망 전담관리기관인 데이콤을 통하여 선투자하고 행정망을 완성하고 난 다음, 사용료로 정부 예산에서 연차적으로 후정산(상환)한다. 둘째, 행정전산망에 필요한 컴퓨터시스템의 구입비, 개발비, 운영비의 종합지원이 가능하도록 행정전산망 사업에 필요한 자금 지원회사를 한국전기통신공사의 자회사로 설립·운영한다. 이러한 배경에서 1986년 11월 한국전기통신공사가 전액 출자해 출범한 회사가 '한국통신진흥주식회사'다.

그 당시 '행정전산망'에 대한 일련의 보고서, 계획안 등과 관련되는 내용은 그렇지 않아도 정보산업계로부터 초미의 비상한 관심의 대상이었으며, 기업관계자들은 보고서의 글자 하나하나에 의미를 부여할 만큼 신경을 쓰던 시절이었다. 정부는 정보산업 육성을 위하여 행정전산망과 관련해 가능한 모든 부분에 대해 민간업체 참여를 개방할 방침이었다. 구체적인 시행계획이 확정되지는 않았지만, 당시로서 총 필요 자금 7,600억 원은 어마어마한 규모일 뿐만 아니라 이러한 규모의 컴퓨터 도입 및 소프트웨어 개발이 될 경우, 국내에 미치는 파급 효과와 연계 수요는 상상을 초월하는 것이었다.

따라서 1985년 12월 '국가기간전산망사업 관련 사항 보고'에 적시된 자금조달 방안이 초미의 관심사가 된 사정도 이 같은 분위기와 크게 다를 바 없었다. 다른 분야도 마찬가지였겠지만, 당시 주민등록, 부동산, 자동차, 통관, 고용, 경제통계 등 6개 우선 추진업무를 전산화하기 위하여 계획된 총소요 예산만 해도 1,513억 원이었기 때문이다. 사실상 대규모 국가사업인 행정전산망 사업추진의 성패는 자금조달 방안의 실현 여부가 중요한 과제 가운데 하나였다.[9]

추가하여, 정부는 행정전산망 사업에 사용할 예산이 확보되지도 않았을 뿐만 아니라, 이 사업에 예산의 선투자를 할 수 없다는 것이 기본방침이었다. 야당과 언론은 한 푼의 예산도 세우지 않고 어떻게 행정전산망 사업을 추진하려고 하느냐며 연일 청와대 측에 문제를 제기하였다. 애초에 행정전산망 사업과 관련된 자금조달 방안이 문서로 작성된 것은, 1984년 12월 국가기간전산망조정위원회가 작성한 '행정전산망 사업추진계획(안)'에서였다. 이 보고서에 의하면, '데이콤이 선투자하면, 사업이 완료된 후에 정부 예산에서 사용료를 지급한다'라는 식으로 기술되었다. 그러나 이 정도로 언급한 것이 그나마 다행이었다.[10] 다음은 이용태 사장이 '선투자 후정산'과 관련된 인터뷰 기사다.

'선투자 후정산' 예산방식에 대한 인터뷰 내용

이용태 삼보컴퓨터 창업자가 데이콤 사장을 맡으며 시작한 행정전산망 통합 시스템 개발은 사상 초유의 '선(先)개발 후(後)정산' 사업이었다. 당시 오명 체신부차관이 이용태 창업자에게 데이콤 사장을 맡아달라고 했을 때, 이 창업자는 거절의 의미로 한 가지 조건을 제시했다. 데이콤에서 행정 전산을 통합하는 시스템을 개발할 테니, 일을 마치면 정부가 비용을 다 내라고 한 것이다. 오 차관은 이 요구를 받아들여 행정전산망 통합시스템 개발이 시작됐다.

이용태 창업자가 이런 조건을 내건 데는 이유가 있었다. 예산을 확보한 뒤 사업을 하려면 프로젝트 하나를 수행하는 데 최소 5년이 걸린다. 보통 첫해에 사업 타당성을 조사하고 그다음 해에 본 예산 보고서를 내고 나서 프로젝트에 착수하는데 예산과 집행에만 5년이 걸리는 것이다.

그러나 사업부터 벌여놓고 비용을 정산하면 1년 만에 마칠 수 있다는 게 이용태 창업자의 복안이었다. 정부는 감사원과는 별도로 IT 분야의 감사를 맡을 전문기관을 출범시켜 '선투자 후정산'을 해결했다. 이 전문기관이 바로 1987년 설립된 '한국전산원'이다.

이같이 '행정전산망' 구축과 같은 소프트웨어 분야에서 '선투자 후정산' 방식의 가능하게 된 데에는 체신부차관 오명 박사와 청와대 경제수석실의 비서관 홍성원 박사의 적극적인 지원이 있었다. 홍성원 청와대 비서관은 경제기획원(현재 기획재정부)을 달래는 데 많은 시간을 보냈으며, 오명 체신부차관은 '선투자 후정산'에 필요한 자금을 마련하기 위하여 설립된 '한국통신진흥주식회사'를 통하여 행정전산망 사업에 몇백억 원을 아낌없이 지원하였다. 따라서 선진국으로 도약하기 위한 정부의 '행정전산망' 사업은 이용태 사장 혼자만의 작품이 아니라 오명 박사, 홍성원 박사 등을 중심으로 하는 정책입안자와 연구개발진의 공동작품으로 마무리되었다고 할 수 있다.[11] '행정전산망' 사업에서 주요 역할을 담당한 데이콤의 김대규 실장은 '선투자 후정산' 방식에 얽힌 소회를 아래와 같이 밝혔다.

'선투자 후정산' 예산 회계방식에 얽힌 소회

('행정전산망' 사업에 관련된) 일을 하는데 자금 문제가 가장 어려운 일이었습니다. 그래서 (궁여지책으로) 나온 것이 '선투자 후정산'이라는 방식이었습니다. 실제 재무부와 경제기획원(현재 기획재정부)에서는 맹렬히 반대하였는데 청와대 과학기술 비서관 홍성원 박사가 그들을 설득하느라고 무척 애를 썼습니다.

> 공무원들은 각 부처가 자기들이 알아서 그들 나름으로 전산화하겠다
> 고 생각했는데 데이콤이 '행정전산망'이라는 것으로 그것을 독점하니
> 까 사업 자체를 반대하고 나섰지요. 한번은 경제관료 전문가들이 금리
> 변동을 계산해 주지 않는 것입니다. 나중에 해결이 되긴 했지만, 1,800
> 억 원이면, 5년 동안 이자만 몇백억 원인데 경제관료들이 그것을 인정
> 하지 않아서 곤란했습니다. (…)

이와 같은 어려운 과정을 거쳐서 '선투자 후정산' 방식의 행정전산망 사업
의 예산 문제를 해결하는 '한국통신진흥주식회사'와 '한국전산원'이 설립되
었다.

한국통신진흥주식회사와 한국전산원 설립

한국통신진흥주식회사는 1980년대 초 우리나라는 산업구조의 고도화·다양
화 추세와 지속적인 경제 성장, 컴퓨터의 이용 및 보급 확산 등으로 고도 정
보사회로의 진입이 필요하게 되었다. 이에 따라 정부는 국가 경쟁력을 확보·
유지함과 아울러 안락하고 균형 잡힌 국민 생활의 보장, 기업의 높은 생산
성 실현 및 '작은 정부 구현' 등 국가 전체의 효율을 증진하고자 국가전산화
계획을 수립하고 국가기간전산망사업을 추진하였다. 국가전산화의 추진전략
(제5장 참조)은 우선 추진사업으로 행정망, 금융망, 교육·연구망, 국방망, 공
안망 등 5대 공공기관 전산망을 1990년대 중반까지 구축하고, 이를 2000년
대 초까지 국가기간전산망으로 통합한다는 것이었다. 국가기간전산망사업 중
전체 국민의 생활과 직접 관련되고 파급효과가 가장 큰 것은 '행정전산망사
업'인데, 그 내용은 주민·부동산·통관·고용·자동차·경제통계 관리 등 6개

사업을 추진하는 것이었다.

1985년 5월 전산망조정위원회가 수립한 행정전산망 추진계획은 데이콤을 전담사업자로 지정하고, 데이콤이 '선투자'하여 행정망을 구축한 뒤 정부가 일정 기간에 걸쳐 '후정산'하도록 했다. 또한, 선투자 자금은 체신부 산하기관인 한국통신의 지원으로 우선 조달하고, 부족할 때는 차입으로 충당하도록 했다.

그러나 한국통신으로서는 이 자금을 지원할 수 있는 법적인 근거가 없었다. 따라서 한국통신은 자본금 300억 원 전액을 출자하여, 행정전산망사업에 필요한 자금을 전담할 '한국통신진흥주식회사(이하 한국통신진흥)'를 1986년 5월에 설립했다.[12] 한국통신진흥의 사업은 금융지원사업, 임대사업, 통신수탁사업, 통신용역사업으로 나눌 수 있다. 이들 사업 가운데 한국통신진흥은 출범과 함께 행정전산망 사업의 자금으로 1986년 76억 원, 1987년 683억 원, 그리고 1988년 754억 원 등 3개년에 걸쳐 모두 1,513억 원을 데이콤에 지원한다고 발표하였다. 이같이 행정전산망 사업은 많은 돈이 투자되는 사업으로 사실상 '행정전산망' 사업추진의 성패는 자금조달 방안의 실현에 달린 상황이었다. 이러한 행정전산망 사업에 한국통신진흥의 자금지원에 대한 발표는 역사적인 행정전산망 추진에 대한 물꼬가 터지는 순간이었다.[13]

우리나라에서 행정전산망사업이 시작되던 1980년대 초·중반 세계 각국은 경제·사회의 거의 모든 분야에서 무한경쟁시대를 맞아 국가 경쟁력의 강화에 총력을 기울이고 있었다. 특히, 미래의 핵심 산업으로 주목받고 있던 정보통신 분야에 대하여 집중적 투자를 아끼지 않고 있었다. 이에 따라 각국의 선진 통신 관련 기업들은 앞선 기술과 자본으로 외국 통신사업자의 흡수·합병을 통한 국제화를 시도하고 있었으며, 1998년부터 세계무역기구(World

Trade Organization: WTO) 기본통신 협상도 타결돼 기본통신 시장도 개방되었던 상황이었다. 이러한 국내외 상황에 대처하기 위하여 한국통신진흥은 통신 사업의 경쟁력 강화를 위한 기본정책 방향을 설정하고, 국제경쟁에 대비한 전면적인 경쟁체제를 구축하면서 국가 발전을 위하여 노력하면서 행정전산망 사업에 많은 공헌을 하였다.

이어서 1987년 1월에는 이 같은 정부 예산을 지원해 주기 위한 사전 감리 (심리)기관인 한국전산원(National Computing Agency: NCA, 현재 한국지능정보사회진흥원)의 설립이 완료되었다. 다음은 〈우체국과 사람들〉에서 밝히고 있는 한국전산원의 설립목적과 초창기 업적에 대한 간단한 소개다.[14]

한국전산원' 10년, 그 업적과 앞으로의 과제

한국전산원은 「전산망 보급확장과 이용 및 촉진에 관한 법률」(법률 제3848호)에 의하여 1987년 1월 30일 비영리 특별법인으로 개원되었다. 한국전산원은 국가 공인 전문기관으로서 정부 각 부처가 추진하는 전산망 사업을 감리하고, 그 타당성을 평가할 기관의 역사적인 필요성에 의해 설립되었다. 발족 초기에는 제1차 행정전산망사업(1986~1991년)에 대한 감리의 수행과 국가사회 전산화에 대한 중장기계획의 수립, 정보사회에 대비한 각종 선행연구, 당시 전산화 사업의 최고 추진체계였던 전산망 조정위원회에 대한 지원 등 정부의 각종 전산화 정책의 수립에서 한국전산원은 그 씨앗을 뿌린 사전 시범과제(Seed Project)를 제공하는 등 핵심 두뇌(brain)의 역할을 담당하였다.

그중에서도 이 시기에 가장 우선적이고 실질적인 업무는 제1차 행정전산망사업에 대한 감리였다. '선투자 후정산' 방식이라는 독특한 재원조달 방식으로 추진되었던 제1차 행정전산망 사업에서 감리의 역할은 중차대했던 것으로, 한국전산원은 이 중임을 맡아 제1차 행정전산망 사업의 성공적인 완수에 크게 이바지하였다. 국가전산망사업에 대한 감리에 있어서 필요한 감리 기준을 제시하고 감리 수행에 따른 제반 절차, 대상 및 내용을 명문화함으로써 효율적인 감리를 수행하고자 국내 최초로 '전산감리지침서'를 발간하였고, 행정전산망사업의 감리를 수행하는 과정에서 표준기법의 필요성을 느끼게 되어 우리나라에 본격적인 시스템 개발 방법론, 즉 '관리기법/1'을 도입하였다. (…)

또한, 1987년 7월에 '전산망기술기준안'이 작성되자, 그해 9월부터 한국전산원은 국가기간전산망에 대한 표준의 체계적이고 종합적인 관리 체계를 확립하고, 표준의 변화에 따라 능동적으로 대처하기 위해 국가기간전산망 표준화 관리 방안을 1987년 11월에 마련하였다. (…)

다음은 '행정전산망 표준화 및 감리제도'에 대하여 살펴본다.[15] 행정전산망 사업의 표준화는 정보자원의 공동이용 촉진 및 정보유통의 효율성을 보장하기 위한 수단이다. 이는 각급 행정기관에서 사용하는 전산기기의 규격, 통신 접속규격, 공통 행정코드 및 서식, 소프트웨어 개발 방법론 등의 표준을 정하여 행정기관 상호 간에 시스템과 문서 및 자료의 호환성을 보장할 수 있는 장치로 활용할 수 있다.

1, 2차 행정전산망 사업에서 표준화는 총무처(현재 행정안전부) 주관으로 정부 내에서 통일이 필요한 표준화 대상 사업을 선정하고 한국전산원의 지원을 받아 표준규격을 작성하는 방법으로 추진되었다. 표준화 방법론은 기본적으로 국제표준, 국가표준, 국가기간전산망표준 등 상위 표준과 산업계의 표준을 수용하는 것을 원칙으로 하였다. 표준이 없는 분야에 대해서는 단체표준 개념의 통일방안을 만들어 사용하였다. 예를 들면, 표준화의 대상은 행정전산망용 다기능 사무기기, 개인컴퓨터용 소프트웨어 패키지, 공통행정표준

코드, 행정전산망 컴퓨터 이름 및 주소 체계, 표준 전자문서 시스템 등이다. 또한, 다기능 사무기기와 관련된 하드웨어와 소프트웨어는 표준제품을 선정·보급함으로써 조달·구매를 통한 대량구매가 가능하게 하였다.

행정전산망 사업에 사용된 정보시스템 감리는 1987년 제정된 '전산망법 시행령' 제18조에 의해 한국전산원의 업무, 즉 '국가기관 등의 전산망 사업에 대한 타당성 검토 및 감리'가 최초로 도입되었다. 감리는 국가기간전산망사업의 자금조달 방안으로 활용된 '선투자 후정산' 방식의 사업에서 행정전산망 사업이 적정하게 수행되었는가를 확인하는 역할을 하였다. 이에 한국전산원은 1989년 4월 개정된 '전산망법 시행령'에 따라서, 고시된 감리 기준을 준수하면서 사업의 단계별로 감리하고 분야별 추진위원회에 보고하였으며, 정부는 감리결과에 따라 행정전산망 사업에 사용된 자금을 상환하였다. 이후, 정부의 정보화사업이 가속되면서 1998년부터 감리 수요가 급증함으로써 한국전산원을 포함하여 민간 감리법인도 감리업무를 할 수 있도록 민간에도 개방하기 시작하였다.

이에 1999년 '정보화촉진기본법'이 개정되면서 정보시스템 감리 시행에 대한 별도 규정이 마련되었다. 여기에 추가하여 감리인의 요건, 감리 절차, 기본점검표 등을 포함하는 '정보시스템 감리 기준'이 고시되었으며, 이를 준용하여 감사업무를 실시하도록 하였다. 법령의 정의에 따르면, 정보시스템 감리는 발주자(정부 기관)와 사업자 등의 이해관계로부터 독립된 감리인이 정보시스템의 효율성을 향상하고 안전성을 확보하기 위해 정보시스템 구축 및 운용 등에 관한 사항을 종합적으로 점검하고 문제점을 개선하도록 하는 것이었다. 그러나 감리의 실시 및 개선사항 반영 여부는 권고사항에 그쳤다.

이러한 표준화와 감리 과정을 거쳐 2005년 '정보시스템의 효율적 도입 및 운영 등에 관한 법률'에서는 일정 규모 이상의 정보시스템 구축사업에 대한 감리실시 의무화, 감리 결과의 적용 및 사후확인 제도 강화, 부실 감리에 대비한 감리법인 등록 제도 등을 도입하였고, 2008년 '전자정부법'으로 통합되었다. 정보시스템 감리는 제3자적 관점에서 다양한 정보화 사업의 기술적·관리적 문제점을 찾아서 개선방안을 제시하는 감시자 역할을 함으로써 전자정부 사업의 성공적 추진과 서비스 품질 제고에 밑거름이 되기 위하여 노력하였다.

또한, 정보시스템의 이용 범위가 확대되고 이용 기술이 고도화되며 네트워크가 확산함에 따라 전산화로 인한 순기능 못지않게 역기능도 한자리를 차지하게 되었다. 한국전산원은 개원 직후부터 전산망의 안전, 신뢰성과 전산화의 역기능에 관해 연구를 수행함과 동시에 필요한 제도의 개선이나 기술적으로 구체적인 대안을 제시해서 문제를 해결하고자 계속 노력하고 있다. 특히, 1990년에 발표된 '주민관리 전산화에 따른 주민 정보 보호 및 법령 개선 방안'은 주민관리 전산화를 통제의 차원이 아닌 개인의 사생활 보호의 입장에서 접근하고 프라이버시 개념의 변화에 따른 정부 차원의 대응 방법을 구체적으로 제시하였다.

이상에서 간략하게 살펴본 것과 같이 '한국통신진흥'과 '한국전산원'의 설립 과정을 거쳐 초대형 국책사업의 추진을 위한 자금 마련의 길과 업무추진 결과의 감리 구조가 완성되었다. 당시의 사업을 위한 자금조달과 운영방식은 현재 '3세계 개발도상국'의 국가정보화사업 추진에 상당히 의미 있는 하나의 모형이 되고 있다.[16] '한국통신진흥'과 '한국전산원'의 설립이 행정전산망 사업에 끼친 성공전략을 백인섭 데이콤 정보통신연구소장은 아래와 같이 요약하고 있다.

'한국통신진흥'과 '한국전산원'이 행정전산망 사업에 미친 성공전략

한국통신진흥과 예산 전략: 행정전산망 사업이 성공하게 된 큰 요인 중의 하나가 '선투자 후정산' 회계방식의 자금확보였다. 일일이 예산을 확보해 일을 추진할 경우, 앞에서(제5장) 기술한 것과 같이 서기 2000년까지 세(3) 사이클밖에는 일을 할 수 없으므로 국내 전산화를 선진국 수준으로 올린다는 것은 불가능하게 된다.

그러나 경제기획원에서는 '선투자 후정산' 계획을 반대했다. 그러나 이 문제는 청와대 과학기술 담당 비서관실과 체신부의 비상한 노력으로 이 문제가 해결되었다. 체신부에서는 '선투자'를 위한 자금을 지원하기 위해서 '한국통신진흥주식회사'를 설립했고, 후정산의 감리업무를 위해서 '한국전산원'을 설립했다.

한국전산원과 감리업무: 행정전산망 구축에 대한 '사후' 정산을 위한 감리는 (기존 감사원에서는 첨단기술에 대한 전문성 부족으로) 어려우므로 이를 위해 별도의 전문 감리기관을 설립·운영해서 사후 감리를 위한 한국전산원이 설립되었다.

만약, 행정전산망사업에 대하여 기존 감사원 감사를 받아야 했다면, 아마도 데이콤이 행정전산망 사업을 위해서 사전에 투자한 비용은 보상받지 못하는 상황이 전개되었을지도 모르는 일이었다. 왜냐하면, 일반적으로 감사원은 정부 부처가 이미 수행한 업무의 타당성과 비용의 적절성을 감사하는 곳이다. 데이콤의 행정전산망 개발은 기존업무와 전혀 차원이 다른 새로운 업무, 즉 컴퓨터 소프트웨어 개발 업무이기 때문이다. 더구나 당시 우리나라 법에서는 소프트웨어는 비용이나 가격을 산정할 수 없는 (무형의) 재산으로 판단하고 있는 지경이었으니 말이다.

제7장
유닉스 기반 운영체제와 행정전산망 주전산기 국산화

행정전산망용 주전산기 국산화 사업계획

행정전산망 사업이 시작되는 단계에서 주전산기 국산화 사업을 '누가 주관해서, 어떻게 수행할 것인가'에 대해서 국가적으로 의견이 분분했었다. 이러한 상황에서 행정전산망 주관기관인 한국데이타통신주식회사(약칭 데이콤)는 이 사업을 2단계로 나누어 수행하기로 계획하였다. 우선, 1단계 개발사업은 주전산기 사용자인 데이콤이 주도하기로 하고, 2단계는 전자통신연구소(Electronics and Telecommunications Research Institute: ETRI)가 맡기로 결정되었다.

그러나 제일 시급한 일은 행정전산망용 주전산기로 적합한 모델을 선정하는 일이었다. IBM과 Tandem을 최우선 대상으로 해서 국산화 가능성을 모색하였다. 그러나 결과는 불가능한 것으로 판단이 내려졌다. 이유는 간단했다. IBM의 경우는 미국의 안보 정책 때문에 기술이전이 불가능하고, Tandem의 경우는 끔찍한 고비용이 필요하기 때문이었다. 다른 군소 컴퓨터업체를 대상으로 따져 보았지만, 모두가 대동소이하든지, 아니면 이미 철 지난 오래된 기술만을 이전해 주겠다는 것이었다.

따라서 주전산기 선정에 대한 방향 전환이 불가피한 상황이었다. 대안으로 제시된 것이 바로 유닉스UNIX 기반 운영체제 컴퓨터를 주전산기로 개발하는 것이었다. 당시 수많은 컴퓨터 운영체제(Operating System: OS) 중 유닉스는 유일하게 일반인에게 개방된, 이른바 개방형 프로그램open source이었기 때문이었다. 문제는 그것이 그동안 세계적으로 연구소의 연구환경에서만 사용되었기 때문에 연구환경이 아닌 곳에서 사용하기엔 여러 가지 문제점을 가질 수밖에 없다는 점이었다. 이러한 점에서 데이콤의 연구진에서도 이것은 사용 불가하다고 생각했었다.

그런데 마침 미국 실리콘밸리Silicon Valley에서 새로운 움직임이 포착되었다. 바로 '새로운 물결New Wave'이라고 불리는 유닉스 사용이 점점 늘어가고 있었다. 바로 유닉스 환경의 상용 컴퓨터를 개발하는 붐이었다. 기존의 컴퓨터회사에서 주요 멤버였던 천재적 기술자들이 경직된 대기업에서 뛰쳐나와 독립하여 자신이 구상하는 미래 컴퓨터를 마음대로 만들고자 하는 것이었다. 이러한 상황에서는 우선 자신이 마음대로 고쳐서 쓸 수 있는 운영체계가 있어야 하였기 때문에 많은 사람에게 소스가 개방되어있는 유닉스 운영체계가 바로 유일한 대안이 되는 수밖에 없었다.

왜냐하면, 당시에 마침 전全 세계적으로 유닉스에 기반한 새로운 상용목적, 즉 연구실험용이 아닌 컴퓨터들이 새로 쏟아져 나오면서 새 물결을 일으키고 있었던 것이었다. 이러한 컴퓨터 업계의 새로운 물결에 힘입어 모델 선정 업무를 책임 맡은 데이콤의 백인섭 박사가 미국의 동·서해안의 실리콘밸리를 여러 차례 방문하면서 적절한 대상 물색을 위한 탐색 작전을 수행한 결과, 가능성을 찾아낼 수 있었다. 마침내 행정전산망에 사용할 주主컴퓨터의 국산화 방법론을 모색해 낸 것이었다. 이것이 바로 유닉스에 기반한 개량된 유닉스를 운영체계로 하는 주전산기를 개발·생산해서 행정전산망에서 사용하는 것이었다.

주전산기 방법론은 다음과 같다. 첫째, 유닉스를 기반으로 하는 개량 운영체제os 가운데 적절하게 새로운 상업용으로 사용이 가능한 개선된 벤처회사의 제품을 선정·사용한다. 이러한 제품은 파일시스템의 취약성을 보완하고, 통신망 소프트웨어와 회계처리를 위한 프로그램을 추가·개발한다. 프로그램 언어는 C와 코볼COBOL을 사용한다. 둘째, 신속한 기술도입을 완료한다. 이를 위하여 개량된 OS 소프트웨어, 하드웨어 생산기술 등과 기술을 (선정된) 벤처기업이 문을 닫기 전에 기술 전수를 완료한다.

운영체제 유닉스로 결정

컴퓨터 운영체제는 사용자의 하드웨어, 시스템 자원system resource을 제어하고 프로그램에 대한 일반적 서비스를 지원하는 시스템 소프트웨어이다. 운영체제는 실행되는 응용 프로그램들이 메모리와 중앙처리장치, 입·출력 장치 등의 자원들을 사용할 수 있도록 만들어 준다. 이용태 사장은 행정전산망을 추진하는 과정에서 행정전산망 주전산기의 운영체제를 유닉스로 채택하였다.[1] 이러한 결정에는 주전산기를 국산화하려는 이 사장의 숨은 뜻이 담겨있었다.

그 당시 우리나라에서 컴퓨터 사용자는 주산기로 IBM을 주로 사용하고 있었으며, IBM 컴퓨터를 사용하면, 당연히 IBM 운영체제를 채택하는 것을 당연한 것으로 여기고 있었다. 그러나 이 사장은 여러 외부 전문가와 (데이콤 연구진과 협력하여) 많은 논의를 거쳐서 그의 소신대로 IBM 운영체제 대신에 유닉스로 결정하였다.

우리나라에서 행정전산망 컴퓨터의 운영체제로 유닉스를 선정한다는 방침을 정하자 뜻있는 극소수의 전문가는 획기적인 결정이라고 환영했다. 그러나 대부분 컴퓨터 전문가 집단에서는 유닉스 결정에 벌집을 건드린 것과 같이 많은 소란이 벌어졌다. 이유는 그 당시 유닉스는 아직 완벽하게 시험이 끝나지 않은 상태에 있었기 때문이다. 아직 시장에서 검증도 되지 않은 유닉스 운영체제를 행정전산망과 같은 국가기간전산망 주전산기의 운영체제로 사용하는 결정을 했으니 혁명과도 같은 일이 벌어졌다. 컴퓨터에 대한 지식이 조금이라도 있는 대부분 전문가는 이 결정은 무모한 짓이라고 비난하고 나서기도 하였다.[2]

그러나 이용태 사장은 뜻있는 컴퓨터 전문가와 행정전산망 구축에 깊게 관여한 정책담당자들과 여러 가지 상황을 면밀하게 검토하고 난 다음, 유닉스를 주전산기의 운영체제로 채택하였다. 그가 내세운 유닉스를 선정한 이유는 비교적 간단명료한 논리, 즉 '그 당시 컴퓨터 분야에서 IBM의 독점지배 체제를 벗어나 우리나라가 정보산업을 가속하여 선진 정보사회로 도약하는 길은 유닉스 운영체제를 채택하는 것이다'라는 것이었다.[3] 주전산기 운영체제의 유닉스 결정과 관련하여 그 당시 체신부 차관이었던 오명 박사는 아래와 같이 회고하였다.[4]

주전산기 운영체제로서 유닉스 결정에 대한 오명 차관의 회고

행정전산망을 이용태 박사가 맡아서 끌고 나가는 과정에서 아주 획기적인 방침을 세웠어요. 다른 나라는 IBM 컴퓨터를 쓰고 당연히 IBM의 운영체제를 그대로 그냥 따서 사용했는데 우리는 아주 독특하게 유닉스를 택한 것이죠. 지금은 유닉스 운영체제가 아주 보편화하여 있지만, 당시에는 유닉스가 처음 나왔기 때문에 위험성이 있다고 보는 시각이 많았죠. 그런데 이 박사는 과감하게 유닉스를 채택했어요.

그 덕분에 반드시 IBM 컴퓨터가 아니더라도 어느 것이든 우리가 마음대로 골라 쓸 수 있는 길을 연 것이죠. 초기 비용은 많이 들어가지만, 전반적인 면에서 볼 때, 비용은 상당히 절감되며, 또한 언제든지 우리가 컴퓨터를 바꿀 수 있는 시스템을 갖게 되었다는 점에서 의미가 큰 것이죠. 당시 엄청난 파문과 마찰이 있어서 이 박사가 큰 곤욕을 치렀지만, 결과적으로 나라를 위해서 큰 희생을 무릅쓴 것입니다. (…)

유닉스 운영체계 반대의견과 채택의 성과

이용태 사장이 행정전산망 사업에 주전산기 운영체제로 유닉스를 채택했을 무렵에는 우리나라 컴퓨터 관련자 99% 정도가 반대편에 있었다. 그 당시에는 유닉스가 대학교 실험실 또는 일부 컴퓨터에 호기심을 가진 몇몇 초기 사용자early adapter가 이용하는 정도이었다. 그리고 은행이나 큰 회사에서는 유닉스를 채택·사용하는 곳이 한 곳도 없었다. 다시 말하여, 컴퓨터 전문가는 유닉스가 일반 상업용으로 사용하기에는 여러 가지로 어려움이 따르기 때문에, 시기상조라고 주장하였다. 따라서 유닉스를 정부의 행정전산망 주 컴퓨터의 운영체제로 채택하는 것을 반대하는 목소리도 드높았다. 또한, 그렇게 큰 국책사업에 주主컴퓨터의 운영체제로 유닉스를 사용한 것이 국내외를 막론하고 그 사례가 없었을 뿐만 아니라, IBM 컴퓨터 사용에 익숙해 있던 컴퓨터 기술자, 학자 등은 유닉스를 새로 학습하여야 했기 때문에 누구보다도 싫어하였다.

그러나 유닉스 운영체제의 채택에는 성과도 따랐다. 이용태 사장은 처음부터 데이콤 사장 자리에 연연하거나 자신의 안위를 위하여 중요한 의사결정 과정에서 몸을 사릴 생각은 추호도 없었다. 정부의 국책사업으로 행정전산망은 우리나라 컴퓨터 발전의 역사에서 초유의 대역사를 기록하는 사업이었다. 이러한 사업에 중책을 맡으면서 이 사장은 자신의 소신을 굽히는 일은 있을 수가 없었다. 누가 무엇이라고 하여도 이 사장은 유닉스를 운영체제로 밀고 나가기로 하였다. 사실은 많은 사람의 반대를 무릅쓰고 컴퓨터 전문가에게 도 생소한 유닉스를 운영체제로 채택한다는 것은 대단한 용기와 결단이 필요 하였다. 결국은 유닉스를 채택하여 사용하였으며, 우리나라 정보산업에서 또 다른 역사가 기록되었다.

이렇게 하여 이용태 사장이 모든 것을 걸고 채택하였던 유닉스 운영체제 는 우리나라 컴퓨터 기술환경을 완전히 바꾸어 놓았다. 역사에는 가정이 없 다. 그러나 그때 유닉스를 채택·도입하지 않았더라면, 지금 우리나라 컴퓨터 환경은 몇몇 외국 컴퓨터회사가 주무르는 식탁이 되어 있을 것이다.[5] 이웃 나 라 일본만 하더라도 유닉스 도입을 늦게 하였기 때문에 이 분야의 기술 인력 이 우리나라보다 적었다. 그것은 앞으로 우리나라가 소프트웨어 산업에서 일 본보다도 우위에 설 수 있다는 것을 의미했으며, 지금도 그 상태는 유지되고 있다. 그 당시 처음부터 유닉스 운영체제를 적극적으로 권장하였던 전길남 박사는 데이콤의 행정전산망 주主컴퓨터 운영체제 선정·채택을 이렇게 평가 하였다.[6]

전길남 박사의 유닉스 운영체제 채택에 대한 평가

물론 IBM의 (컴퓨터) 제조 기술은 세계에서 최고이니까 도움이 되겠지 만, 우리는 그 회사의 기술은 앞으로 우리나라에 큰 도움이 될 것 같 지 않다고 생각한 거죠. 지금 생각하면, (그것은) 맞는 이야기이지요. 지금은 대형컴퓨터를 쓰는 곳이 적습니다. 그러므로 우리가 5년에서

> 10년 정도 앞서간 것이죠. 그 앞서가는 것 때문에 (이 사장이) 고생한
> 것입니다. 지금은 누구나 (유닉스 운영체제로 컴퓨터 작업을) 하지만,
> 그때는 세계에서 유닉스로 해야 한다고 생각한 데는 거의 없었어요.
> (…)

주전산기 톨러런트 기종 선정

행정전산망 주主전산기의 운영체제를 유닉스로 결정하고 난 다음의 과제는
주전산기를 국산화하는 일이었다. 이것은 행정전산망 사업에서 가장 중요한
문제이고, 우리나라 정보산업 기술을 선진국 수준으로 높일 수 있는 획기적
인 과제이었다. 그러나 문제는 주전산기 국산화를 위한 전략과 자금이었다.
이 문제는 웬만한 사람은 꿈도 꾸기 어려운 문제일 뿐만 아니라, 그 실현을
우리나라의 기술 수준으로 담보하기도 어려운 것이었다. 그러한 과제를 실현
하는 것은 마치 전쟁을 치르는 것이나 다름없는 일대 모험이었다. 이러한 모
험을 감행한다는 것은 불굴의 용기와 각오가 필요한 것이었다. 이러한 주변
환경의 어려움에도 불구하고 이용태 사장은 모든 것을 걸고 그 일을 감행하
고 마침내 성공을 거두었다. 우리나라 컴퓨터 발전사에서 새로운 역사가 만
들어지는 사건이었다.[7]

제1차 행정전산망 사업에서 중요한 업무는 행정종합정보시스템 구축과
주전산기 개발이었다. 특히, 행정전산망 핵심과제의 하나는 주전산기를 우리
나라에서 자체 개발하는 것이었다. 이것은 과제 수행에 필요한 컴퓨터 기술
을 자체적으로 개발하고 당시 뒤떨어져 있던 우리나라 컴퓨터 기술 발전을
위한 기반을 마련함과 동시에 미래의 전략산업인 정보산업을 육성하는 목적
도 가지고 있었다. 이러한 숨은 의도를 밝히지 않고 행정전산망에 사용할 주

전산기를 개발하기 위한 데이콤의 노력이 시작되었다.

행정전산망에 사용할 주전산기를 선정하기 위해 데이콤 연구진은 미국 서부 및 동부의 실리콘밸리를 3~4차례에 걸쳐 샅샅이 뒤지는 강행군을 시작했다. 이러한 과정을 거쳐 3~4년 정도 벤처기업으로 활동하던 기업으로 2차 자본 확장이 필요한 적절한 기업을 중심으로 하는 후보군의 명단을 작성했다. 연구진은 이들 후보군을 중심으로 몇 차례의 방문 조사와 협의를 수행한 후, 후보군의 명단에 시퀀트Sequent사의 Balance-21000, 엔마스Enmasse사의 ECS, 앙코어Encore사의 Mutimax, 시콰이어Sequoia사의 Sequoia, 톨러런트Tolerant사의 Eternity 시스템 등을 포함했다.[8]

최종 후보군으로는 엔마스(멀티프로세서 구조와 데이터베이스(DataBase)-기계), 톨러런트(멀티프로세서 구조와 Online Transaction Processing(OLTP) 기계)와 앙코어(멀티프로세서 구조와 병렬기계(Parallel Machine))의 3개 회사가 선정되었다. 연구진은 이들 3개 회사의 컴퓨터의 장단점을 중심으로 여러 차례의 토론과 심사과정을 실시하였다. 이러한 주전산기 기종 선정의 신중함과 진통을 거쳐 우리나라 정보산업의 미래에 초점을 맞추어 기종을 선정하였다. 1987년 6월 미국의 벤처기업이었던 톨러런트를 사업 동반자로 결정하고 기술이전을 포함한 주전산기 공급계약을 체결하였다.[9]

행정전산망 사업이 진행되는 1980년대 중반의 기술환경은 주전산기를 중심으로 주변의 터미널을 연결하여 사용하는 방식이었다. 컴퓨터 이용자는 주전산기의 강자로 자리매김하던 IBM, 후지쯔[富士通] 등의 외국 컴퓨터회사 제품을 주로 사용하고 있었다. 그러나 행정전산망에서 주전산기에 붙여 사용할 단말장치로 더미터미널이 아닌 개인용컴퓨터 형태의 다기능 사무기기를 사용하고자 하였다. 이것은 벤처기업인 톨러런트를 주전산기 개발의 동반자로 선택한 이유로 작용하였으며, 또 하나의 정보통신혁명을 이끄는 황금열쇠로 작용하였다. 이와 관련된 데이콤 백인섭 정보통신연구소장의 회고는 다음과 같다.

정보통신혁명 열쇠: 개인용컴퓨터 형태의 다기능 사무기기 사용

당시 세계적 추세는 주전산기에 전용회선으로 여러 대의 더미터미널을 연결해서 사용하는 단순한 데이터통신의 형태였다. 즉, 이것은 주(主)와 종(從)이 고정된 상태였다. 그러나 우리나라 국가기간전산망에서는 여기에 지능을 갖춘 개인용컴퓨터를 연결함으로써 머슴에 불과했던 더미터미널이 주인과 같은 형태로 작동되어 대화가 이루어지게 된 것이다. 주와 종의 고정 관념에서 탈피해서 다양한 주종관계를 선택할 수 있도록 함으로써 진정한 '정보통신혁명'의 불씨가 되었다.

이와 같은 행정전산망을 추진하는 연구진의 직간접적 의도를 (자세히) 모르는 국내 이용자들은 정부와 벤처기업인 톨러런트 회사와의 계약을 예상 밖의 결정으로 받아들이고 이에 대하여 비판적 태도를 보였다. 당시 행정전산망 사업을 야심 차게 추진하였던 정부가 이미 기술적 시스템이 검증된 다국적기업 컴퓨터를 선정하지 않고 예상외의 신생 벤처기업을 사업동반자로 선정하였기 때문이었다. 이에 톨러런트 기종 선정은 그 적절성을 놓고 정치적 논쟁으로까지 비화하기도 하였다.[10]

당시, 톨러런트의 주전산기는 제품의 안전성을 인정받지 못한 상태였다. 그러나 정부가 이 회사를 사업동반자로 선정한 것은 우리나라에 제품을 공급하는 과정에서 기술을 더욱 안정화하고 이를 통해 벤처기업의 활로를 뚫겠다는 톨러런트 회사의 계획과 주전산기와 함께 기술이전을 받아 독자적인 컴퓨터 기술 발전의 계기를 마련하겠다는 우리나라 정부의 이해가 맞아떨어진 결과이었다. 또한, 톨러런트 회사의 주전산기는 운영체제로 톨러런트의 분산 컴퓨팅 환경에 맞는 유닉스를 채택하고 있었다.[11] 유닉스는 운영체제 프로그램 자료가 공개되어 있어서 쉽게 수정·보완이 가능하다는 믿음도 있었다.

주전산기 기종 선정의 진통과 신중함

행정전산망 구축을 위한 주전산기는 우여곡절을 겪으면서 국산화하기로 결정이 났다. 무엇보다도 국산화 과정을 통하여 우리가 기술력을 향상해야 한다는 것에 공감대가 형성되었다. 일반 시장의 다양한 제품과 같이 정보산업에서도 국산화 기술을 가지고 있다는 것은 사업에서 다양한 이점을 가지고 출발한다. 제품을 사는 과정에서 기술력을 가진 국가와 그렇지 않은 나라의 구매 가격은 엄청나게 다르기 마련이다. 행정전산망 구축 당시의 정보산업에서 IBM이나 미국의 큰 회사들이 우리나라에서 (기술이전을 위한 가격 결정 과정에서) 얼토당토않은 횡포를 부렸던 것은 우리나라가 그들과 같은 첨단기술이 없었기 때문이다. 이러한 사정을 잘 알고 있던 정보산업 분야의 전문가들도 기술력을 향상하여야 한다는 의견에는 공감하였다.[12]

이러한 과정에서 행정전산망 주전산기를 국산화하는 것보다는 소프트웨어 개발에 치중하자고 목소리를 높였던 한국과학기술연구소 성기수成奇秀 박사도 한발 물러서서 국산화에 동의하였다. 그는 한 걸음 더 나아가 이왕에 주전산기를 개발하려면 이참에 슈퍼컴퓨터를 개발하자는 주장을 하기도 하였다. 한국전자통신연구소ETRI는 주전산기 개발을 환영하였으며, 그것을 처음부터 끝까지 자신들이 개발하겠다고 주장하였다. 이외에도 주전산기 컴퓨터 개발을 위한 새로운 의견도 나왔다. 그 당시 주전산기 개발과 관련된 이야기를 데이콤의 백인섭 연구개발실장은 이렇게 회고했다.[13]

> ### 주전산기 개발에 대한 백인섭 실장의 회고
>
> 컴퓨터를 개발하는 것으로 여론을 모으는 과정에서 또 다른 의견이 나왔죠. 한국과학기술연구소(KIST) 쪽은 행정전산망은 (IBM 기종을) 사다가 쓰고, 나중에 슈퍼컴퓨터를 개발하면, 그것으로 바꾸자는 이야기이었습니다.
>
> 또한, KIST는 중앙집중형으로 슈퍼컴퓨터와 같은 대형컴퓨터를 주장하였고, 이와 반면에 데이콤은 분산시스템을 여러 개로 묶는 것을 희망하였죠. 말하자면, 데이콤은 슈퍼 미니컴퓨터를 개발하여 쓰자고 하였고, 그것이 개발하는 데도 안전하다는 주장이었어요. 데이콤이 주도한 일이었으니까 (결국은) 그것으로 결론이 났습니다.

이용태 사장은 행정전산망 주전산기의 국산화를 추진하는 방법으로 징검다리씩 단계별 개발 방법을 생각하였다. 당시 컴퓨터 분야의 전문가 의견이나 환경 여건을 고려할 때, 우리가 단번에 국산 컴퓨터를 개발하기는 어렵다고 판단하였다. 따라서 미국에서 좋은 모형을 하나 골라서 처음에는 기술을 습득하기 위해 그것을 그대로 만들고 차츰 기술을 익혀서 우리가 독자적으로 컴퓨터를 개발한다는 전략이었다. 즉, 좋은 기술력과 제품을 가진 벤처기업의 제일 좋은 모형을 선택·구매하여 기술을 전수한 다음에 우리가 국산화를 이룬다는 것이다. 이 사장은 그러한 벤처기업은 흥망이 담보되지 않으니, 어쩌면 그 기술이 고스란히 우리 것이 될 수도 있을 것으로 전망했었다. 이와 관련하여 데이콤의 백인섭 연구개발실장이 회상하는 세상에 알려지지 않은 흥미로운 이야기, 즉 일화逸話의 한 토막은 다음과 같다.[14]

주전산기 단계별 개발 방법에 대한 백인섭 실장의 회고

(우리는) 행정전산망 주전산기 국산화를 기술적으로 해결하는 방법을 모색하기 위하여 전길남 기술고문과 제(백인섭 실장)가 집중적으로 논의를 해서 이용태 박사가 최종 결정을 내리는 데 도움을 주도록 하였습니다.

(우리가) 행정전산망을 완성하는 것이 주목적이지만, 그 기회에 주전산기를 국산화함으로써 컴퓨터 산업도 일으켜보자는 것이었지요. 말하자면, 두 마리 토끼를 한꺼번에 잡아 보자는 것이죠. 이런 어려운 문제를 어떻게 풀어나갈 것이냐 하는 것이 당면 과제이었어요. 그 한 가지 방법으로써 이 박사는 새로 개발할 국산 컴퓨터를 단계적으로 만들어 보자고 한 것입니다. 우리도 그러한 방향으로 나가도록 도와 드렸습니다.

이같이 행정전산망 주전산기의 선정에는 (약간의) 진통이 따랐으며, 전문가의 토론 과정을 거쳐서 신중하게 선정되었다. 먼저, 행정전산망 개발의 주관기관인 데이콤은 컴퓨터 국산화의 모델로 삼을 컴퓨터 기종과 기술협력을 할 수 있는 회사를 선정하는 일에 착수하였다. 이용태 사장은 우선 미국의 유명 기업들의 대표를 서울로 초청하여 그들에게 당신 회사의 제품을 살 것이니, 그 기술을 우리에게 이전해 달라고 요구하였다. 아래는 당시 데이콤의 백인섭 연구개발실장이 회고하는 설명회 자리의 풍경이었다.[15]

백인섭 실장이 회고하는 주전산기 선정을 위한 설명회 풍경

(데이콤이) IBM이나 텐덤(Tendom) 등과 같은 거대한 회사의 담당자를 초청하여 설명회를 했습니다. 당시 텐덤은 그중 제일 작은 (규모의) 회사

였으며, 회장단, 교수단 등 열댓 명이 왔어요. 그들에게 우리 사정을 말하고, '국가 기술 모델로 줄 수 있느냐'라고 물었습니다. 눈치를 보니까, 첨단기술은 절대로 안 내놓고 못 쓰는 것만 주겠다는 것입니다.

(우리가) 첨단기술을 달라고 하니까, 돈이 얼마나 있느냐고 물어요. 당시의 우리가 가지고 있는 돈은 기계 한 대 값밖에 안 되었어요. 예산이 천만 달러에서 이천만 달러이니까, 그들이 보면 애들이 코 묻은 돈을 가지고 백화점에 가서 다이아몬드를 달라는 꼴이죠. (…)

1986년 5월 주전산기 국산화 개발의 안이 공식적으로 발표되면서 행정전산망 주전산기 기종 선정 작업이 본격적으로 시작되었다. 데이콤의 행정전산망 개발본부에서는 1984년 8월 '행정전산망 개발계획서'를 작성할 때부터 수집해 놓은 사업동반자의 기종에 대한 자료를 가지고, 벤처기업이 몰린 미국 샌프란시스코San Francisco와 보스턴Boston 등지를 샅샅이 뒤지고 다녔다. 그곳에서는 하루에 회사가 백여 개씩 생겨나고 반대로 같은 정도의 숫자만큼 망하는 것이 관행이기 때문에 데이콤의 실무자들은 설립한 지 적어도 1~2년의 고비를 넘긴 회사를 찾아다녔다. 이같이 백인섭 데이콤 정보통신연구소장을 비롯한 연구진은 행정전산망 사업과 미래 대한민국 정보산업 발전에서 도움이 되는 사업동반자를 찾기 위해 노력했었다. 그렇게 하여 주전산기 도입 기종은 엔마스, 앙코어, 톨러런트의 기종으로 압축되었다.[16] 그러나 그중에서 데이콤은 '어떤 회사를 최종적으로 선택할 것인가'라는 문제에 봉착하였다.

당시 행정전산망 주전산기 개발을 위한 사업동반자의 기종 선택에서 데이콤의 백인섭 연구개발실장과 한국전자기술연구소KIET의 전길남 박사는 의견이 달랐다. 백 실장은 엔마스 회사 제품이 낫다고 주장하였으며, 전 박사는 앙코어 회사 것이 더 좋다고 주장하였다. 그 당시 두 사람은 주전산기 국산화의 기술적인 측면에서 이용태 사장의 왼팔과 오른팔처럼 보좌하면서 자문하고 있었다. 그러나 이 문제에서는 두 사람의 의견이 다르고, 서로 한 치의 양보도 없이 맞섰던 것이었다. 신문, 방송을 포함한 여론도 둘로 나누어져이들 두 사람의 기술적 논쟁을 관심 있게 지켜보고 있었다. 다음은 당시의두 사람의 치열한 기술 논쟁에 대한 회고담이다.[17]

행정전산망 주전산기에 기술 논쟁에 관한 회고담

백인섭 본부장: 저쪽(전길남 박사)은 연구진을 대표해서 세계 최고의첨단기술을 찾는 거죠. 그것은 기술자들의 꿈이니까. 그들이 선택한앙코어는 병렬처리 구조 시스템으로서 산업적인 측면에서는 훌륭하지만, 행정전산망정보화에는 안 맞는 것이었죠. 저는 첨단 컴퓨터가 아니라 첨단 컴퓨터응용, 즉 정보화에 맞는 것을 내세우고 행정전산망에필요한 기종을 찾은 것이었고요.

전길남 박사: 내가 주장한 앙코어나 저쪽(백인섭 본부장)이 주장한 엔마스나 다 특색이 있는 컴퓨터이었죠. 그런데 그 당시에는 대부분 IBM기종을 많이 쓰고 있었어요. 결론적이긴 하지만, 기종 결정하는 데 조금은 더 시간 여유가 있었으면, 좋았을 뻔했어요. 기계를 한 대씩 사서한 1년 정도 써보면, 어느 기계가 좋은지 판단하기가 쉽죠. 그런데 그것이 아니고 당장 서비스해야 하니까 그런 여유가 없어서 고생한 것같아요.

이같이 밤낮을 가리지 않고 일 처리에 열중하다가 이용태 사장은 건강이나빠지기 시작하였다. 그래서 1985년 중순부터 1년에 반 정도는 속초에서 요양하면서 회사 일을 처리하여야 하였다. 데이콤의 초대 사장으로서 (그 당시상황에서는) 아무도 모르는 데이터통신 교환망을 설치하느라 무리하였고, 체신보험 전산망 사업을 진행하느라 과로했을 뿐만 아니라, 다른 한편으로는 행정전산망 사업을 진행하는 일에 몰두하다 보니 건강이 더욱 나빠진 것이었다. 이 사장은 체신부에 미리 양해를 구하고 속초에서 요양하면서 업무처리를 하였다.[18]

그것이 가능했던 것은 숙소에 팩시밀리, 컴퓨터 등의 정보통신 기기들을 설치해 놓고 모든 간부에게 적어도 하루에 한 번씩 전자우편e-mail을 보내도록 조치하였다. 그는 오전과 오후에 한 차례씩 컴퓨터의 전자우편을 열람하면서 업무 처리를 하였다. 물론, 전화나 팩시밀리를 이용하여 보고도 받고 지시하기도 하였다. 이같이 이 사장은 서울의 회사에 없는 동안에도 일이 빈틈없이 진행되었다. 이러한 이 사장의 업무수행 방식이 여러 사람의 관심을 끌기도 하였는데, 그것은 우리나라에서 첨단 정보통신기술ICT를 활용한 최초의 재택근무Telecommuting라고도 할 만한 것이었다.

이용태 사장은 속초에서 재택근무를 하는 동안인 1986년 11월 어느 날 행정전산망 주산전기 기종을 선정하는 문제로 팽팽히 맞서면서 기술적 논쟁을 벌이고 있던 백인섭 실장과 전길남 박사를 속초로 불렀다. 그때 주전산기 기종 선정을 위한 마지막 이 사장, 백 실장과 전 박사의 3자 회동의 처음부터 끝까지 과정에 담긴 자초지종의 일화는 아래와 같이 전해지고 있다.[19]

행정전산망 주전산기 기종 선정을 위한 3자 속초회담 일화

하루는 설악산 진부령 근처의 콘도에서 이 박사님이 저하고 전 박사를 불렀어요. 하루 (밤을) 자고는 아침부터 저녁까지 계속해서 싸움을 시키는 겁니다. 서로 말이 다르니까, 이 박사가 가운데 앉아서 내가 듣는 데서 너희들끼리 한번 (논쟁을) 해보라 하시는 겁니다. 상당히 주장이 강한

당사자가 각각의 전문적인 견해를 가지고 직접 붙었던 거죠. 조금 격앙 되는 듯하면, 이 박사가 중재하고, 다음 주제로 넘어가곤 했어요.

저나 전 박사 둘 다 대통령이 하라 해도 절대 그런 지루한 말싸움, 즉 전문기술 논쟁에는 응하지 않을 텐데, 이 박사가 하라고 그러니까 온종 일 토론을 벌인 겁니다. 저는 '엔마스'를 주장하였고, 전 박사는 '앙코어' 를 고수하였다. 한편, 제3의 기종인 '톨로런트'도 후보에 올라왔었지요.

이렇게 양쪽의 의견이 끝까지 맞서 결론이 안 나니까 참다 참다 못한 이용태 박사가 그럼 '톨로런트'는 괜찮냐고 양쪽에 물었어요. 저는 그 것이 '앙코어'보다는 낫다고 하였고, 전 박사는 '엔마스'보다는 '톨로런 트'가 낫다고 했어요. 그러니까 이 박사님이 그러면 기종을 '톨로런트' 로 선정한다고 결론을 내렸던 거예요. (…)

결국, 이용태 사장은 행정전산망 주컴퓨터 기종 선정을 위하여 이 분야 전문가 두 사람을 속초로 불러서 자신이 지켜보는 가운데 전문기술에 대한 일대일 치열한 결투(?)를 벌이게 하였다. 이 기술 논쟁의 판정은 무승부로 끝 나면서 제3의 기종인 미국의 톨러런트사의 기종이 행정전산망 주전산기로 선정되었다. 이러한 전문기술에 대한 합리적인 논쟁을 통해서 볼 때, 논쟁 당 사자인 두 전문가의 진리를 향한 굽힐 줄 모르는 소신은 대단한 것이었다.

또한, 이러한 토론의 장場을 손수 마련하고 토론 과정을 참을성 있게 지 켜보면서 양쪽이 모두 승리하는 타협안을 끌어낸 이 사장의 인간적이고 민 주적인 결정 방식도 높이 평가되어야 할 것이다.[20] 그리고 이 정보통신에 관 련된 전문기술 분야에서 결투(?) 사건은 데이콤의 역사와 우리나라 정보통신 사에서도 기록으로 남길만한 일화라고 할 수 있다.

행정전산망 주전산기 개발과정

행정전산망 주전산기 기종 선정 과정에서 여러 가지 진통을 극복하고 신중하게 톨로런트사를 컴퓨터 국산화의 사업동반자로 선정하였다. 그 후 데이콤은 톨로런트사의 제품을 모형으로 하여 그와 똑같은 기능을 가진 주전산기 컴퓨터를 개발하기 시작하였다. 그 개발사업은 1987년 6월부터 시작하여 4개년 계획으로 추진되었다. 주전산기 국산화 사업은 한국전자통신연구소(Electronics and Telecommunications Research Institute: ETRI, 1997년 한국전자통신연구원으로 명칭 변경)의 주관하에 금성사, 대우통신, 삼성전자, 현대전자산업의 4개 기업이 참여하여 공동으로 시작되었다.[21]

이 지점에서 우리는 반드시 확인하고 넘어가야 할 일이 하나 있었다. 그 당시 우리나라의 컴퓨터 산업을 주도하던 삼보컴퓨터가 이 주전산기 개발 업체로 선정되지 않은 점이다. 삼보컴퓨터는 당시 우리나라 컴퓨터 개발사업의 선두 주자이었기 때문에 당연히 참여할 수 있는 자격이 있었다. 그러나 이용태 사장은 기종 선정 과정에서 겪은 진통과 특혜와 관련된 세간의 수군거림을 불식하기 위하여 자신이 설립한 삼보컴퓨터를 참여하지 않도록 하는 용단을 내렸다. 컴퓨터 국산화 사업에 삼보컴퓨터가 참여함으로써 본의 아니게 발생하는 오해로 인하여 국가의 큰일을 그르치고 싶지 않았기 때문이다.[22] 개인의 이익보다는 국익을 먼저 생각하는 이 사장다운 처신의 결과라고 할 수 있다.

행정전산망 주전산기 국산화 사업의 책임은 ETRI의 오길록 박사팀이 맡았다. 그러나 톨로런트사는 컴퓨터에 관한 설명서manual가 없었다. 기술은 그 회사 기술자들의 머릿속에 있었다. 따라서 ETRI와 참여 업체들은 기술 전수를 위하여 1년에 몇십 명씩의 실무기술자를 그곳으로 보내어 톨로런트사 사람들의 머리에 있는 기술을 통째로 배워오도록 하였다.[23] 이러한 과정을 거쳐 개발된 행정전산망 국산 주전산기가 타이컴(TIghtly COupled Multiprocessing computer system: TICOM)이다. [24]

타이컴은 1987년 6월부터 1991년 7월까지 4년간 정부가 100억 원, 기업이 235억 원을 투자하여 총연구비 335억에 연인원 932명의 연구 및 행정인력이 투입되어 개발된 중형급 다중프로세스 컴퓨터시스템이었다. 타이컴은 주전산기 개발사업에서 두 번째로 개발된 것이었기 때문에 통칭 주전산기Ⅱ로 부르고 있다. 반면, 주전산기Ⅰ은 미국 톨러런트사에서 기술을 도입하여 국내에서 생산·보급한 톨러런트 이터니티 시스템(Tolerant Eternity System)을 말하고, 주전산기Ⅲ은 1991년 7월부터 1994년 1월까지 2년 6개월 동안 개발된 고속중형컴퓨터를 의미한다. 그 후에도 주전산기 개발사업은 고속병렬 구조를 채택하고 있는 주전산기Ⅳ 개발을 중심으로 계속되었다.[25]

타이컴이 국내에서 독자적으로 설계·개발한 슈퍼미니급 컴퓨터로서 산업 및 기술 응용 분야에서 사용할 수 있는 범용컴퓨터였다. 그러나 불행하게도 우리가 독자적으로 개발한 타이컴이 꽃을 피우기도 전에 컴퓨터 기술개발의 방향이 주전산기 대신 클라이언트-서버 방식으로 바뀌면서 주전산기는 더는 자리를 잡지 못하고 사라지는 운명을 맞게 되었다. 이러한 기술환경의 급속한 변화도 톨러런트사의 기술 및 유닉스 시스템을 내재화하여 국산서버와 운영체제를 개발하는 데 실패한 하나의 원인이라고 할 수도 있다.[26] 컴퓨터 분야에서 미래를 예견하면서 새로운 기술개발을 선도하는 지도력leadership의 중요함을 일깨워주는 사례다.

1980년대 후반에 청와대 경제비서실 과학기술 비서관으로서 국가기간전산망 사업의 기획·설계에 깊이 관여하였던 홍성원 박사는 그 무렵 주전산기

사업을 회고하면서 '미운 오리 새끼'에 비유하기도 했었다. 주전산기 개발사업의 원대한 비전과 이를 이해시키는 데 실패하고, 진행 과정에서 여러 가지 오해와 어려움을 겪은 후에 개발된 기계이었기 때문이다. 이와 같은 과정에서 개발한 주전산기Ⅰ를 국민연금관리 사업에 투입, 실패로 끝나자 그의 눈에는 주전산기Ⅰ이 마치 애물단지 내지는 '미운 오리새끼'처럼 보였을 수도 있었다. 그러나 주전산기Ⅱ를 개발하기까지는 톨로런트사의 주전산기Ⅰ 조립과정에서 축적한 경험과 기술이 기초가 되었다. 또한, 그렇게 이전받은 기술이 이후 우리나라 정보기술 산업 발전의 밑거름이 되었음도 부정할 수 없는 사실이다.[27]

그러나 타이콤 개발은 그 당시 수행된 산·학·연 협동연구개발 사업 가운데 대표적인 성공사례의 하나로 꼽혔다.[28] 행정전산망의 주전산기로 사용하기 위한 기종을 선정하는 초기 단계에서 한국전자통신연구원ETRI은 참여하지 않았다. 이러한 상황은 숙고의 과정을 거듭하면서 결정되었으며, 묵시적으로는 톨러런트를 주기종으로 선정하는 것이 확정된 후에 ETRI의 일부 사람들도 참여하였다. 이러한 미묘한 상황 전개로 인하여 초창기 주전산기로 사용된 톨러런트의 안정화 과정에서 ETRI가 참여하지 않아서 그 책임을 데이콤 행정전산망 사업단이 져야 하는 결과를 가져왔었다. 이같이 대규모 국책 사업이 진행되는 과정에서 일어나는 문제 해결에서 더 큰 어려움에 직면할 수도 있다는 사실도 알고 있어야 하며, 향후 대규모 기간 사업의 기획·실행에서도 참고하여야 할 것이다.

요약하여, 〈전자신문〉이 전하는 '정보통신 비사 소리 없는 혁명 (29)'에 실린 행정전산망 주컴퓨터 개발과 관련하여 우리에게 잘 알려지지 않은 이야기는 다음과 같다.[29]

정보통신 비사, 소리없는 혁명

행정전산망사업용 컴퓨터로 선정된 '톨러런트' 기종이 문제의 컴퓨터로 대두된 것은 '국민연금관리' 업무를 전산화하는 과정에서 고장이 잦아 말썽을 일으켰기 때문이다. 선정 당시부터 무명의 회사 제품이라 해서 의혹의 눈초리를 받아왔던 이 기종이 초기의 운용 과정에서 자주 고장을 일으키자 참새들이 입방아를 찧기 시작했고, 급기야는 그것이 1천 5백억 원이라는 행정전산망 사업의 자금 규모와 연결되어 제5공화국 비리로 비화 되었다.

'국민연금관리' 업무는 애초에는 행정전산망사업 1단계 사업에 포함되지 않았다. 그런데 1987년 4월 전산망조정위원회가 이 사업을 추가하기로 결정함으로써 1단계 사업에 끼이게 되었다. 애초에 국민연금 사업은 새 정부가 들어서는 1988년 이후에 실시하기로 되었다.

그러나 1987년 12월로 예정된 대통령선거를 앞두고 근로자들의 표를 의식하여 국민연금사업을 1년 앞당기기로 한 정부의 방침에 따라 추가되었다. 이 사업을 1년 앞당기려면 상당한 자금이 필요한데, 그 자금이 예산에 반영돼 있지 않자, 재원 확보 방안으로 '선투자 후정산'을 원칙으로 하는 행정전산망 사업에 끼워 달라는 경제기획원 측의 요청에 따라 청와대의 홍성원 비서관이 영향력을 발휘했다.

또한, 사전 준비가 없었던 탓인지 국민연금관리 업무의 전산화는 시작부터 고장을 일으키며 말썽을 부렸다. 그럴만한 몇 가지 이유가 있었다. 우선 새 기계를 들여오면 현지 적응을 하는데 상당한 시행착오 기간이 필요하다. 이 과정에서 운용 미숙이 또 하나의 장애로 작용한다.

그러나 그러한 것들은 상식적인 이유에 불과했다. 보다 근본적 이유는 그 기종 자체가 그 업무에 맞지 않다는 데 있었다. 국민연금 업무를 전산화하는 데 있어서 그때까지 취급해온 방법은 배치(Batch)처리였는데, 톨러런트 기종은 온라인처리(OLTP)용 이었다. 따라서 그 업무 취급방식과 기계가 서로 맞지 않았다.

여기에 추가하여 더욱 중요한 이유는 기술 외적인 데에 있었다. 국민연금관리공단의 업무 자체가 정확하게 정의되어 있지 않았다. 즉, 국민연금관리 업무 자체가 아직 제도상으로 완비되지 않았다. 따라서 그 업무를 전산화하려면 사전에 정의해야 할 사항이 너무 많았다. 이러한 이유로 그 당시 IBM 컴퓨터를 도입했다 하더라도 제대로 작동하지 않았을 수도 있다는 것이 데이콤 백인섭 소장의 주장이었다. 실제로 톨러런트 기종을 가지고 6개월 정도 씨름하다 결국 IBM 기종으로 교체했는데 IBM 컴퓨터가 제대로 작동하는데도 2~3년의 시행착오 기간이 필요했다.

"검토 대상이 된 어느 기종을 선정했더라도 초창기 기능의 신뢰성에는 문제가 있었을 겁니다. 톨러런트 기종이 유독 나빠서 그런 것이라고 덮어씌운 점은 있었지만, 어느 기종을 선택해도 말썽을 일으켰을 거예요. 안정화가 안 돼 있는 것은 마찬가지였으니까요. 어느 기종이라도 연금관리 업무의 데이터베이스(DB)를 처리하는 일에는 적합하지 않았습니다. 그 업무 자체가 정리가 안 돼 있었고, 또 업무 자체에 그 적은 기종이 맞지 않았으니까요." 전자통신연구소 주전산기개발본부장 오길록의 말이었다.

그러나 톨러런트 기종이 말썽을 일으킨 더 큰 현실적인 이유는 다른 데 있었다. 국민연금관리 업무의 전산화가 거론될 때, 이미 IBM이 깊이 관여하고 있었다. 국민연금관리공단의 전산 부서에는 의료보험관리공단에서 많은 실무자가 넘어왔는데 그들은 IBM 컴퓨터에 익숙해 있던 터라 당연히 IBM 컴퓨터를 사용할 것으로 생각했다. IBM 또한 국민연금관리공단과 같은 큰 고객을 놓칠 리 없었다. 따라서 공단의 실무자들과 IBM측은 IBM 컴퓨터의 도입을 전제로 서로 왕래하며 교육까지 마친 상태였다. 그러한 형편인데 느닷없이 듣지도 보지도 못한 톨러런트 기종을 사용하라는 명령이 떨어지니 실무자들이 반길 리 없었다. 아니, 전산 업무를 데이콤에 맡길 경우, 전산 부서 자체가 해체될 우려가 있으므로 기를 쓰고 반대하지 않을 수 없었다. 그것이 데이콤으로는 최대의 애로였다.

"컴퓨터 프로그램을 만들어 돌리면 쉽게 안 돌아갑니다. 그러한 것을 만드는 사람과 쓰는 사람이 상당 기간 참으면서 고치고 안정시켜 운용하는 것이거든요. 또한, 컴퓨터 프로그램이란 수십만 줄 암호를 쓰는데 운용하는 동안에 순서를 잘못 파악하면 돌아가다 서지 않습니까. 이런 일이 생기면 이용자와 공급자가 마주 앉아 차근차근 풀어가야 합니다."

일반적으로 정부 부처에서는 컴퓨터를 쓰는 사람이 공급자와의 계약을 자기 손으로 합니다. 그러니까 공급자와의 관계가 좋습니다. 컴퓨터가 잘못 돌아간다면, 쓰는 사람의 책임도 있으니까요. '컴퓨터가 잘 안 돌아가면 네 책임이다'하는 소리를 들으니까 속으로는 고추장을 담그더라도 바깥으로는 쉬쉬하며 감싸 주죠.

그러나 데이콤의 경우는 정반대였어요. 고맙게 생각하지도 않는 상대이기 때문에 뭐 하나 잘못되면 데이콤이 잘못했다고 동네방네 다니며 외치는 겁니다. 그것이 말할 수 없는 고통이었죠. 그나마 장관이나 국장 등 정책을 결정하는 사람들이 데이콤을 통해 행정전산망 사업을 추진하는 이유를 충분히 이해하고 감싸주면 되는데, 그렇지도 못했거든요. 그러니까 한 마디로 사면초가였죠." 이용태 사장의 이야기였다.

톨러런트 컴퓨터에 대한 국민연금관리공단 실무자들의 불평이 터져 나오자 등 뒤에서 불난 집에 부채질하는 그룹이 있었다. 톨러런트 제품에 결정적인 하자가 있으며, 그 제품의 도입 과정에 모종의 흑막이 있는 것처럼 몰아붙이는 기사가 여기저기서 터져 나왔다.

기사의 내용이 전문가가 아니면 이해할 수 없는 기술적인 내용을 담고 있어 어느 한 그룹의 전문가들이 기사 내용을 흘리고 있다는 것을 알 수 있었다. 시간이 흐름에 따라 이러한 의혹설은 1천 5백억 원이라는 막대한 행정전산망 사업예산 규모와 어울려 증폭되다가 드디어 국회에까지 비화 되었다.

제6공화국 정부가 출범한 후, 오랜만에 부활한 국회의 국정감사에서 야당의 김정길 의원이 주전산기 도입에 관한 의혹을, 그 후에도 의혹설은 심심찮게 제기되어 급기야는 제5공화국 비리로 몰아가는데도 책임지고 나서 답변하는 행정부 측의 책임자가 없었다. 행정전산망사업의 주관부처인 총무처 장관은 "톨러런트 기종 선정 과정에 대해서는 잘 모른다"라며 발뺌했다. 과학기술처 장관 역시 "주전산기 개발 문제라면 답변할 수 있으나 톨러런트 기종 선정에 대해서는 알 수 없다"라며 답변을 피했다. 그러자 오명 체신부 장관이 나서서 답변했다.

행정전산망사업 추진전담기관은 데이콤이었지만, 그 사업은 정부 각 부처의 사업에 해당하였으니만큼 전체적인 총괄 업무는 총무처에 맡겼다. 그러나 실질적으로 이 사업에 대한 정책 결정을 한 것은 대통령비서실장을 위원장으로 하고 관계부처 차관과 청와대 수석비서관들을 위원으로 하는 '국가기간전산망조정위원회'였으며, 그중에서도 간사인 홍성원 비서관이 핵심적인 역할을 했다. 그렇게 본다면 체신부는 행정전산망 사업과 직접적인 관련이 없으며, 또 주전산기 도입 기종의 선정 작업에도 관여하지 않았다. 다만, 체신부는 사업전담기관인 데이콤의 감독 부처라는 점에서 간접적인 관계를 맺으며 측면 지원을 해주었다.

1988년 2월 제6공화국 정부가 들어서면서 정부 각료들이 대부분 교체되었다. 따라서 대통령비서실장을 비롯한 관련 각료들이 행정전산망 사업에 대해 아는체하기도 싫었지만, 유독 오명 체신부 장관만큼은 제5공화국 정부에서 제6공화국 정부로 넘어가면서도 그 자리를 유지하고 있어 약간의 책임을 느끼고 있었다. 그런데 톨러런트 도입 문제가 청문회 정국으로 돌입하려는 데도 나서서 답변하는 사람이 없자 "누군가 답변을 해서 가라앉혀야지 다 피해 버리면 정말 잘못된 프로젝트로 증폭되겠구나"하는 우려에서 그는 국회에 출두하여 답변했다. 그러자 그가 톨러런트 도입의 원흉으로 낙인찍혀 그 문제가 대두될 때마다 국회에서 그를 불러들였다.

하루는 "체신부는 톨러런트 기종 도입과 관련, 대통령에게 결재받은 문서를 감추기에 급급하다"라는 내용의 가십 기사가 모 일간지에 보도되었다. 그러자 국회에서 오 장관을 불러 그 문서를 내놓으라고 다그쳤다. 물론 그러한 사실이 없으므로 그는 "그런 일이 없다"라고 대답했다. "신문에도 났는데 왜 거짓말을 하느냐?"며 모 의원이 다그치자 그는 정색하며 대답했다.

"제가 의원님 나라의 장관입니다. 어떻게 삼류 신문에 보도된 내용을 믿고 의원님 나라의 장관이 한 말은 믿지 않습니까?" "딴 사람은 다 대통령 결재를 받는데 오 장관은 대통령 결재를 안 받았단 말입니까?" "지금 대통령 결재를 받아 무슨 문제가 생길 때, 모면하느냐, 안 하느냐가 중요한 게 아니고, 10년, 20년 후에 통신 전문가들에게 어떻게 평가받느냐 하는 게 중요합니다. 죄송한 말씀이지만, 저는 전문가고 대통령은 전문가가 아니신데 어떻게 전문가가 아닌 대통령이 문제를 책임지겠습니까. 책임질 사람은 저니까 제가 사인한 겁니다." 결재문서 건이 궁지에 몰리게 되자 이번에는 행정전산망사업용 예산 1천 5백억 원을 정치자금으로 유용한 것이 아니냐며 물고 늘어졌다. 그러자 오 장관은 언성을 높여 가며 단호하게 맞대응했다.

"예산은 1천 5백억 원으로 책정돼 있지만, 지금까지 실제로 쓴 돈은 87억 원밖에 안 됩니다. 그 87억 원이란 것도 컴퓨터를 구매한 돈인데, 그 돈에서 정치자금으로 쓸 돈이 몇 푼이나 되겠습니까. 이 프로젝트는 내가 직접 한 게 아니고 젊은 사람들이 의욕적으로 추진한 것인데 내가 보기에는 아주 잘한 겁니다. 이번 기회에 컴퓨터도 국산화하고, 어느 나라 컴퓨터도 마음대로 선택할 수 있게끔 유닉스를 OS로 채택했는데, 이렇게 좋은 게 어디 있습니까. 이 프로젝트가 국가 발전에 굉장히 중요한 역할을 할 텐데, 만약 국회에서 이것을 문제 삼아 이 프로젝트가 죽는다면 우리나라 발전을 몇 년 후퇴시키는 겁니다. 어차피 우리는 정보화사회로 나아가게 되는데, 국회에서 브레이크를 걸어 이 프로젝트를 못 하게 한다면, 국회가 역사 앞에 죄인이 될 겁니다." 그렇게 해서 불꽃처럼 타오르던 의심의 여론을 잠재울 수 있었다.

그 무렵 그동안에 추진해 오던 주전산기의 국산화가 결실을 보면서 국산 중형 컴퓨터 제1호기가 그 모습을 드러냈다. 그러나 오 장관은 금성사, 대우통신, 삼성반도체통신. 현대전자 등 4개의 생산회사에게 대대적인 기종 발표회를 요청했다. 그리고 국회 교육체육분과 위원들을 초청했다. 크기는 가로 55.9cm, 세로 85.1cm 높이 120.6cm에 불과하지만, 성능은 이미 잘 알려진 IBM 4361의 기종과 다를 것이 없는 국산 슈퍼미니컴퓨터를 구경한 어느 의원이 "앞으로 톨러런트 문제를 가지고 떠드는 놈은 촌놈이다"라고 농담하자 다른 의원들도 고개를 끄덕이며 수긍하는 체했다. 1988년 10월의 일이었다. 그 후 톨러런트 문제를 가지고 국회에서 재론하지 않았다.

제8장
행정전산망 사업의 어려움과 성과 및 정보통신 선진국 진입

행정전산망 사업에서 겪은 수많은 어려움

이용태 사장이 데이콤에서 행정전산망 사업을 진행하는 과정에서 겪은 어려움은 이루 말로 표현할 수 없을 정도였다. 이들은 행정전산망 운영을 위한 전산본부 구축의 어려움을 포함하여 다양한 곳에서 끊임없이 뒤따르는 반대의견, 비난, 중상모략 등과 관련되었다. 그러나 이들 어려움은 이 사장의 전문기술에 기초한 미래를 바라보는 선구자적 식견과 아무 근거 없는 뜬소문에 기초한 일부 전문가의 불평·불만에서 나오는 비협조, 외국 컴퓨터 제조업체의 중상모략과 압력, 정확하지 않은 사실에 기초한 언론 보도, 관계기관에 의한 시달림 등과의 사이에서 비롯되는 것이 대부분이었다. 그것들이 허무맹랑하고 악의에 찬 비난과 모략이었음이 모두 밝혀졌지만, 그러한 낭설로 인하여 이 사장과 데이콤 사람들은 마음고생이 이만저만이 아니었다.[1] 다음에서 행정전산망 추진과정에서 발생한 몇 가지 어려움을 기술한다.

첫째, 행정전산망 구축·설치를 위한 공간 확보 문제이다. 행정전산망 사업본무는 전국 15개 시도市道, 관세청, 교통부(현재 건설교통부), 중앙전산본부 등을 중심으로 19개의 행정전산망 본부를 구축하고 시·군·구, 읍·면·동을 합쳐서 4,084개의 전산실을 구축하였다. 그리고 13,069개의 개인용컴퓨터, 멀티플렉서(multiplexer: MUX), PAD, 네트워크 단말기(Network Computer: NC) 등의 통신장비 13,252대를 설치하여 통신망을 구축하였는데 전체 통신회선의 수는 5,481개였다. 여기에 설치할 주전산기는 총 160대가 되었다. 이것을 구축하고 설치하는 것도 어려움 가운데 하나였다.

먼저, 전산실을 구축할 장소인 사무실이 충분하지 않았다는 것이다. 그래서 기존 공무원이 사용하고 있던 사무실을 비우고 그곳에 행정전산망 전산실을 만드는 작업을 하기가 어려웠다. 공무원들은 자신들이 원해서 하는 정보화 작업도 아닌데 사무실 공간만 좁아지고 불필요한 기기를 설치하여 관리만 어렵게 될 것이라 걱정했다. 다음으로 전산실 구축할 업체의 선정 작업에 각종 협박성 의뢰와 청탁이 많았다. 그러한 상황에서도 더욱 공정하게 처리하기 위해서 세심한 노력이 필요하였다. 마지막으로 전산실을 만들기 위해서 직원들이 상주하여 감독하고 검사를 하여야 하는데 그들의 주거와 식사를 마련하는 방법도 많은 어려움이 있었다.

특히, 전산실 구축을 위해서 단말기와 통신장비를 직원들이 가지고 가서 4,000여 곳에 설치하여야 하였는데 이동하면서 각종 교통사고와 안전사고로 직원들이 몸을 다치는 사고가 자주 발생하였다. 설치한 기간도 계획보다 많이 소요되었으며, 각종 재난에 대한 사후 처리에도 많은 시간과 노력이 필요하였다. 이 과정에서 행정전산망 전산실을 구축하는 본부는 개별적으로 친분이 있던 모든 사람에게 도움을 청하였고, 시·군·구의 공무원 가족들에게도 많은 도움을 청하였다. 그들은 주저하지 않고 도와주었으며, 이러한 도움이 최악의 상황을 벗어나는데 도움이 되었다.

둘째, 근거 없는 소문과 중상모략이다. 처음부터 행정전산망 주전산기 개발을 반대하는 의견을 가진 사람들과 이해당사자들이 입을 맞추어 제기하는 모함이다. 특히, 이러한 낭설과 모함이 언론에 보도되면서 관계기관에서 해명을 요구하면, 업무에서 막대한 지장이 초래되었다.[2] 그 당시 국가적 사업에서 이러한 낭설과 모함이 끊이지 않고 있는 현실은 비통할 따름이었으며, 아직도 이러한 행태는 개선이 되지 않고 있다. 주전산기 개발을 처음부터 반대하는 의견을 가진 사람들과 이해관계를 같이하는 사람들은 서로 의기투합하여 오명 체신부차관, 홍성원 청와대 과학기술비서관, 이용태 사장을 비롯하여 데이콤의 주전산기 도입에 관련된 몇몇 연구원을 모함하였다.[3]

이 과정에서 대검찰청은 제5공화국의 비리 척결 차원에서 이철수 본부장을 소환하여 자초지종을 캐묻기도 하였다. 물론 근거가 없는 뜬소문임이 밝혀졌지만, 이 사장으로서는 이러한 행태에 입맛을 다시면서 씁쓸할 따름이었다. 기자가 사실을 확인하지 않고 기사를 작성·보도했다고 하여 검찰에 불려가서 조사받지는 않았을 것이다. 누군가가 배후에서 이해관계자가 얽혀있는 사람들이 모함이나 투서를 작성했기 때문이었을 것이다. 따라서 이용태 사장은 이러한 근거 없는 낭설에 기초한 모함을 불식시키기 위하여 그 당시 체신부와 과학기술처(현재 과학기술정보통신부로 확대·개편)를 출입하는 기자단을 비롯하여 컴퓨터 전문지 기자단을 소집하여 인터뷰하였다. 백인섭 데이콤 정보통신연구소장은 그 당시의 근거 없는 중상모략과 관련된 인터뷰 실상을 아래와 같이 요약하였다.[4]

백인섭 본부장이 기억하는 근거 없는 중상모략

(데이콤이) 기종을 결정하고 도입할 때, 정치자금을 뜯었다는 악성 뜬소문이 떠돌고 그것이 여과 없이 신문 기사로 보도되고 있었어요. 기자들이 너무 떠들어대니까 이용태 박사님이 기자들을 한자리에 불렀어요.

그랬더니 그것이 일종의 청문회와 비슷한 분위기가 되었어요. 이 박사님이 말씀한 요지는 이러한 것이었어요.

우리가 (주전산기 기종을 선정하기 위하여) 뛰어다닐 때, 예산이 모두 천만 달러 정도밖에 없었다. 그 예산을 가지고는 IBM 같은 큰 회사 제품은 큰 것 한 대 정도나 살 수 있을 뿐이다. 그러한 형편에서 기술이전까지 해 주는 벤처회사 제품을 찾으려고 얼마나 고생하고 다녔는지 아느냐?

그러한 벤처기업 제품은 품질은 참신하고 좋은 것이지만, 그 회사 사람들은 자금이 모자라 고생한다. 그들은 광고를 많이 할 재력도, 손님을 접대할 능력도 없는 사람들이다. 그래서 (데이콤 관련자들은) 자기 돈을 써 가면서 아무 연고도 없는 막막한 미국 땅에서 마치 보물찾기라도 하듯이 그러한 벤처기업들을 찾아다니느라 고생했던 기술자들에게 수고했다는 말은 못 할망정 (중상모략으로) 헐뜯는 보도를 하느냐고 울분을 터뜨렸지요. (…)

그러나 그 당시 사정을 정확하게, 사실 확인을 하지 않고 기사를 작성한 기자들의 배경에는 우리나라에 진출한 외국 컴퓨터회사의 대리점 사람과 그와 관련된 이해당사자들도 있었다. 이들에게는 사업의 과정에서 책상 아래에서 검은돈이 거래되는 일이 너무나 비일비재하였던 실상이었기 때문에 사리 판단을 무시하고 (주전산기 도입과정에서) 무조건 비리가 있다고 떠들었다. 이와 관련하여 데이콤의 백인섭 정보통신연구소장이 밝힌 주전산기 개발 방법론 아래와 같다.

행정전산망 주전산기 개발 방법론

행정전산망 사업추진 전담 기관인 데이콤은 '전산기는 외국 기종을 활용하지만, 궁극적으로는 국산화를 목표로 한다'라는 원칙을 내세우고 도입 기종의 선정 작업에 나섰다. 그러니까 1백% 기술 전수를 해준다는 조건으로 외국 기종을 도입하여 일부는 그대로 사용하고 나머지는 국내에서 조립생산부터 시작하자는 것이었다.

그 당시 기종 선정의 대상이 되는 외국의 컴퓨터회사는 크게 세 등급으로 나눌 수 있었다. IBM이나 데크(DEC), 유니시스(Unisys) 같은 거대 기업이 1등급을, 프라임(Prime)이나 탠덤(Tandem) 등이 2등급을, 그리고 새로운 물결(new wave)로 부상하면서 신제품을 생산하는 모험기업(venture)들이 3등급을 이루고 있었다.

그중 IBM 등 일류 회사들은 소프트웨어 운영체제(OS) 기술이전을 할수 없다는 의사를 분명하게 하였기 때문에 처음부터 그들은 검토 대상에서 제외되었다. 탠덤 등 이류 회사는 기술이전을 할 의사는 보였으나, 그들이 주려는 소프트웨어 기술이 최신 모델의 첨단기술이 아니라, 이미 구형 기술이거나, 아니면 그 값이 엄청나게 비싸다는 사실을 알고 포기하지 않을 수 없었다.

사정이 이렇다 보니 자연히 소프트웨어가 개방되어있는 유닉스 OS를 기반으로 개량을 도모하고 있는 소위 모험기업의 제품을 생산하는 삼류 회사를 상대하게 되었다. 그런데 이건 당시 환경에서는 사실상 유일무이한 대안이었다. 소스(source)가 모두에게 개방되어있는 운영체계는 유닉스가 유일무이했기 때문이고, 우리 실력으로는 불가능한 유닉스 운영체제의 문제점을 개선하기 위해서는 당시 개량 유닉스 제품을 만들고 있는 미국의 모험기업에 투자해서 공동개발을 통해서 기술을 빠르게 습득하는 게 유일한 방법이었기 때문이다.

그 경우에 가장 큰 문제점은 그들이 언제 망할지도 모르는 모험기업이라는 점이었다. 이것은 얼핏 보면 문제점이지만, 잘만 활용한다면,

오히려 우리나라에 크나큰 기회가 될 수도 있는 것이다. 그렇게 되면, 공동으로 개발한 운영체제가 100% 우리의 소유가 될 수가 있기 때문이다.

이러한 과정에 정권이 바뀌면서 오명 체신부차관은 국회에 불러나가서 자초지종을 해명하기도 하였다. 그 당시 오명 차관은 소신 있는 자세로 국회의원들의 질문에 당당하게 대처하였다. 오명 차관은 그 당시를 이렇게 회고하였다.[5]

오명 차관의 국회 답변

(행정전산망) 주컴퓨터 모델 기종을 선정하는 과정에서 좀 잡음이 생기고 그것이 증폭되어 제6공화국이 들어선 뒤에 정치자금으로 흘러갔다는 낭설이 야당 국회의원의 귀에까지 들어갔던 모양입니다. 야당 사람들이 공격을 심하게 해서 정부로서도 상당히 어려움을 겪었어요. 그런데 그 문제에 대하여 해명하고 방어할 사람이 없어요. 그래서 제가 나서서 국회에서 (국회의원들의 질문에) 답변했죠.

(행정전산망 구축과정에서) 주전산기를 국산화하는 것은 장기적으로 봐서 국익에 커다란 도움이 됩니다. 그런데 자꾸 문제 삼는 것은 도대체 무엇을 위한 일입니까? 오히려 지금 주전산기 국산화를 위하여 고생하고 있는 사람들을 여러분들이 격려해야 옳은 일일 것입니다.

그랬더니 제가 완전히 (정치자금과 관련된) 원흉으로 몰려서 언론이 계속 공격하는 것입니다. 그런데 그것이 당시 정보통신에 종사하는 사람들이 단합하는 계기가 되었어요. 잘못하면, 모든 사람이 전부 큰 죄를 뒤집어쓰는 그런 분위기이었으니까요. 결과적으로 행정전산망은 대성공 작품이었고, 그 당시는 행정전산망을 구상하는 여러 나라에서 우리나라로 견학과 (자문을) 요청하는 정도가 된 것입니다.

셋째, **전문가들의 불평불만이다.** 행정전산망 사업을 추진하는 과정에서 전문가들의 감정이 섞인 불평불만은 이용태 사장과 연구진의 마음을 아프게 하였다. 그들의 불평은 전문지식을 응용하는 과정에서 발생하는 견해의 차이도 있었지만, 대부분은 행정전산망 구축사업에서 소외되었다는 (경쟁심에서 발동된) 의식 때문이었다고 생각된다. 우리는 '누구나 자기가 잘난 맛으로 산다'라는 말이 있지만, 전문가들은 그러한 경향이 한층 짙다. 따라서 대부분 전문가는 이용태 사장과 연구진이 행정전산망 사업을 수행하는 과정에서 자신에게 자문이나 참여를 요청하지 않고 일을 추진함으로써 섭섭한 감정을 가지게 되면서 불평을 표출할 수도 있었을 것이다. 데이콤의 행정전산망 사업에 참여한 전문가들은 이 사장의 일에 긍정적이고 격려를 해주었지만, 기회를 얻지 못하고 소외된 집단은 다분히 감정이 섞인 불만이 있었을 것으로 추측할 수 있다.[6]

특정 전문 분야의 조직을 이끌어본 경험을 가진 사람은 잘 알겠지만, 그 많은 주위 사람을 일일이 배려하는 것이 쉽지 않다는 것이 분명하다. 특히, 행정전산망과 같은 국책사업에서는 하루에도 수십 명을 만나야 하니 특정인을 자유롭게 만나기는 쉽지 않다. 그러나 대부분 사람은 자기 본위로 생각하여 자신이 유독 소홀한 대우를 받는다고 생각하는 경우가 많다. 따라서 대부분 오해는 서로 자신이 처한 처지가 다른 것에서 오는 시각 차이 때문인 경우가 많다.[7] 우리의 일상생활에서 역지사지易地思之 실천이 필요한 이유이다.

21세기를 준비하는 20세기 후반에 진행된 행정전산망을 구축하는 과정에서 시대정신Zeitgeist은 변화change와 혁신innovation이었다. 이용태 사장이나 데이콤이 여러 가지 면에서 그 당시의 시대적 통념을 뛰어넘는 혁신적 사업을 벌이고 있었기 때문에 그때마다 전문가들이 반대의견을 제시하는 경우가 많았다. 행정전산망 사업에서 연구영역이 아닌, 일반영역에서는 검증이 되지 않은 주전산기의 운영체제로 검증이 끝나지 않은 유닉스를 채택한 것이나 주전산기를 무리하게 국산화하는 것이 대표적인 사례가 될 수 있었다. 이러한 사례를 중심으로 데이콤이 추진하는 것과는 다른 방향의 반대의견을 학계, 언론 등에 발표함으로써 전문가들이 사업을 추진하는 사람들의 사기진작은 고사하고 사업추진을 방해하는 결과를 초래하기도 하였다.[8]

넷째, **외국 컴퓨터회사의 모략과 압력이다.** 앞에서 부분적으로 언급한 것과 같이 행정전산망 사업에서 주전산기 국산화 과정에서 외국 컴퓨터회사의 집요한 반발과 압력은 상상을 초월하였다. 이용태 사장은 "행정전산망 사업에서 사용되는 주전산기를 비롯하여 전국 행정기관에 사용하는 단말기를 모두 국산화하겠다"라고 발표하였기 때문에 대부분 외국 컴퓨터 제조업자는 자신들의 제품판매가 중단될 것은 뻔한 이치이기 때문에 반발과 압력은 당연하였다. 이 사장의 주전산기 국산화 결정 때문에 몇조 원의 컴퓨터 시장이 눈앞에서 사라지는 것이니, 그들의 사무친 원한도 이해가 되는 측면도 있었다.[9]

이러한 상황에서 IBM을 비롯한 외국의 대형컴퓨터 제조회사는 그들이 영향력을 행사할 수 있는 부처와 인적 관계망을 총동원하여 주전산기 국산화 계획을 좌절시키려고 갖은 노력을 다했다. 그 당시는 우리나라 컴퓨터 제조 능력이 초보 수준의 단계이었고, 주전산기 국산화를 반대하는 전문가도 많았기 때문에 외국 컴퓨터회사의 압력과 모략은 끈질기게 이어졌다. 그러나 이용태 사장과 연구팀의 계획과 추진력에는 한 치의 변화도 없이 진행되었다. 그들의 이러한 태도와 움직임을 전혀 예상하지 못했던 것은 아니었지만, 이 사장과 데이콤의 관련 연구자들은 외국 컴퓨터회사의 모략과 압력을 극복하고 사업추진을 성공적으로 마무리할 수 있었다.

이와 관련된 비화 한토막으로, IBM 한국지사가 전문가를 동원한 청문회 (?)에 얽힌 데이콤 백인섭 정보통신연구소장의 증언은 아래와 같다.

IBM 한국지사의 전문가를 동원한 청문회

(행정전산망 사업이 이루어지던 1980년 중반) 컴퓨터 업계의 제왕, IBM 한국지사에서는 미국에서 온 전문가 10여 명(명문대학교 교수, 컴퓨터 전문가 등)으로 팀을 구성해서 백인섭 데이콤 정보통신연구소장을 호출해서 세미나를 열었다. 말이 세미나였지 본색은 유닉스라는 오픈시스템(Open System)을 채택한 데 대한 비난 성토 회의를 열었다.

(비난 성토회에서) 백인섭은 혼자서 차분하게 대답하였다. 그는 주전산기의 운영체제를 유닉스로 갈 수밖에 없는 현재(1980년대 중반) 컴퓨터 업계의 세계적 상황을 설명하면서 현재의 유닉스를 그대로 사용하려는 것이 아니며, 유닉스라는 개방형 체제(Open System)를 개량한 운영체계를 사용하려는 것이라고 대답하였다. 당시, 마침 미국 실리콘밸리에 불고 있던 새로운 동향(New Wave)이 바로 이런 유닉스 기반 개량 OS를 개발하는 벤처기업들이어서, 그중 적합한 기업을 골라 공동 투자하고 공동 개발함으로써 빠르게 기술을 개발하여 사용하려는 것이고, 그리고 유닉스의 가장 취약점인 파일시스템에 대한 취약성은 ORACLE과 같은 DBMS를 포팅하여 사용함으로써 해결하고, 기존 유닉스의 또 다른 약점인 System ACC는 별도로 추가 개발해서 사용하려는 것이라고 자초지종을 이야기하였다. 그러자 모두 동의하면서 박수를 보냈다.

지금 생각해 보면, 당시 이 사건이 미국 컴퓨터업계에 영향을 미친 것이라는 생각이 들기도 한다. 1980년대 중반 우리나라가 유닉스 기반 컴퓨터 환경에서 국가기간전산망을 구축한 사건이 바로 1990년대 컴퓨팅

환경의 세계적 대변혁(유닉스 환경으로 변환)에 대한 촉진제 역할을 했던 것이 아닌가 하는 생각이다. 당시 이 청문회에 참여했던 인사들이 미국의 컴퓨터 산업계에서 중추적 역할을 담당하는 전문가들이었기 때문이다.

이를 입증하듯 왕년에 한국과학기술연구소(KIST) 시절 동료였던 함기영(당시 미국 EDS사의 매니저)이 우리나라를 방문해서 데이콤으로 나를 찾아왔다. 이유인즉, 한국에서 국가전산망 주전산기로 왜 엔마스를 선택하지 않았는지 그 이유를 알고자 함이었다. 그들도 유닉스 베이스의 새로운 컴퓨터를 모색하는 중, 엔마스가 가장 유력 후보로 대두되었기 때문이었다. 그런데 한국에서도 그것을 선택하였다가 취소했기에 그 이유를 알아보려 함이었다. 그래서 나는 그것은 기술 외적인 다른 문제 때문이라고 설명해 주었다. 이를 미루어 생각해 보면, 그들도(당시 미국에서 제일 큰, 아니 전(全) 세계에서 제일 큰 전산화 전문회사인 EDS) 컴퓨팅환경의 변화 추세를 알아챘던 모양이었다. 그리고 당시 우리나라 정부의 국가기간전산망 주전산기로 유닉스에 기반한 새로운 컴퓨터를 선택한 것이 세계적 관심사였던 모양이다. 이유나 무엇이든지, 한국의 유닉스 기반 주전산기 개발사업은 컴퓨팅환경의 세계적 추세에 매우 주요한 영향을 끼쳤던 것 같다는 생각이 든다.

다섯째, 관계기관의 시달림과 공무원의 비협조이다. 행정전산망 사업과 관련되는 보도가 언론을 통하여 보도되면, 그 뒤에 나타나는 사람들이 있었다. 바로 검찰청, 감사원, 국가정보원 (현재 국가안전기획부), 청와대 민정수석실 등의 관련 인사가 바로 그들이었다. 그들 사정도 이해는 되었다. 그들 기관은 세상 사람들의 이목이 쏠린 일에 무관심할 수 없는 처지였다. 언론의 보도 때문에 이용태 사장이 직접 기관에 불려 가지는 않았지만, 그와 같이 일하는 데이콤 실무자들은 언론 보도에 대한 해명을 위하여 여러 기관에 끌려다니느라고 업무는 계속 지연되기 마련이었다. 그야말로 온 나라가 시끄러워지기도 하였다. 데이콤 직원들의 일거수일투족이 2개월 단위로 상부 기관으로 보고되기도 하였다.

이같이 제1차 행정전산망 사업이 진행되는 약 4년 동안은 연구자들은 외부 사람을 만나서 커피 한잔 마실 수도 없는 상황이었다. 이유는 간단하였다. 행정전산망 사업이 상당한 이권과 관련이 있었기 때문이었다. 따라서 직원들은 일상 업무에서 불편과 때에 따라서는 경제적 손실이 따름에도 불구하고 데이콤 직원들은 그러한 모든 것이 국가적인 중대한 사업을 자신들이 추진한다는 국가에 대한 충성심과 자부심 하나로 버티면서 사업을 성공적으로 마무리하였다.[10]

행정전산망 사업을 추진하는 과정에서 가장 큰 걸림돌 가운데 하나는 공무원들의 트집 잡기였다. 공무원들은 행정전산망 사업의 수행과정에서 조그만 틈만 보이면, 트집을 잡고 그것을 부풀러 언론기관에 흘려서 못살게 구는 일이 다반사였다. "그들이 나라의 발전과 국민의 행복한 삶에 조금이라도 가치 있는 일을 하려는 의지와 정보산업의 중요성을 조금이라고 인식하고 있었다면, 사사건건 발목을 잡는 일은 하지 않았을 것"으로 이용태 사장은 회상하였다.[11]

이 사장은 이러한 공무원과 관계기관의 성화에 시달리는 데이콤 직원들의 모습을 보면서, 공무원들이 근무에서 복지부동伏地不動하면서 몸을 사리는 까닭을 이해할 수 있었다. 그러한 불편과 괴로움을 당하지 않으려면, 여러 사람과 상의하여 말썽이 되지 않을 정도의 해결책을 찾는 것이 공무원들의 일반적인 처신이라고 이 사장은 생각하였다.

그러나 이 사장은 행정전산망 사업을 국민 편의를 위하여 제대로 만들기 위하여 여러 가지 어려운 일을 해결하려고 노력하였다. 이들 어려운 일들을 해결하는 과정에서 나타나는 조그마한 실수도 용납이 되지 않고 언론에 보도됨으로써 관계기관에서 해명을 요구하는 일들을 저지르고 있었던 것이었다. 이러한 공무원 세계에서 산전수전을 모두 경험한 공무원들이 보기에는 이용태 사장과 연구진은 어리석기 짝이 없는 사람으로 보였을 것이다.[12]

여섯째, **사리사욕과 비리 관련 유언비어이다.** 우리나라에서 행정전산망을 구축하는 사업을 통하여 이용태 사장이 펼쳤던 일은 일종의 혁명으로, 바로 정보통신혁명이었다.[13] 그러한 혁명적 일을 하다 보면, 자연스럽게 여기저기서 저항과 공격을 받게 마련이다. 이 사업이 시작되기 전에 이 사장은 그러한 저항, 비난, 오해 등은 어느 정도 받아들일 각오가 되어있었다. 예를 들면, 운영체제로서 유닉스 채택, 주전산기로서 벤처기업의 톨러런트 기종 선정을 통한 국산화 계획에 대한 시시비비는 얼마든지 참을 수 있었다.

이 사장도 그러한 비난과 오해를 받을 때마다 한편으로는 언짢았을 것이며 억울하다는 생각도 하면서 마음고생을 많이 했을 것이다. 그는 일 자체의 원칙이나 절차 등에 잘못이 있었다는 비난은 받아들일 수 있었지만, 개인적 이익이나 비리가 개입되었다는 말만 듣지 않으면 된다는 생각으로 일을 공정하게 처리하였다.[14]

그러나 계속하여 저항이나 비난을 하는 사람들은 일 자체와 관련된 것은 효과가 없다고 판단했던지, 행정전산망 사업에 비리가 있다는 터무니없는 말을 만들어 퍼뜨리고 다녔다. 이것은 이 사장이 전혀 예상하지 못한 일이었고 가장 마음 아픈 일이었다. 행정전산망과는 아무 관계도 없는 일을 가지고 사리사욕을 취한다든지 비리를 저지른다는 중상모략이 대부분이었다. 예를 들면, '개인적으로 친한 사람의 뒤를 봐주었다든지, 아니면 아무 근거도 없이 누구에게서 뇌물을 받았다든지' 하는 것과 같은 원칙에 어긋난 행동을 한다고 비난하였다.[15]

이러한 비난과 오해보다도 이용태 사장이 데이콤에서 행정전산망 사업을 하면서 따라다녔던 삼보컴퓨터와의 관계에서 비롯되는 터무니 없는 뜬소문은 그로서는 가장 참기 어렵고 억울한 것이었다. 이와 관련하여 이 사장을 가까운 거리에서 지켜보면서 공동으로 일하였던 백인섭 데이콤 정보통신연구소장은 아래와 같은 이야기를 들려주어 우리의 가슴을 뭉클하게 하였다.[16]

이용태 사장의 사리사욕 관련 유언비어에 대한 백인섭 연구소장의 증언

이용태 사장이 (시중으로부터) 데이콤에 삼보컴퓨터를 많이 팔아먹었다는 오해를 받고 있을 때였어요. 이용태 박사와 함께 싱가포르에 출장을 간 일이 있었는데, (자신은) 데이콤에 오게 된 것이 자기 개인으로 보아서는 매우 후회스럽다는 말을 처음으로 들려주었어요.

대만의 에이셔(Acer, 컴퓨터회사)와 비교하면, 삼보컴퓨터가 그보다 못할 이유가 없는데 지금 그 회사는 세계에서 개인용컴퓨터를 제일 많이 파는 업체가 되었다는 것입니다. 그런데 정작 이용태 박사 자신은 삼보컴퓨터가 한창 잘 나갈 시기에 데이콤을 맡아 일했기 때문에 오히려 삼보컴퓨터가 크지 못했다는 것입니다. 행정전산망만 아니었어도 이 박사는 삼보컴퓨터를 최소한 '에이셔'와 같은 회사 규모로는 만들 수 있었을 터인데, 걸핏하면, '삼보컴퓨터를 봐주었다'라고 억울한 오해까지 받고 있으니, 정말 한탄스럽고 후회가 된다는 겁니다. 그때, 이 박사의 표정이 정말 침통하였고 눈시울을 붉히는 것을 목격했어요. (…)

행정전산망 사업이 진행되는 시절의 데이콤 실무자들의 말을 종합하면, 이용태 사장은 데이콤의 주요 사업에 삼보컴퓨터는 의도적으로 참여를 제외하는 경우가 많았다고 한다. 주전산기 개발업체 선정이나 행정전산망 소프트웨어 납품에서 삼보컴퓨터는 대부분 제외되었다. 단지, 개인용컴퓨터 납품에서는 그 당시 19개 업체 가운데 하나로 참여하게 했을 따름이었다. 결과적으로 삼보컴퓨터는 이용태 사장이 재직하는 동안 데이콤의 주요 사업에 거의 참여하지 못하여 적잖은 손해를 보았을 것이다.[17]

이상에서 우리는 부분적으로 이용태 사장과 연구진은 공公과 사私를 엄격히 구분하여 일하면서 오해받지 않으려고 세심한 노력을 했음에도 불구하고 터무니없는 낭설과 비난을 듣고 그의 심정이 얼마나 괴로웠을 것인가에 대한 단면들을 살펴보았다. 그것은 삼보컴퓨터를 키우지 못하여 돈을 많이 벌지 못했다는 것에서 오는 괴로움은 아니었을 것이다. 이 사장은 천성적으로 남을 조금이라도 해치거나 손해나게 하는 것을 하지 않는 사람이다. 이것은 그의 할아버지가 베풀어 준 가르침에 따라서 평생 '남을 먼저 생각하고, 남에게 밑지고 사는 것'을 생활신조로 지키면서 생활에서 실천하는 것이 습관이 되어 있기 때문이다.[18]

따라서 데이콤에서 사장 자리를 이용하여 자신의 잇속을 채우고 결과적으로 상대방 사업자에게 손해를 끼쳤다는 말들을 듣는 것이야말로 이 사장으로서는 억울하고 가슴이 아팠을 것이 틀림없다. 이따금 보이는 그의 괴로운 표정과 눈물은 오직 우리나라가 하루빨리 선진국이 되기를 간절히 바라면서 국가 발전에 헌신하는 그의 속마음을 몰라주는 세태에 대해 한스럽다는 심정의 표현이었을 것이다.[19]

일곱째, 감리과정에서 한국전산원의 꼬투리 잡기이다. 데이콤에서 행정전산망 사업을 수행하는 과정에서 행정절차에서 두 가지 고충 사항이 있었다.[20] 첫째는 예산제도의 경직성과 관련되는 문제였다. 이 문제는 앞에서 설명한 것과 같이 '선투자 후정산' 제도의 도입으로 해결했었다. 둘째는 감사원의 감사 절차와 관련되는 문제였다. 그 당시 전자계산기 사업의 특성을 모르는 감사원 공무원이 감사를 시작하면, 행정전산망 사업은 앞으로 나갈 수가 없는 구조로 되어 있었다.

이러한 고충 사항을 무난히 해결하기 위해서는 컴퓨터 업무에 대한 전문지식을 가진 기관이 감사원 대신에 행정전산망 사업에 대해 감사를 할 수 있도록 하여야 했다. 정부 예산의 집행에 대한 감사는 필수적이었으며, 정보통신 산업의 특수성을 고려하여 이와 관련된 감사를 위하여 새로운 감사기관이 필요하게 되었다. 따라서 오명 체신부차관은 이를 위하여 한국전산원을 개원하기로 하였다. 그 결과 1987년 1월에 한국전산원(National Computerization Agency: NCA. 2009년 한국정보화진흥원으로 개칭)이 설립되었다.[21]

발족 초기의 NCA의 업무는 크게 행정전산망 사업에 대한 감리의 수행과 국가사회 정보화에 대한 중장기 계획의 수립, 정보사회에 대비한 각종 선행연구, 그리고 당시 정보화 사업의 최고 추진체계였던 '전산망조정위원회'에 대한 지원으로 나눌 수 있다.[22] 이들 업무 가운데 '행정전산망' 사업에 대한 감리과정에서 NCA는 데이콤과 약간의 마찰을 빚기도 하였다. 예를 들면, NCA에서 위촉한 감리위원 중에는 이상하게도 행정전산망에 유닉스 체제의 채택을 반대하는 사람이 많았다. 이러한 이유로 인하여 그들은 유닉스 운영체제의 감리에서도 그들의 견해와 다르다는 이유로 평점을 형편없이 낮게 매거서 데이콤 실무진을 곤란하게 만들기도 하였다.

또한, 1987년 3월 시작된 행정전산망 제1차 감리에서도 감리위원들은 사업의 거의 모든 부분에서 형편없는 낮은 점수를 매기고 지나치게 꼬투리를 잡기도 하였다. 그들은 마치 행정전산망 사업을 반대하는 편의 대변자 역할이라도 하는 듯이 행동하기도 하였다. 이러한 NCA 감리위원들의 행동은 당시에는 데이콤의 정보산업 개척에 걸림돌이 되었으며, 갈 길이 구만리 같이 바쁜 연구진의 발목을 잡고 연구를 지연시키는 결과를 초래한 것도 모두 사실이었다.[23]

제1단계 행정전산망 사업의 성과와 전자정부 기반 조성

국가기간전산망 가운데 데이콤이 담당한 '행정전산망' 사업은 성공적으로 마무리되어 오늘날 전자정부의 기반이 되었다. 선각자 이용태 사장과 연구진의 앞을 내다보는 혁명적인 개혁 사상, 주변의 걸림돌을 슬기롭게 극복하면서 지도력을 발휘하는 추진력, 그리고 데이콤 연구진의 헌신적인 노력으로 행정전산망 제1단계 사업은 성공적으로 마무리되었다. 이러한 성공의 후원자로는 오명 체신부차관, 홍성원 청와대 과학기술비서관 등 수많은 외부 기관의 전문가들도 숱한 어려움을 겪으면서 적극적으로 밀어주고 뒷받침해 준 덕분임을 이용태 사장은 언제나 감사하면서 공을 그들과 연구진에게 돌리고 있다. 행정전산망 제1단계 사업의 성과와 이 성과가 전자정부의 기반 조성에 미친 영향을 간단하게 살펴본다.[24]

첫째, 국가기간전산망에서 유닉스에 기반한 개량 유닉스를 운영체제로 채택한 것이다. 행정전산망 운영체제로 유닉스를 채택한 점은 획기적이고, 선구적인 성과라고 할 수 있다. 왜냐하면, 1980년대 중반까지 여러 컴퓨터회사가 각각 자신의 운영체제를 기반으로 하는 전산 체계를 매우 중요한 근거지, 즉 아성처럼 구축해오다가 1990년대 중반에 각자 자신의 아성을 허물어 버리고 개방형 운영체제인 유닉스를 운영체제로 택하는 바람에 전세계에 불어닥친 컴퓨팅환경의 대변환에 따른 대혼란을 모든 선진 국가가 겪을 수밖에 없었다. 그러나 우리나라의 경우에는 1980년대에 이미 유닉스에 기반한 전산 체계를 범국가적으로 구축해왔기 때문에 그 엄청난 세계적 혼란을 겪지 않고, 세기 전환의 혼란 대신에 유닉스 기반 전산 체계의 확산을 계속하여 가속화할 수 있었다. 따라서 우리나라는 2000년대 들어서면서 세계 최고 수준의 전자정부와 국가 정보통신혁명을 가능하게 할 수 있었다. 만약, 그 당시 국가기간전산망에서 유닉스를 채택하지 않았더라면, 그 후 전국의 모든 행정전산망 운영체제를 유닉스로 교체하는 엄청난 금액을 새로 부담했어야 하는 비극을 초래하였을 것이다.

둘째, **행정전산망을 위한 주전산기 국산화 성공이다.** 행정전산망 사업이 진행되는 시기에 주전산기 생산은 미국이 95% 정도를 차지하였고, 프랑스, 영국, 일본 등이 뒤쫓아가는 형편이었다. 따라서 우리는 그때, 이미 주전산기 개발·생산에서 선진국과 어깨를 나란히 하는 국가로 발돋움하였다. 주전산기 국산화는 컴퓨터 산업 부문에 엄청난 기술의 향상과 축적을 비롯하여 전문기술자 양성이 이루어졌으며, 중형 컴퓨터 수출국으로 위상을 강화하였다. 또한, 행정전산망 구축은 정부의 행정업무를 전산화하였다는 성과에 그치지 않고, 데이터통신의 개념 확립과 인력의 구조조정이 이루어지는 결과를 가져오기도 하였다. 이러한 결과는 기술 주권을 확립하는 계기도 마련하였다. 다음은 주전산기 국산화 사업 성공에 대한 백인섭 당시 데이콤 정보통신연구소장의 회고이다.

주전산기 국산화 성공에 대한 회고

(당시 국가기간전산망 사업에서) 주전산기 국산화의 목적은 첫째, 우선 국가기간전산망이 국내기술로 만들어진 국산 장비(컴퓨터)로 구축·운영됨으로써 해외 의존성에서 탈피해서 국가적 (기술) 독립성을 확보·유지하는 것이었다. 둘째, 주전산기를 국산화함으로써 국내 주전산기 산업을 육성·도모하려는 것이었다. 셋째, 국산 주전산기의 수출까지도 이루려는 부수적 목적이었다. 이렇게 3가지 다른 목적 때문에 주전산기 국산화 사업의 성패에 대해서 여러 가지 다른 평가가 이루어질 수밖에 없었다. 많은 이상론자는 전자통신연구소가 만든 주전산기-Ⅲ이 수출되지 못하고 사장되는 바람에 주전산기 국산화 사업을 실패한 사업이라고 비난하기도 했다. 그러나 주전산기 국산화 사업의 주목적인 국가기간전산망의 해외기술 의존 탈피, 즉 주전산기의 개발·운영의 국가적 독립성은 100%를 달성하였으며, 그다음 목표인 국내산업 육성은 전산망 장비의 수입대체 효과로 100% 달성되었다고 볼 수 있다. 다만, 수출이라는 부수 목적만은 이루지 못했지만, 주목적은 모두 달성했기에 성공한 사업이라고 보아야 할 것이다.

추가하여, 다음은 주전산기 국산화 성공에 대한 한국정보통신대학원 총장 양승택 박사의 회고다.[25]

셋째, **행정기관 컴퓨터시스템 통일과 코드체계 표준화다.** 행정전산망 사업 덕분에 정부의 모든 부처에 똑같은 컴퓨터시스템이 보급·사용되는 계기가 되었다. 행정전산망 구축 이전에는 부처마다 기종이 다른 컴퓨터시스템을 사용하였으며, 운영체제로 달랐다. 또한, 통합된 데이터베이스 구축으로 부처마다 필요에 따라서 자료를 사용할 수 있는 획기적 행정업무의 전산화가 구축되었다. 특히, 한글 코드 체계가 표준화되어 컴퓨터 보급이 급격히 늘어났고, 개인용컴퓨터 간의 호환성이 향상되었다.[26]

행정전산망의 표준화는 총무처(현재 행정안전부) 주관으로 정부 업무에서 통일이 필요한 표준화 대상 사업을 선정하고 한국전산원NCA의 지원을 받아 표준규격을 작성하는 방법으로 추진하였다. 표준화 방법론은 기본적으로 국제표준, 국가표준, 국가기간전산망표준 등의 상위표준과 산업계의 표준을 수용하는 것을 원칙으로 하였으며, 표준이 없는 분야는 단체표준 개념의 통일방안을 만들어 사용하였다.[27]

넷째, **정보산업 분야의 전문가 배출이다.** 데이콤은 초기 단계에서부터 정보통신 산업 중흥을 위한 전문 인력 양성에 큰 노력을 기울였으며, 특히 행정전산망 사업을 통하여 실제로 2천여(?) 명의 정보산업 인력과 경영 전문 인력을 배출하였다. 그들은 행정전산망이 성공적으로 구축된 이후에, 우리나라 정보통신의 각 분야에서 대부분 중심인물로 활약하였으며, 그 결과는 오늘날까지도 영향을 미치고 있다. 데이콤은 시작할 때만 하여도 새로운 분야를 개척하는 사업이었기 때문에 실력을 갖춘 인재가 없어서 어려움을 겪었다. 그러나 회사는 계속 유능한 인재를 공모하여 집중적 교육·훈련과 외국 자문 인력을 초빙하여 그들의 선진 지식과 기술을 배우게 함으로써 훌륭한 인재로 키우는 노력을 계속하였다.[28] 이점과 관련하여 데이콤 백석기 본부장은 이용태 사장의 인재 양성에 대한 비전과 철학을 소개하면서 자랑스러워하고 있었다.[29]

> ### 이용태 사장의 '인재 양성 철학'에 대한 백석기 본부장의 회고
>
> 이용태 박사와 함께 일하였던 사람들은 오늘날 모두 컴퓨터 관계 회사의 사장이나 중견 간부들이 되어 활약하고 있습니다. 모두 이 박사가 씨를 뿌려 가꾸고 거둔 인재들입니다. 이러한 데이콤 인재들은 어림잡아도 2,000여 명이 됩니다. 이러한 인재들이야말로 오늘날 우리가 외국과 맞서서 경쟁력을 높이는 힘이 되고 있습니다. 한국과학기술연구소(KIST) 출신이 학계나 연구소에 많이 진출했지만, 데이콤 출신은 산업계로 많이 나간 것도 하나의 특징입니다. 어느 경우이든 이용태 박사의 영향을 직간접적으로 받아 성장한 사람들이 대부분입니다. (…)

다섯째, 소프트웨어 분야 활성화에 공헌이다. 행정전산망 사업은 그 당시 걸음마 단계를 벗어나지 못하고 있던 우리나라 소프트웨어 산업을 활성화하는 계기를 마련하였다. 데이콤이 행정전산망 사업을 추진하는 과정에서 소

프트웨어 업체들은 이용태 사장과 데이콤의 이러한 진의를 모르고 외부에서 성급하게 쓸데없는 비방과 험담으로 소란을 피웠지만, 결과는 그들이 혜택을 누리는 결과로 나타났다.

이같이 소프트웨어 관련자들의 성급한 행동은 이용태 사장과 연구진의 진의를 모르고 저지른 것으로 판명이 났다. 이 사장은 소프트웨어 사업자들을 한 자리에 불러서 자기 생각을 분명하게 밝히고, 그들이 터무니없는 오해를 한다고 설명하고 대안을 알려주었다. 우선, 정부의 행정전산망 사업에 데이콤이 앞장설 수밖에 없는 이유를 설명하고, 데이콤이 어떤 사업을 독점하려는 생각은 처음부터 전혀 없었다고 밝혔다.[30] 아래의 인용은 그 당시 데이콤이 소프트웨어 분야 활성화를 위하여 앞장서야 했던 이유에 대한 이 사장의 설명이었다.[31]

이용태 사장이 소프트웨어 산업 활성화에 앞장선 이유

(…) '선투자 후정산' 회계방식을 실천하려면, 데이콤이 앞장설 수밖에 없었습니다. 데이콤이 아닌 그 어떤 기업에 (일이 마무리되기 전에) 정부가 미리 돈을 지불하겠습니까? 한편, 행정전산망 사업이 끝나면, 데이콤은 최소한의 기본적인 관리만 하고, 나머지 수익이 될 만한 일은 전부 여러분에게 공평하게 나누어 드리겠다는 것이 나의 본심이었습니다.

여러분은 공개 입찰을 하지 않아 불리하다고 했는데, 공개 입찰을 한다고 가정해 봅시다. 전부 저 혼자만 살겠다고 덤핑 입찰을 할 것이 뻔한 일 아닙니까? 그러면 정당하게 받을 가격을 못 받게 되니 자연히 부실한 소프트웨어를 납품하게 될 것이 십중팔구입니다. 그 결과 컴퓨터가 제대로 돌아가지 않을 것이고, 결국 정부의 신뢰를 잃어 마침내 소프트웨어 시장 자체가 거덜 나고 말게 됩니다.

그러나 데이콤이 나서면, 일한 만큼 정당한 대가를 받을 수가 있습니다. 그런 좋은 사업을 모두 이 자리에 모인 (컴퓨터 전문가들에게) 공평하게 나누어줄 것인데 도대체 왜 그렇게 성급하게 야단입니까?

그뿐 아니라 제가 해외에 나가 샅샅이 뒤져서 세계에서 제일가는 소프트웨어 개발 기법을 찾아 도입한 다음, 그 기술을 여러분에게 공짜로 가르쳐 드리겠습니다. 모두 인정하다시피 국내의 소프트웨어 개발 기법이 뒤졌으므로 외국의 최첨단 기술을 가져와 가르쳐 드리면, 무형의 큰 이익을 얻을 수가 있습니다.

또한, 앞으로 소프트웨어 사업의 하청 기업도 여러분의 추천을 받아정하도록 하겠습니다. 우선 11개 업체를 여러분의 합의로 추천해 주십시오. (…)

이러한 설명회 이후에 컴퓨터 소프트웨어 관련 회사의 오해와 낭설은 잠잠해지면서 멋쩍게 되었고, 자신들이 너무 경솔했다는 것을 알게 되었다. 그 뒤에 행정전산망 소프트웨어 개발을 위한 외부 기관 업체는 그들이 자체적으로 심사하여 11개 외부의 전문회사를 선정하여 행정전산망 실무팀에 제출하였다. 그 당시 11개 업체 중에는 삼보컴퓨터도 포함되어 있었다. 그러나 이 사장은 행정전산망 소프트웨어 개발사업에서 삼보컴퓨터를 제외하였다. 이용태 사장이 삼보컴퓨터의 회장이라는 이유로 행정전산망 사업에서는 삼보컴퓨터는 덕보다는 손해를 보는 경우가 많았다. 데이콤의 소프트웨어 개발사업의 담당자이었던 곽치영 본부장은 그 당시의 상황을 아래와 같이 설명하였다.[32]

여섯째, 전자정부 기반 조성이다. 전자정부e-Government는 '정보기술을 활용하여 행정기관이나 공공기관의 업무를 전자화하여 이들 기관 간의 행정업무 또는 국민에 대한 행정업무를 효율적으로 수행하는 정부이다.'[33]

전자정부는 '디지털 정부digital government' 또는 '온라인 정부online government'라고도 한다. 그러나 전자정부가 온라인 정부나 인터넷을 기반으로 하는 정부로 여겨지지만, 인터넷 기반이 아닌 많은 전자정부 기술이 이러한 환경에서 사용될 수 있다. 예를 들면, 전자정부 기술은 팩스, 휴대정보단말기PDA, 단문 메시지 서비스SMS, 무선 네트워크 및 서비스, 블루투스, 폐쇄회로 텔레비전CCTV, 추적 시스템, 생체 인식, 도로 교통 관리, 스마트카드 등을 들 수 있다.[34]

우리나라에서 전자정부는 1980년대 후반부터 본격적 행정업무의 데이터베이스화와 이를 통신망network으로 연결하는 것으로부터 시작되었으며, 이의 결실이 5대 국가기간전산망 사업이다. 이 사업 가운데 행정전산망 사업은 국민편의 위주의 작은 정부 구현과 선진 경제사회 실현을 위한 기반 마련을 목표로 하였다. 데이콤이 주관기관으로 참여한 행정전산망 사업은 부처·지역별로 흩어져 있던 행정정보를 종합적으로 전산화하고 전산과 관련된 행정, 제도, 기술지원 등을 체계적으로 연계시키고 정부 전산화 비용을 정보산업 육성을 위한 투자로 활용되었다.

특히, 추진업무 가운데 주민등록업무, 부동산관리, 자동차관리, 통관관리, 고용관리, 경제통계관리, 국민연금관리 등의 전 국민과 관련되는 주요 업무를 우선 추진하여 국가정보 전산화의 표준을 제공하였으며, 이 사업의 결과로 국가행정의 기본자료의 디지털화가 이루어지면서 전자정부의 기반을 조성하였다.[35]

국제연합은 2002년부터 2년마다 전체 193개 회원국을 대상으로 홀수 연도에 각국의 전자정부 발전지수(E-Government Development Index: EGDI)를 평가하고 짝수 연도에 그 결과를 발표하고 있다.[36] 평가 기준은 온라인 서비스 수준, 통신 기반 환경, 인적자본 수준의 3개 분야로 나누어 분야별 결과를 종합하여 전자정부 발전지수를 산정한다. 우리나라는 EGDI 평가에서 2010년, 2012년, 2014년에서는 연속으로 1위를 차지하였다. 그러나 2022년 EGDI 평가(1점 만점)에서 0.9529점을 기록하여 덴마크(0.9717점), 핀란드(0.9533점)에 이어 세계 3위를 차지하였다.

우리나라는 온라인 서비스 수준과 통신 기반 환경 분야에서는 덴마크와 핀란드와 비슷하거나 더 좋은 평가를 받았으나, 인적자원 수준은 상대적으로 낮은 평가를 받았다.[37] 최근 우리나라에서는 전자정부가 국내외에서 우수한 평가 결과를 받고 있음에도 불구하고, 재정적 투자를 포함한 정책지원 순위에서는 점차 낮아지는 경향을 보이고 있다. 전자정부 사업은 추가 투자가 필요 없다는 '완료'의 관점이 아닌 지속적인 '관심과 투자'가 요구되는 분야라는 관점으로 접근하여야 할 것이다. 특히, '인적자원'에 대한 지속적인 관심과 투자는 전자정부 서비스의 질 향상을 통한 서비스 분야의 다양화에도 공헌할 것으로 기대된다.

최근 UN이 발표한 2024년 유엔 전자정부 발전지수에서 우리나라는 0.9679점을 기록하여 2022년 평가보다 1단계 떨어진 4위를 기록했다.[38] 그러나 전자정부 관련 법·제도·전략, 서비스·콘텐츠 제공, 온라인 참여 등의 지표 평가인 '온라인 서비스' 부분은 2단계 상승해 1위를 차지하였다. 2024년 평가지수는 통신 기반 환경에서 0.9917점으로 (2022년보다 3단계 상승한) 6위와 인적자원 수준에서 0.9140점으로 (2022년보다 1단계 상승한) 7위를 기록하였다.

이러한 결과는 우리 정부의 지속적인 공공데이터 개방과 국민의 온라인 참여 기회 확대 등의 노력을 높게 평가한 것으로 보인다. 그러나 (2023년 행정전산망 먹통 사태와 같은 재난을 예방하는 장치 마련으로) 행정전산망 운영의 안전성을 확보하여 우리의 우수한 디지털 정부를 각국에 알려 국제 디지털 격차 해소에 힘쓰고, 우리나라 디지털 기업의 해외 진출 확대를 위한 다양한 전략개발과 인력 양성이 필요한 시점이라고 할 수 있다.

새로운 컴퓨팅환경 적응으로 정보통신 선진국 진입

행정전산망 사업이 진행되던 1990년대에 세계를 휩쓴 하나(1)의 혼란과 세(3) 가지 변혁이 컴퓨팅환경에서 발생하였다. 하나의 혼란은 Y2K, 즉 컴퓨터 세계에서 '2000년 문제[39] 발생에 대한 대처이고, 3가지 변혁은 유닉스를 기반으로 하는 컴퓨팅환경으로의 변화, 정보통신망OSI[40]에서 인터넷 시대로 급격한 전환, 그리고 개인용컴퓨터의 고도화이다. 우리나라는 국가기간전산망인 행정전산망 사업을 통하여 이들 혼란과 변혁에 따른 위협을 극복하고 정보통신 선진국으로 진입하는 기회를 포착할 수 있었다. 다음에서 1990년의 컴퓨팅환경에서 혼란과 변혁을 행정전산망 사업과 연결하여 약술한다.

먼저, 1990년의 컴퓨팅환경에서 발생한 혼란이다. 20세기를 뒤로 하면서 2000년을 맞으면서 컴퓨터 사용에서 4자리 연도 표시 문제, 즉 Y2K 문제 발생으로 인한 대혼란이 발생했다. 이러한 상황에서 선진국들은 이 문제에 대처하느라 갖은 노력을 다하였지만, 문제 해결에 많은 시간과 노력으로 인하여 정보통신 발전은 지연되었다. 그러나 우리나라에는 행운이 찾아왔다. 왜냐하면, 1980년대 국가기간전산망 사업에서 사용 언어를 코볼이 아닌 유닉스 환경의 C언어를 사용해서 프로그램을 개발하였기 때문에 문제가 발생하지 않았다. 따라서 Y2K 문제는 별다른 충격 없이 변화를 수용하면서 다른 나라보다는 10년을 앞서가는 정보산업 선진국으로 발돋움하였다.

다음으로 20세기 후반에 전全 세계 컴퓨터 업계를 강타한 3가지 대변혁이다. 첫째, 유닉스를 기반으로 하는 컴퓨팅환경의 대변혁이다. 이러한 대변혁 환경에서 선진국은 어마어마한 충격에 휩싸이면서 한동안은 정보산업의 발전이 정지된 상태에 놓였다. 그러나 우리나라에서는 이미 행정전산망 사업에서 유닉스 기반으로 준비된 컴퓨팅환경, 즉 10년 정도를 내다보면서 유닉스 환경으로 국가기간전산망을 구현함으로써 별다른 충격 없이 새롭게 불어닥친 변화를 수용하여 정보통신 선진국으로 발돋움할 수 있었다.

둘째, 정보산업에서는 정보통신망에서 인터넷 시대로 빠르게 전환하는 정보전달 체제의 대변혁이 일어났다. 선진국에서는 인터넷을 포기하고 OSI

로 정보통신망을 구축하였다. 그러나 빠르게 변화하는 인터넷 시대를 맞아 이미 죽어버린 인터넷망을 되살려 복구하면서 새로운 환경을 구현하느라, 큰 혼란 상태에 봉착하였다. 그러나 우리나라의 경우 데이콤에서 SDN 사업으로 인터넷망을 유지하고 있었다. 따라서 인터넷망의 확산에도 별다른 충격 없이 우리나라는 새로운 인터넷 환경으로 진입하여 정보통신 시대에도 정보산업의 급성장이 가능하였다.

셋째, 개인용컴퓨터가 정교화·고도화되는 대변혁이다. 우리나라의 경우에는 1980년대 국가기간전산망에서 데이터의 입력과 출력 기능만 가능한 단말기, 즉 더미터미널dummy terminal 대신에 이미 개인용컴퓨터를 사용했기 때문에, 1990년대 새롭게 전소 세계로 확산하였던 정교화·고도화된 개인용컴퓨터 시대를 별다른 충격 없이 수용할 수 있었다. 이것은 민간 부문에서 정보통신 신화를 촉진·유발하는 계기가 되었다.

이같이 1990년대 세계 곳곳에서 한꺼번에 몰아닥친 컴퓨팅환경의 대변혁과 대혼란 때문에 (컴퓨터) 선진국들의 경우는 그 피해 규모가 매우 크고, 또한 대응하기가 쉽지 않아서 혼란에 빠질 수밖에 없었다. 그러나 우리나라는 (컴퓨터 분야에서는 후발주자로) 선진국이 아니었기 때문에, 문제가 될 대변혁과 연결되는 규모가 그렇게 크지 않았다. 더구나 1980년대 데이콤 주도로 개발·구현된 국가 행정전산망에서 이미 이러한 새로운 환경에 맞추어 국가기간전산망을 구축했기 때문에 별다른 혼란 없이 새로운 정보통신 분야에서 획기적 발전을 도모할 수가 있었다.

즉, 앞에서 살펴본 3가지 대변혁, 즉 유닉스 기반의 컴퓨팅환경, 정보통신망에서 인터넷 시대의 도래, 그리고 정교화·고도화된 개인용컴퓨터 사용에서는 우리나라가 현명하게 10년을 내다보면서 미리 준비했었다. 그리고 Y2K

문제는 이미 정보화가 상당한 수준으로 이루어진 선진 여러 나라에서는 매우 힘든 변환작업을 강요했지만, 우리나라는 1980년대 후반에 유닉스 기반 환경에서 국가 수준의 전산화를 본격적으로 추진했기 때문에 그것이 문제가 되지 않았고 오히려 선진국들을 능가할 수 있는 행운의 기회가 되었다. 따라서 2000년대에 들어서면서 마침내 우리나라는 선진국들을 능가하는 정보통신 발전을 이루게 되었다.

이러한 복잡한 환경 속에서 2000년대를 넘기면서 우리나라의 정보통신은 우리 스스로에게도 믿을 수 없는 수준의 결과를 낳아주었다. 바로 세계 최고 수준의 정보통신 환경을 구현한 나라가 된 것이다. 얼핏 생각하면, 꿈같은 (동화 속의) 이야기 같이 들리지만, 자세히 들여다보면, 그럴만한 (컴퓨터 세계의 미래를 전망하는) 현명한 지혜와 피나는 노력이 있었고, 시대정신이 반영된 행운도 따라주었기 때문이라고 생각할 수 있다.

우리나라에서 정보통신혁명의 씨앗은 1980년대 데이콤 주도로 구현된 정보통신 사업과 국가 행정전산망 사업에 사용된 주전산기 국산화 사업을 통해서 이 불모의 땅에 심어져 어렵게 뿌리를 내렸다고 할 수 있다. 정보통신혁명의 씨앗과 관련되는 기술로는 X.25 공중정보통신망 구현, 유닉스 기반 환경으로 전산망 구축, 개인용컴퓨터를 단말기로 사용함으로써 단순 사무기기가 아닌 지능형 정보통신기기로 사용함으로써 정보통신 시장의 급성장을 촉진한 것이었다. 또한, 유닉스 체제를 사용하여 C언어를 통한 연도 표시로 4자리를 사용함으로써 Y2K 문제도 미리 예방할 수 있었다.

이상에서 약술한 것과 같이 1990년대 세계 여러 나라에 불어닥친 컴퓨팅 환경에서 대변혁이 (컴퓨터 산업의) 선진국들에는 재앙이었다. 그러나 우리나라는 이미 준비된 환경이 마련되어 있어서 오히려 따스한 햇볕이 되었고,

그 햇볕을 받고 우리나라의 정보통신이라는 나무가 빠르게 성장하여 2000년대에는 세계를 선도하는 커다란 거목巨木이 되었다. 이와 관련하여 우리나라 정보통신혁명의 역사에서 진정한 1등 공신功臣에 대한 백인섭 교수가 전하는 일화逸話의 한 토막이다. 🐿

우리나라 정보통신혁명의 역사에서 진정한 1등 공신은 과연 누구인가?

요즘, 우리나라는 세계 최고 수준의 정보통신 국가 중 하나이고, 그리고 세계 최고 수준의 전자정부도 갖추고 있음은 널리 알려져 있다. 그러나 그런 엄청난 결과가 어찌해서 얻어졌는지를 아는 사람은 거의(?) 없다고 할 수 있다. 엉뚱한 곳에서 엉뚱한 사람들이 자신들의 공로라고 떠들어 대기도 하지만, 전혀 신뢰성을 갖지 못하고 있다. 그래서 이 나라의 정보통신혁명의 찬란한 성공이 마치 복권에 당첨되어 (하늘에서 떨어져) 얻은 결과처럼 여겨지고 있다. 그러나 내(백인섭) 생각으로는 절대 그렇지 않다. 그런 엄청난 결과는 결코 우연히 얻어질 수는 없는 것이다. 그렇다면 이것을 달성함에 (과연) 누가 진정한 1등 공신(?)이었을까 한번 생각해보자.

앞에서 언급한 것과 같이, 1990년대 세계를 휩쓴 4가지 대변혁 또는 대혼란 중 3가지 대변혁, 즉 컴퓨팅환경 변화, 인터넷 환경으로 대전환, PC 환경으로 대변혁은 바로 이용태 사장의 혜안과 고집(?) 덕분으로 우리나라에서는 마치 준비 태세를 갖추고 있었던 것처럼 대응하였었다. 또한, 한 가지 대혼란, 즉 Y2K 문제도 1980년대에 본격적으로 추진된 국가기간전산망이 유닉스 환경에서 코볼(COBOL)이 아닌 C언어로 구현되었기 때문에 아무 문제가 발생하지 않았다. 따라서 우리나라에서는 이 위기가 오히려 정보통신혁명 성공의 기회가 되었다.

여기에 추가하여 초고속 정보통신망이라는 날개를 달아준 것도, 이용태 박사의 두루넷 창업에서부터 비롯되었다. 두루넷으로 인하여 그동안 독점체제로 운영되어 온 대한민국의 통신망 사업에 경쟁의 불씨가 붙어 우리나라에 초고속통신망이 싼 가격으로 제공되게 됨으로써 인터넷이 날개를 달고 보편화되었다. 결국, 이러한 세계 최고 수준의 정보통신 인프라가 구축됨으로써 세계 최고의 인터넷 국가가 될 수 있었다. 이용태 박사의 말씀대로 (우리나라는 정보통신 산업에서) "두더지가 날개를 달고, 하늘을 나르게 된 것이었다."

당시 (정보통신 산업에서) 세계적으로 몰아닥친 5가지 난제로 선진국들은 혼란과 정체에 빠져 허덕이고 있었다. 그러나 우리나라의 경우는 이용태 박사라는 한 사람에 의해서 이 '모든 문제가 한꺼번에 미리 풀어져 버린, 세계적으로 유례가 없는 신기한 현상'이 벌어졌던 것이었다. 마치 문제가 무엇인지, 제대로 파악하기도 전에 문제가 해결되어 버린 꼴이다. 그래서 사람들은 그 위력도 모르고, 또한 그에게 고마움도 가지지 못하는 상황이 되어버렸다.

이것은 마치 역사적으로 최고의 명의[41]의 말씀대로이다. 사람들은 나 (편작[扁鵲, BC401~BC310])를 최고의 명의라고 칭송하며 받들지만, 진짜 명의는 자기 부친이라고 한다. 왜냐하면, 자신은 사람이 몹시 아플 때, 찾아와서 그걸 고쳐주기 때문에 사례(私禮)는 물론 고맙다는 칭송까지 듣지만, 자기 부친은 사람들이 그 지독한 아픔을 당하기 전에 미리 예방해주기 때문에 사람들은 고마운 줄도 모르고 사례도 하지 않는다. 사실은 '예방이 치료보다 몇 배나 어렵고 힘든 일'이기 때문이다. 따라서 사람들은 1980~90년대 우리나라에서 이루어낸 세계 최고 수준의 '정보통신혁명'이라는 기적은 편작의 부친처럼 그것을 미리 내다보고 미리 조용히 준비했던, 이용태 박사의 존재를 모르기 때문이다. (…) 그것은 마치 일등 복권에 당첨된 듯이, 우리가 '공짜로 얻은 행운'으로 여기고 있는지도 모르겠다. 생각해보면, 이건 당시뿐만이 아니라, 지금 시점에서도 우리 모두에게 엄청난 행운이었다는 걸 (다시 한번) 강조해 본다.

디지털 행정서비스 활성화를 위한 계몽활동을 전개하다

제9장
행정의 변화 · 혁신을 위한 '기회의 창'과 변화촉진자

정보화와 행정업무에서 변화·혁신

우리나라는 1970년대 후반부터 컴퓨터가 보급되면서 공공부문에서 컴퓨터를 도입·활용하기 시작하였다. 그러나 1980년대 중반까지도 범정부 차원에서는 본격적인 국가 전산화, 즉 정보화 계획은 수립되지 못하였다. 부처별로 추진되었던 정보화가 국가 차원으로 확대된 것은 1986년 '전산망보급확장과 이용촉진에관한법률'이 제정되고, 1988년 '국가기간전산망' 기본계획이 수립되면서부터 시작되었다. 이를 기반으로 비로소 부처 간 전산화가 상호연계를 고려하면서 정보화를 종합적으로 추진하는 계기가 마련되었다.[1]

그 후 계속된 분야별 계획과 기반 시설infrastructure 계획, 종합계획 등이 수립되면서 본격적인 정보화 추진의 장場이 마련되었다. 이러한 정보화 추진과정에서 정부 내에 분산되어 있던 정보화 관련 기능을 통합·조정하여 범정부적 차원의 정보화 추진을 위하여 1995년 '정보화촉진기본법'을 수립하였고, 2009년 정보화촉진법을 '국가정보화기본법'으로 전면 개정하였다. 2010년 전자정부법도 대내외적 환경변화를 반영하여 체계적으로 제정함으로써 제도적으로 법적 기반을 마련하였고, 2011년 1월에는 스마트 전자정부계획을 수립하여 오늘에 이르고 있다.[2]

우리나라는 1980년대 이후 행정기관의 정보화를 통한 체계적 전자정부 구축에 필요한 정책을 수립하고 전자적 서비스 제공·활용·확산을 전략적으로 추진하였다. 이러한 정책에 힘입어 정부의 일하는 방식 및 서비스 전달 방식에 많은 변화와 혁신을 가져왔다. 그 결과는 우리나라가 국제연합(United Nations: UN) 전자정부 평가에서 첫해 연도인 2003년 13위에서 시작하여 2010년, 2012년, 2014년 3회 연속으로 1위를 차지해 우리나라의 전자정부 구축 노력이 세계 여러 나라의 사례조사benchmarking 대상으로 주목받으면서 세계적으로 인정받는 전자정부 강국으로 발돋움하였다.

2022년 우리나라는 UN 전자정부 평가에서 3위를 기록했으며, 2010년부터 7회 연속으로 3위 이내의 순위를 기록한 유일한 국가가 되었다.[3] 이같이 세계 최고 수준의 광대역 통신망을 활용하여 정부 업무의 생산성과 효율성을 높이고 공공서비스 전달체계를 고도화함으로써 큰 성과를 창출하였다. 최근 UN이 발표한 2024년 유엔 전자정부 발전지수(E-Government Development Index: EGDI)에서 우리나라는 0.9679점을 기록하여 2022년 평가보다 1단계 떨어진 4위를 기록했다.[4]

그러나 전자정부 관련 법·제도·전략, 서비스·콘텐츠 제공, 온라인 참여 등의 지표 평가인 '온라인 서비스' 부분은 2단계 상승해 1위를 차지하였다. EGDI의 평가 기준은 온라인 서비스 수준, 통신 기반 환경, 인적자본 수준의 3개 분야로, 분야별 결과를 종합해 전자정부 발전지수를 산정한다. 2024년 평가지수는 통신 기반 환경에서 0.9917점으로 (2022년보다 3단계 상승한) 6위와 인적자원 수준에서 0.9140점으로 (2022년보다 1단계 상승한) 7위를 기록하였다. 이러한 결과는 우리 정부의 지속적인 공공데이터 개방과 국민의 온라인 참여 기회 확대 등의 노력을 높게 평가한 것으로 보인다.

이처럼 비교적 짧은 기간에 비약적인 발전을 이룩할 수 있었던 것은 정보화에 대한 사회적 합의를 바탕으로 세계적인 정보통신기술(Information and

Communication Technology: ICT) 발전 추세에 선제적으로 대응한 정부의 강력한 지도력과 명확한 목표설정에 따른 과감한 투자, 정보화에 적합한 국민성, 정부 주도의 산·학·연 간의 상생·협력의 공공경영governance 구축과 같은 성공요인이 어우러진 결과로 평가되고 있다.[5]

변화·혁신을 위한 '기회의 창'과 후발자의 추격

변화change와 혁신innovation은 동서고금을 막론하고 인간의 삶에서 일상적 과제로 일어나는 자연스러운 현상이다. 특히, 컴퓨터와 인터넷이 연동되어 일어나는 '디지털 진화'는 하루가 다르게 우리 생활을 변화시키고 있다. 이것이 우리 역사에서 일어난 최초의 '기술혁명'이라고는 할 수 없다. 그러나 거의 모든 사람이 '아날로그' 환경에서 중개인의 도움 없이 실시간으로 필요한 정보contents를 소유하고, 개발하고, 확산시킬 수 있게 된 것, 즉 '디지털 혁명'은 기술혁명이 처음이라고 해도 무리한 주장은 아닐 것이다.

우리가 오늘날 놀라워하는 기계장치들은, 유선전화가 그러했듯이 머잖아 벼룩시장에서 골동품으로 팔리게 될 것이다. 이러한 장치들은 보급이 확대될수록 속도와 계산 능력이 향상될 것이다. '무어의 법칙Moor's Law'에 따르면, 모든 계산기기의 바탕을 이루는 소형 회로판인 반도체의 처리 속도는 18개월에 2배로 빨라진다. 이는 2025년이 되면, 컴퓨터의 처리 속도가 2013년에 비해 64배 빨라진다는 의미이다. 또한, 광섬유를 통해 정보를 전송하면서 광자photon를 활용한 기술인 '포토닉스photonics 법칙'은 우리에게 가장 빠른 연결 형식인 광섬유 케이블을 통해 나오는 데이터의 양이 9개월마다 2배로 늘어난다고 말해 준다.[6]

이러한 법칙들이 태생적 한계를 가지고 있다고 하더라도, 폭발적인 성장 속도는 온라인 경험을 실제 삶만큼 사실적으로나, 심지어 그보다 더 낮게 만들어 줄 그래픽과 가상 세계virtual world의 가능성을 촉발한다. 실제로 기술 발전의 다음 순간은 공상과학 소설에서 나와서 인기를 끌었던 다수의 개념을 과학적 사실로 전환할 수 있다는 것이다. 이들의 예로는 무인 자동차, 생각으로 조종하는 로봇 움직임motion, 인공지능 그리고 디지털 정보를 시각적으로 겹쳐 볼 수 있도록 하는 증강현실 등이 있다. 이러한 기술들은 우리가 사는 자연 세계와 만나 이 세계의 많은 요소를 발전하도록 하면서 변화와 혁신을 유도할 것이다.

이것이 우리의 미래다. 그리고 이런 놀라운 일들이 이미 우리나라에서도 여러 분야에서 일어나고 있었다. 이 가운데 정보통신혁명을 몰고 온 하나의 예로서, 지금으로부터 반세기 전의 일로, '행정전산망' 사업을 들 수 있다. 행정전산망 사업은 디지털 플랫폼에 의해 주도되었으며, '규모의 효과'로 인하여 새로운 디지털 시대인 21세기에는 모든 일이 그 당시보다 훨씬 더 빨리 일어나고 있으며, 그런 변화는 현재 행정·정치·경제·미디어·경영·사회규범을 포함한 사회의 전 영역에도 영향을 미치고 있다.

이와 관련하여 최근 견해는 (변화혁신을 추동하는 신기술의) 추격과정에서는 후발자late-comer가 단순히 선진국의 기술 발전 경로를 답습하는 것만은 아니라는 것을 지적하고 있다. 후발자는 종종 몇 단계를 건너뛰기도 하고 선발자들과는 다른 독자적인 방법을 만들어 내기도 한다. 예를 들면, 프레츠와 소에트(Perez & Soete, 1988)는 새롭게 등장하는 기술·경제 패러다임 시기에는 모든 나라들이 초심자이고, 이는 동시에 신흥공업국과 같은 후발자들에게는 비약의 가능성을 의미한다고 하였다. 이러한 비약飛躍의 아이디어는 후발국들이 낡거나 성숙한 기술들을 뛰어넘고, 이전 기술 시스템에 대한 대규모 투자를 절약하는 대신에 신기술 패러다임에 투자를 더 빨리 집중함으로써, 선진국들을 추격 내지는 추월할 수 있다는 것이다. 세계화와 정보기술의 발달이 진행되면서 이러한 비약의 논리는 더욱 설득력을 얻었다.[7]

프레츠와 소에트(1988)는 '신슘페터주의'의 관점에서 새로운 기술·경제 패러다임의 출현이 후발자에게 '기회의 창window of opportunity'이 될 수 있음을 역설하고 있다. 그 외에도 경기 사이클이나 시장 수요의 변화 및 정부의 개입이나 규제의 변화도 후발자의 새로운 기회를 열어 줄 수 있다는 연구가 있다. 이들 연구에 의하면, 여러 가지 이유로 기회의 창이 열리면서 후발자는 이를 이용하여 선발자와는 다른 새로운 경로path-creating를 개척하여 성공하는 가능성이 있음을 논의하고 있다. 일반적으로 기술 발전의 평상시나 호황기에는 후발자가 선발자를 따라잡거나 넘어서기는 어렵다. 이유는 간단하다. 선발자가 기술, 마케팅, 산업정보 등의 분야에서 대부분 후발자보다 우위에 있기 때문이다. 그러나 '기회의 창'이 열리면, 후발자는 선발자와 동등하게 경쟁을 할 수 있다. 그 이유는 다음과 같이 3가지로 요약되고 있다.[8]

첫째, 기술·경제 패러다임의 변화이다. 새로운 패러다임에서는 선발자, 후발자 상관없이 모두가 동등한 출발선에서 시작한다. 대표적인 예로 1990년대 후반 디지털 기술의 출현은 후발자가 기존의 패러다임, 즉 아날로그 기술을 건너뛰어 디지털 기술 분야에서 선발자를 추격 및 추월하는 기회로 작용하였다. 즉, 텔레비전 산업에서 디지털 패러다임에 빨리 적응했던 대한민국은 아날로그 기술에 집착했던 일본을 추월할 수 있었던 것이 증명되었다.[9] 특히, 우리나라에서 정부의 지원으로 데이콤에서 주도한 행정전산망 사업이 또다른 하나의 예시라고 할 수 있다.

둘째, **불황기와 수요 조건의 변화**다. 불황기는 퇴출과 진입의 시간이다. 선발자는 수익 감소, 사업 축소 등의 어려움을 겪는다. 더구나 자원에 대한 경쟁이 완화되고 각종 요소 가격이 낮아지는 상황은 후발자에게 기회를 제공한다. 기술 이전과 외부 지식에 대한 접근이 쉬워지고 저렴해지기 때문이다. 신속한 추격자fast follower는 불황기를 기회로 삼아 공급망을 형성하고 시장에서의 영향력을 확대한다. 글로벌경영의 위기 상황에서 선발자들이 어려움을 겪자, 우리나라 기업들이 시장 점유율을 확대할 수 있었던 것도 이러한 예의 하나다.

셋째, **정부 규제, 법령, 산업정책의 변화**다. 인도의 경우에는 제약산업에서 자국 기업들은 정부 규제의 변화 속에 추격의 기반을 다질 수 있었다. 그리고 중국, 인도, 브라질, 우리나라의 통신장비 산업에서도 정부의 규제 변화 속에서 자국의 기업이 추격을 성공 또는 실패하는 모습을 보였다.

이러한 후발자의 추격은 세 가지 형태, 즉 '경로추종형', '단계생략형', 그리고 '경로창출형'이다. 우리나라의 경우에는 개인용컴퓨터, 기계 산업 등에서는 경로추종형의 형태로, 단계생략형의 예로는 현대자동차가 카뷰레터 엔진을 생략하고 전자분사식 엔진을 개발한 것, 삼성전자가 독자적으로 16K DRAM을 생략하고 64K DRAM을 생산했던 것 등을 들 수 있다. 마지막으로 우리나라의 코드 분할 다중접속(Code Division Multiple Access: CDMA) 및 디지털 TV 개발은 경로창출형의 예라고 할 수 있으며, 행정전산망 사업도 여기에 해당한다고 볼 수 있다.

특히, 정보통신 산업과 같은 새로운 산업을 창출하기 위해서는 가장 빠른 추격자에서 선도자first mover로서 패러다임의 전환이 필요하고, 그 중심에는 혁신적인 연구개발이 자리해야 한다. 즉, '새로운 지식'을 창출·축적하고 '새로운 시장'을 열고 '새로운 가치'를 만들어가는 일을 해야 한다. 기업은 혁신과 경제 성장의 주체로서 아무것도 없던 포항 영일만에 포스코를 건설한 것처럼, 또는 과거 중동의 사막에서 새로운 시장을 개척한 것처럼, 혁신성과 도전성에 승부수를 던져야 한다. 이를 위해서는 도전적인 연구개발, 혁신의 빠른 길이라는 인수·합병(Merger and Acquisition: M&A) 등을 적극적으로 활용할 필요가 있다. 또한, 정부도 각 정책 간의 연계와 통합적 추진이 필요하며, 산·학·연·관이 실제로 벽을 허무는 활동과 유기적인 연계·협력하는 노력이 필요하다.[10]

행정업무에서 컴퓨터 도입과 디지털 행정 시대의 시작

우리나라에서 정부가 행정업무를 처리하기 위해 컴퓨터를 최초 도입한 것은 1967년 4월이었다. 그 당시 경제기획원(현재 기획재정부) 조사통계국이 인구총조사 통계업무 처리 시간과 비용을 줄이기 위해 미국 IBM사의 'IBM 1401' 기종 컴퓨터를 처음 도입하였다. 경제기획원이 이 컴퓨터를 도입한 주목적은 기존에 사용하고 있던 일괄처리 기계, 즉 천공카드시스템(Punched Card System: PCS)의 계산속도를 향상하는 것이었다. PCS는 통계자료의 처리에 걸리는 시간을 단축할 수 있을 뿐, 1966년 실시되었던 인구 총조사 자료를 처리하기에는 역부족인 상황이었다. 이러한 상황에서 미국 출장에서 연방정부와 산업현장에서 컴퓨터가 유용하게 활용되는 현장을 목격한 김학렬 당시 경제기획원(현재 기획재정부) 차관이 통계국에 컴퓨터 도입을 과감하게 지시하였다.[11]

경제기획원 통계국은 'IBM 1401'을 도입하면서 3개월에 걸친 설치작업 끝에 1967년 6월 24일 박정희 대통령, 장기영 부총리, 김기형 과학기술처 장관, 김학렬 경제기획원 차관 등 주요 인사들이 참석한 가운데 컴퓨터 가동식을 했다. 당시 동아일보는 컴퓨터 가동식의 기사를 다음과 같이 전하고 있다.[12]

경제기획원 조사통계국의 컴퓨터 가동식 기사

(…) 이 전자계산기는 시가 40만 달러에 해당하는 것으로 통계국은 매달 9,000달러의 사용료를 내고 빌려 쓰게 된 것이다. 이 전자계산기의 성능은 1초에 6만 자를 읽을 수 있다.

예를 들면, 아직 세밀한 분석을 하지 못한 지난 1966년의 인구조사 결과를 완전히 분석하려면, 통계국 직원 350명과 2억 1,000만 원의 돈이 필요하며, 시간은 14년 반이 걸리지만, 이 컴퓨터를 사용하면 9,000만 원의 돈과 시간은 1년 반으로 단축할 수 있다. (…)

1967년 9월에는 한국과학기술연구소KIST에 '전자계산실' 조직을 설치하고, 각급 행정기관의 계산, 통계업무 등을 대체할 전자계산 프로그램 개발을 담당하도록 하였다. 이후부터 KIST 전자계산실은 업무 조직과 기능을 갖추어 1969년 CDC 3300 초대형 컴퓨터를 도입하고, 우리나라에 컴퓨터 및 소프트웨어 이용 기술을 본격 개발·보급하기 시작하였다. 행정에서 컴퓨터 사용을 돕기 위하여 KIST 전자계산실은 체신부의 '전화요금 전자정보처리시스템(Electronic Data Processing System: EDPS)'을 비롯하여 '예산 편성 및 배정업무의 터미널 이용', '한국은행의 수출지원 금융관리시스템', '교육부의 대학입학 예비고사 채점 시스템', '관세행정 EDPS화', '전매행정 EDPS화' 등 각급 정부 기관의 업무 전산화를 위한 프로그램 개발을 주도적으로 추진하여 현장에 보

급하는 역할을 담당하였다.[13]

특히, 체신부의 전화요금 계산시스템과 (교육부의 대학입학 예비고사 채점 시스템)은 국민과 직간접적으로 관련되는 행정업무를 저렴한 비용으로 개발하여 활용하는 혁신으로 우리나라 정보산업의 비약적 발전 가능성을 보여주었으며, 아울러 공공분야의 전자행정업무를 선도적으로 추진함으로써 민간 분야의 업무 전산화 확산에도 마중물 역할을 하였다. 다음은 이와 관련하여 〈전자신문〉이 전하는 가사의 한토막이다.[14]

행정업무, 전화요금과 대학입학 예비고사 전산화

외국에서 컴퓨터를 도입해 오는 것이 급선무였던 1960년대를 지나온 우리나라 컴퓨터 산업은 1970년대에 들어서면서 본격적인 적응기를 맞게 된다. 1970년대를 연 것이 바로 컴퓨터로 한글을 출력할 수 있는 라인프린터의 개발과 대량의 데이터 처리가 가능한 광학카드판독기 (Optical Character Reader: OCR)/Optical Mark Reader: OMR)의 활용이었다.

이 가운데 1970년 말과 1971년 초를 전후해 한국과학기술연구소 (KIST)와 한국IBM 등에서 주도한 한글 라인프린터의 개발은 컴퓨터 활용의 토착화를 알리는 최초의 사건이었다. 이어 1971년 체신부와 문교부가 각각 전신전화 요금 및 대학입학 예비고사 채점 전산화용으로 OCR을 도입한 것은 컴퓨터 활용 면에서 대량의 데이터 처리와 업무의 신속성·정확성·경제성 등을 함께 고려할 수 있는 계기를 제공해 주는 서곡이었다. (…) 한글 프린터의 개발과 관련해서도 엄청난 연구개발 과정을 거쳐야 했었다. 처음에는 풀어쓰기로 시작해서 숱한 진통을 겪으면서 모아쓰기로 발전했다. 모아쓰기도 조합형과 완성형으로 따로 추진되었으며, 서로 장단점을 다투다가 컴퓨터 메모리의 용량과 성능이 급성장됨에 따라 완성형으로 통일되면서 한글 프린팅의 문제는 완벽하게 해결되게 되었다. 아무튼 한글 라인프린터의 개발로 인해 굵직굵직한 정부 전산 프로젝트의 발주가 꼬리에 꼬리를 물고 이어졌다. KIST가 CDC와 함께 한글 라인프린터의 개발을 성공으로 이끈 직후에 착수한 사업이 바로 1971년 '체신부의 서울 시내의 전신전화 요금 업무 전산화'와 '문교부의 대학입학 예비고사 채점 전산화'였다. 사실 이 두 가지 업무의 전산화는 한글 라인프린터가 개발됐기 때문에 가능한 것이었다. (…)

체신부는 1970년 6월 1백 50만 원의 예산을 들여 체신부 내에 '전자식 데이터 처리 시스템(EDPS)' 기본계획을 수립한 데 이어 1971년 9월까지 서울 시내의 전신전화 요금을 EDPS화 했다. 전신전화 요금의 EDPS화는 구체적으로 서울 시내에서만 매일 수만 매씩 쏟아져 나오는 시외 및 국제전신전화발신증 처리를 전산화하는 것이었다.

이때, 체신부는 이 프로젝트를 수행한 KIST 전산실 측의 자문을 받아들여 내외의 강력한 반대를 무릅쓰고 막대한 비용을 지불하고 전신전화발신증을 처리하는 OCR시스템, 즉 'CDC OCR 936'을 도입했다.

시외 및 국제 전신전화 발신증은 내용상으로는 별것이 아니어서 입력 자료를 읽어 그대로 자기테이프에 수록하는 것이 고작이었다. 그러나 매일 수만 매씩 쌓이는 것을 천공카드시스템(PCS)으로 처리하는 것은 보통 고역이 아니었다. KIST 측은 매일 1천 3백 대 분의 PCS로 처리해야 할 시외 및 국제 전신전화 발신증을 OCR로 처리케 함으로써 오늘날 전화 대량 보급 시대의 견인차 역할을 담당해 줬다. (…)

전신전화요금 전산화는 KIST 전산실이 주도했고 CDC 등의 기술지원이 따랐다. 이때 체신부에서는 박종현(현 한국통신기술 상임감사). 이영남(현 농수산물 도매시장관리공사 사장) 등이 실무책임자로 나섰고 KIST 측에서는 김우영(현 하이퍼테크 대표)·권순덕(현 한맥소프트웨어 대표)·황대규(도미)·유락균(작고) 등이 참여했으며, CDC에서는 이지상(현 한국소프트웨어써비스 대표) 등이 참여했다.

전신전화요금 전산화 추진은 당시로서 자금 소요가 많고 성공 가능성도 크지 않아 체신부로서는 대단한 모험일 수밖에 없었다. 그러나 이사업이 훗날 체신부가 우리나라 컴퓨터 산업 정책의 주도권을 잡는 계기를 마련해 줄 줄은 아무도 몰랐다.

체신부는 서울시내 전신전화 요금 전산화의 성공을 계기로 박종현 등을 주축으로 1974년 체신부 전자계산소를 발족시키고 미스페리사로부터 대형컴퓨터 '유니백 1106'를 도입하면서 가입자 전신전화 요금 전산화 등을 진행하였다.

1970년대 초 치렀던 또 하나의 역사적 사건이 바로 1971년의 '대학예비고사' 채점 전산화였다. 이 프로젝트 역시 KIST 전산실이 맡았으며, 그 주역들은 안문석(현 고려대 교수)·김봉일(현 한국통신 소프트웨어 연구소장)·신동필(전 시스템공학연구소 소장)·최영화(현 KIST부설 정보기술교육센터) 등이었다. 문교부 측에서는 최지훈(현 서울대 교수) 등이 참여했다.

1971년의 채점전산화는 1969년 대학입학 예비고사가 처음으로 실시되고 난 뒤, 2년 만의 일이었다. 1969년 첫해는 수작업으로 처리했고, 채점 결과를 통해 합격자를 가리는 정도의 작업에 컴퓨터를 이용했다.

1970년에는 한글 라인프린터 개발 및 OCR 등 관련 장비의 도입 전이어서 개인 시험지에 직접 채점하고, 이것을 개인별 종합성적표에 옮겨 적는 일까지가 수작업으로 처리됐다. 그런 다음 전체 수험생에 대한 채점 집계와 석차 부여 및 합격자 결정 등은 PCS를 이용해서 IBM 80 컬럼 카드에 옮겨 처리하는 수준이었다. 이러한 처리 과정에서 실수와 오차를 없애기 위해 반드시 2회씩 검토과정을 거쳐야 했다. 그래도 이 작업은 나은 편이었다. 1969년 첫해는 채점 이후의 모든 통계 작업은 주산 5단 이상의 상업학교 학생 30여 명이 20여 일 동안 합숙하면서 작업했었기 때문이었다.

그런데 1971년부터는 채점에서부터 합격자를 가리고, 각종 통계를 내는 모든 과정이 전산화된 것이다. 포트란 언어로 구성된 응용프로그램과 OCR의 덕택이었다. 당시 이 프로젝트에 참여했던 최영화는 "예비고사 채점 전산화는 매우 힘든 프로젝트여서 연구원들 사이에서 기피

> 대상 1호였다"고 술회하고 있다. 답안지 입력에서 채점·사정에 이르기
> 까지 단 한 건의 실수가 용납되지 않는 완벽한 결과를 요구하는 작업
> 이었기 때문이었다. (…)

과학기술 업무 영역 전산화: 전쟁 시뮬레이션 프로그램 변환 처리

1972 당시의 국내 전산화는 대부분 일반행정업무 영역의 전산화, 이른바 업무 자동화 또는 업무자료 처리로서 대부분 코볼 프로그래밍 업무였다. 그런데 미 8군에서 전혀 다른 업무를 KIST 전산실에 위탁해 왔다. 대형 IBM 컴퓨터에서 돌아가는 그들의 전쟁 시뮬레이션, 즉 가상 전쟁게임 프로그램을 중형 컴퓨터인 KIST CDC 3300에서 돌아가게 해 달라는 과제였다. 그런데 그 프로그램 소스는 과학기술 연산에 적합한 프로그래밍 언어, 즉 포트란 FORTRAN 언어로 짜여있고, 그 분량이 큰 상자로 몇 상자에 달하는 엄청난 분량이었다. 당시에는 전산처리 업무가 대부분 행정업무처리였기 때문에 KIST에서도 대부분 코볼 프로그래머였고, '전쟁 시뮬레이션'은커녕, '시뮬레이션'이라는 용어의 뜻조차 아는 사람이 없는 환경이라 난감한 상황이었다.

이러한 열악한 상황에서도 포트란 프로그래밍을 알고 응용영역이 아닌 시스템프로그램 영역에서 일하던 이공계 출신 백인섭 연구원에게 미 8군에서 의뢰한 업무의 모든 것이 위임되었다. 며칠 동안 밤샘하면서 프로그램 소스를 대충 살펴보고 공부도 하면서 가능성 유무를 타진해 본 결과, 그는 불가능하다고 판단하고 과제수행을 거부했었다. 그랬더니, 미 8군 담당자들이 "일을 성공적으로 마무리하지 않아도 좋으니까 일단 맡아서 추진하라고 하면서 거기에 드는 모든 경비는 무조건 100% 지급하겠다"라고 말했다. 그것도

미국 달러로, 그렇다면 (우리가) 한번 해볼 만하다는 생각에서 수락했다. 밑져도 본전은 건지는 것이니 그것도 연구소 전체에서 그때까지 유례가 없는 달러 수입이니 말이다.

따라서 백인섭은 연구원 중에서 비슷한 배경을 가진 허문열(성균관대 교수 역임)과 권순덕(CDK SE 역임) 등과 팀을 만들어, 전쟁시뮬레이션 프로그램 이름을 그대로 따서 ATLAS팀을 만들었다. 백인섭 연구원이 팀장을 맡고, 몇 달간 밤을 새워가면서 씨름한 끝에 대형프로그램을 잘게 쪼개서 처리하는 방식인 오버레이overlay 기술을 사용해서 프로그램 변환을 성공시켰다. 그래서 IBM 대형 컴퓨터에서 돌아가는 전쟁게임 시뮬레이션 프로그램을 기종이 다른 CDC 3300이라는 중형 컴퓨터에서 돌아가도록 만든 것이었다. 이로써 KIST 전산실은 일반 자료처리가 아닌 과학기술 분야에서 업무처리 능력이 있음이 만천하에 입증하게 된 것이었다.

이 업무처리로 인하여 결과적으로 KIST는 상당량의 달러 수입을 얻었을 뿐만이 아니라, 한국군에서 그 유명한 한신韓信 장군과 미8군 사령관의 감사 표시로 KIST 방문을 받는 영예도 얻게 되었다. 그 후로는 이 일을 한미기획단에서 맡으면서 KIST 전산실의 매우 중요한 달러 고객이 되었다.

그 후 정부와 공공기관의 행정업무의 전산화를 비롯하여 민간 기관의 업무 전산화가 확산·구축됨으로써 우리나라에서도 디지털 전자행정 시대가 열리게 되었다. 또한, 정부에서는 국가기간전산망 사업을 효과적으로 추진하기 위하여 선진국의 시행착오를 피하고 후발자의 이점을 살릴 수 있는 전략을 마련하기 시작하였다. 1987년에 시작한 제1단계 '국가기간전산망' 사업은 국가 운영에 필수적인 국방, 공안, 금융, 교육 및 연구, 행정 분야의 업무 전산화를 추진하였다.

국가기간전산망 가운데 '행정전산망' 사업은 국민편의 위주의 작은 정부 구현과 선진 경제사회 실현을 위한 기반 자료 구축을 목표로 설정하고, 부처별·지역별로 흩어져 있는 행정정보를 체계적으로 전산화하고 전산 관련 행정, 제도 및 기술지원을 연계하여 추진하였다. 특히, 추진 대상 업무 가운데 주민등록관리, 부동산관리, 자동차관리, 고용관리, 통관관리, 경제통계관리 등 전 국민의 일상 및 경제활동과 밀접히 관련된 6개 업무를 우선으로 추진하였다. 그 결과는 행정관리에 필수적인 기본 자료의 디지털화와 특정 업무의 효율성을 높이는 데 공헌하였으며,[15] 오늘날 디지털 전자정부를 견인하는 선도국가로 자리매김하게 되었다.

혁신의 수용단계와 변화촉진자 역할

디지털 전자정부 구축을 위한 정보화 과정에는 다양한 변화와 혁신이 요구된다. 일반적으로 혁신을 위한 의사결정 과정은 '지식 – 설득 – 결정 – 실행 – 확인'의 5단계를 거친다.[16] 제1단계 '지식'은 잠재적으로 수용자(需用者, 혁신을 받아들이고 사용하는 사람)들이 혁신이 존재한다는 것을 알고 그것이 무엇이고 어떻게 작동하는가에 대한 기본적인 이해를 습득하는 단계다. 제2단계 '설득'은 잠재적 수용자들이 혁신에 긍정이나 부정적 인상을 받게 되는 단계다. 제3단계 '결정'은 혁신이 실제로 수용되거나 거부되는 단계다. 제4단계 '실행'은 혁신이 실제로 활용되는 단계다. 마지막 5단계 '확인'은 수용자들이 혁신을 사용한 결과를 송환함으로써 혁신에 대한 평가의 정보를 가지고 혁신의 사용에 대한 의사결정을 하는 단계다.

일반적으로 새로운 혁신이나 변화를 사용자들이 받아들이고 활동하는 정도는 5가지 유형을 나누어진다.[17] 첫째 유형은 '혁신가'다. 이들은 전체의

2.5% 정도이고 혁신을 즉시 그리고 기꺼이 받아들인다. 둘째 유형은 '초기 수용자'로서 전체의 13.5% 정도다. 셋째 유형은 '초기 대다수'로서 전체의 34% 정도이며, 넷째 유형은 '후기 대다수'로서 전체의 34% 정도다. 마지막으로 다섯째 유형은 '최후 수용자'로서 전체의 16% 정도가 여기에 속한다. 이들 '마지막 느림보' 유형은 끝까지 혁신을 거부하거나 마지막에 수용하는 사람이다. 이 유형 분류는 모든 혁신의 확산에 똑같이 적용될 수는 없겠지만, 수용자들이 이러한 비율로 신기술, 혁신, 변화 등을 받아들이는 경향을 보여준다는 것이다.

따라서 행정업무의 정보화 과정에도 새로운 혁신, 변화, 신기술의 수용과 확산에는 변화관리가 필수적이다. 일반적으로 조직에서 주요 변화는 힘power의 논리에 의하여 시작되며, 의사결정자가 변화를 도입·소개하면서 변화의 실천과 관리를 위한 책임자를 지명한다. 효과적 변화관리는 체계적 접근으로 이루어지며, 이러한 변화관리에는 변화를 요청받는 수용자Adopters, 변화 그 자체Black box, 변화를 선도하는 변화촉진자Change agent, 그리고 변화가 수용되는 환경Domain의 4가지 요소가 포함된다.[18] 대부분 사람은 혁신과 변화에 대하여 방향감각을 상실하거나 당황해하며, 때에 따라서는 강하게 저항하기도 한다.

그러나 혁신, 변화, 신기술의 수용은 하나의 사건이 아니고 과정過程, process이다. 그리고 혁신의 수용 과정은 절대적, 직선적, 같은 속도로 진행되지 않고, 비교적 예견할 수 있는 점진적 단계를 거쳐 성취되며, 이 과정에서 변화촉진자 역할은 매우 중요하다. 변화촉진자들은 혁신과 변화를 앞에서 끌어 주기 위하여 다양한 전략을 사용한다. 일반적으로 그들은 혁신과 변화의 초기 단계에서는 수용자에게 혁신과 변화를 안내하면서 혁신과 변화의 내용을 설명하면서 호기심을 불러일으킨다.

다음 단계에서는 혁신과 변화를 업무와 연계하여 관심을 불러일으키면서 성공 이미지를 보여준다. 마지막 단계에서는 혁신과 변화 내용을 학습하도록 유도하고 관련 자료를 제공하고 사용을 유도·지원하는 역할을 담당한다.[19] 이러한 과정을 거쳐서 혁신, 변화, 신기술 등은 보급되어야 하는 환경으로 전파되어 원하는 결과를 일으키는 데 공헌한다. 이러한 변화·혁신의 전파 과정은 행정전산화에서도 비슷한 형태와 과정을 거쳐서 이루어졌으며, 이러한 과정에서 이 사업의 기획과 일선에서 기술개발에 참여한 변화촉진자와 리더들의 용기와 추진력은 대단한 것이었다.

변화촉진자로서 관련 부처와 한국정보문화센터

우리나라에서는 1970년 초만 해도 컴퓨터는 고도의 과학기술 분야 계산에만 사용된다는 것이 대부분 지식인의 인식이었다. 이들 지식인은 오히려 컴퓨터를 만능의 기계쯤으로 인식하고 있는 일반인들과 달리, 그 다양한 응용성이나 확장성에 대해 많은 의구심을 가졌다. 기업들도 이 같은 인식의 범주를 크게 벗어나지는 못하고 있었다. 인건비가 아직 저렴하던 시기였던지라 컴퓨터 계산보다는 주판珠板의 효용성에 더 많은 기대를 거는 분위기가 팽배했다.

이런 분위기를 일신하고 컴퓨터에 대한 새로운 인식을 확산시켜준 사건이 앞에서 살펴본 1971년 한국과학기술연구소KIST 전산실이 완료한 '서울시 전화요금 고지서 발급업무와 대학입학 예비고사 채점 업무'라는 두 건의 전산화 작업이었다. 업무 전산화에 대한 이 두 프로젝트의 성공은 작게는 KIST 전산실의 능력과 신뢰성을 극적으로 제고시켜주는 결과를 가져왔으며,

대규모 공공프로젝트가 잇따라 발주된 것도 이때부터였다. 정보산업 측면에서는 어떤 분야라도 전산화할 수 있다는 자신감을 불어넣는 계기가 되었으며, 변화촉진자의 활발한 활동이 시작되기도 하였다. 그중 기록으로 남겨야 할 사항은 정부 관료와 정보통신 전문가의 활동이다.[20]

혁신의 변화 촉진자로 활동한 정부 관료와 정보통신 전문가

■ 정보통신부 이석채 장관 ■

1996년은 20세기의 마지막 10년 중 반이 지나 21세기로 들어서는 문턱이다. '정보사회'로 요약되는 21세기는 우리에게 이미 시작된 것이다. 올해는 또한 기본통신 시장개방이라는, 사상 유례없이 엄청난 변혁을 맞는 해이기도 하다. 이처럼 중대한 시기인 올해에는 본격적인 정보사회를 열어 국민 삶의 질을 높이고 사회 각 분야의 경쟁력 강화를 지원하는 한편, 정보통신 산업의 경쟁력을 획기적으로 강화하는 것이 중요한 과제다. 이에 정보통신부는 '정보통신 산업의 경쟁 촉진', 그리고 '민간 자율의 최대한 확대와 규제 최소화'를 정책의 핵심기조로 하여 다음과 같은 사항을 중점적으로 추진해 나갈 방침이다.

첫째, 정보화 추진체제를 재정비해 범국가적인 정보화 시책을 종합적으로 추진하면서 초고속 정보통신 기반 구축사업에 더욱 박차를 가할 것이다. 올해부터 '정보화촉진 기본법'이 발효됨에 따라 정보화 촉진 기본계획을 조속히 확정하여 추진하고, 특히 지역정보화와 산업정보화, 공공부문 정보화의 지원에 중점을 둘 방침이다. 또한, 초고속 정보통신망을 계속하여 확장하고 전문인력 양성과 민간 초고속사업자의 참여 촉진을 위한 방안을 마련할 것이다. 관련법과 제도의 정비, 각종 시범사업 등을 통하여 아직은 부족한 국민의 이해를 높이는 일도 매우 중요하다.

둘째, 정보 관련 산업육성과 기술개발 기반 확충에 힘쓸 것이다. 아이디어와 의욕을 가진 신세대의 창업을 적극 지원하고 정보통신 산업 발전을 저해하는 각종 제도를 개선하며, 기술개발을 위한 종합적인 대책을 마련할 것이다.

셋째, 통신사업의 경쟁체제 정착을 위해 노력할 것이다. 올해 상반기 중 7개 사업 분야에 대한 사업자를 신규로 허가하고, 97년 전면적인 국내 경쟁 허용에 앞서 허가신청제 폐지 등 제도개선을 추진하는 한편, 공정한 경쟁 여건을 조성해 나갈 것이다. 넷째, 각종 요금제도 및 무선국 허가제도 등을 국민편의 위주로 개선하여 정보통신 발전의 혜택을 국민에게 고루 환원토록 할 것이다.

마지막으로, 선진국과의 통상마찰에 적극 대처하는 한편, 국내 정보통신기업의 해외 진출을 위한 다각적인 지원책을 강구해 시행하는 등 국제 신교역 질서를 능동적으로 활용하는 체제를 갖출 것이다.

새해에도 전국의 정보통신인 모두가 함께 노력하여 정보사회에 더욱 큰 걸음으로 다가설 수 있게 되기를 기대한다.

■ 한국정보산업연합회 이용태 회장 ■

새해에도 많은 소망이 있다.

우선 정보화가 다가오는 총선에서는 중요한 쟁점(issue)이 되었으면 좋겠다. 선거에 나선 정당들이 자기 정당이야말로 정보화를 가장 잘할 수 있다고 유권자들을 향해 지지를 호소하는 목소리로 소리높여 외쳐 주었으면 한다.

유권자들도 우리나라가 선진국이 되려면 정보화를 다른 나라에 비해 뒤지지 않게 해야 한다는 것을 알아주었으면 한다. 따라서 정당이 정보화를 바르게 이해하여 입으로만 떠드는 것이 아니고, 진정 신념을 갖고 추진할 것이냐를 판단해서 투표하는 해가 되었으면 한다. 과거청산도 중요하지만, 미래를 향한 대비도 필요하기 때문이다.

또한, 국가 경쟁력 강화 민간위원회가 제안하는 정보화 촉진에 대한 제안이 실행에 옮겨졌으면 한다.

첫째, 미디어밸리의 조성이다. 멀티미디어·소프트웨어 분야에서 세계의 선진국이 되겠다는 목표 아래 소프트웨어 개발단지를 조성하고 아울러 정보산업대학원을 설치해서 본격적으로 소프트웨어 산업을 시작해 보자는 것이다.

둘째, 컴퓨터를 고등학교의 필수과목으로 채택하는 일이다. 우리가 선진국이 되려면 모든 국민이 컴퓨터를 자유롭게 쓸 줄 알아야 한다. 앞으로는 컴퓨터를 못 쓰는 회사원, 컴퓨터 못 쓰는 경영자, 컴퓨터 못 쓰는 공무원은 생각해 볼 수 없다. 그렇다면 컴퓨터를 고등학교에서 가르치는 것은 너무나도 당연하지 않은가. 그런데도 교육의 전문가 중 상당수가 이를 받아들이려 하지 않는다.

새해에는 이 생각이 바뀌어서 고등학교에서 컴퓨터가 필수과목으로 채택되는 합의가 이루어졌으면 한다.

한국정보문화센터는 1984년 11월 정보 이용 능력을 배양하고 전산망에 대한 전문기술 인력을 체계적으로 양성하며, 이와 관련된 계몽·홍보 사업 등을 효율적으로 추진하기 위하여 체신부(현재 과학기술정보통신부) 산하에 설립되었던 정부 출연기관이다. 《한국민족문화대백과》에 기록된 한국정보문화센터의 시작과 주요 업무를 요약하면 아래와 같다.[21]

한국정보문화센터의 시작과 주요 업무

1984년 11월 체신부 산하에 재단법인 '정보통신훈련센터'로 출발, 국내 최초로 비전산인을 대상으로 한 시스템분석과정(SA) 및 신기술과정 등을 개설, 인력양성에 주력하였다. 1988년 1월 재단법인 정보문화센터로 확대, 개편하여 정보문화 확산사업을 신규 확충하였다. 1992년 2월 「전산망보급확장과 이용촉진에 관한 법률」에 의거, 한국정보문화센터로 새롭게 법정 법인화되었다.

주요 업무는 지역정보화 추진을 위한 연구 및 진흥활동, 첨단정보기술의 연구개발 및 보급 활동, 정보화 관련 학술연구 및 관련 단체 지원, 정보화 촉진 시책의 연구·조사·자문, 정보문화 확산을 위한 홍보·계몽 및 관련 전시관 운영, 전산망 관련 정보통신 전문인력의 양성·훈련 및 응용교육, 정보문화 관련 시범사업, 정보문화 관련 국제협력 등이었다. 1994년 당시 문화진흥본부·지역정보화본부·전시관사업단과 정책연구실·총무부·감사부 등이 있었고, (부설)정보기술교육원이 있었다.

그동안의 주요 사업은 정보사회를 주도해 나갈 정보통신 및 컴퓨터 전문인력 양성을 위하여 소프트웨어·통신·신기술·초급인력양성 분야 등에서 50여 개의 교육과정을 운영하였다. 1984년부터 1992년까지 2만 6000여 명의 정보통신 전문인력을 양성하였다. 또한 정보문화홍보·계몽사업을 위하여 1988년 6월을 '정보문화의 달'로 지정한 이래 매년 행사의 원활한 운영과 성공적인 수행을 위하여 총괄 기획과 지원을 담당해 왔다.

또한, 지난 1989년 이후 '정보문화상'을 제정하여 보급·기술·교육 3개 분야로 나누어 시상하였으며, 1992년 국무총리가 수여하는 '정보문화대상'을 추가 신설하였고, 정보문화의 달 행사가 범국가적 행사로 이루어지도록 확대, 발전시켜 나갔다.

이러한 업무뿐만 아니라 정보문화의 확산을 위하여 공공캠페인을 통하여 국가사회 정보화에 대한 국민적 공감대를 넓혀나갔다. 계간지 〈정보문화〉를 비롯하여 정보사회를 쉽게 이해하고 체계적인 지식을 얻게 하려고 다양한 출판물과 영상물(정보문화 비디오)을 제작, 보급하였다.

그리고 사회 각 부문의 정보화 추진을 활성화시키고 지방화시대에서 정보화를 통한 지역간 균형발전을 도모하기 위하여 1992년 6월 정보화추진협의회를 결성, 사무국 구실을 하였다. 1992년에 전국 18개 지역에

농어촌컴퓨터교실을 설치하여 지역주민을 대상으로 컴퓨터교육을 실시하였으며, 1993년 10개 지역을 증설, 교육기관이 지역정보화의 거점 기능을 담당하도록 기능을 강화했다.

1989년 1월 서울특별시 강남구 삼성동에 정보문화홍보관을 개설하여 일반 국민을 대상으로 정보화 교육을 하였으며, 1992년 12월 농어촌 지역의 생산자와 도시지역의 소비자를 정보시스템으로 직접 연결하여 농수산물 유통의 합리화를 위한 지역정보화 시범사업을 가동하였다.

이 밖에도 정보화 환경 및 발전 추이를 다각도로 조사, 분석하여 이를 토대로 정보문화사업의 효율적 확산을 위한 전략을 연구해왔으며, 세미나·심포지움·강연회 등을 통하여 사회지도층 및 전문가의 의견을 수렴, 정책 반영과 공감대 형성에도 기여하였다.

한편 국제화시대에 부응하여 해외 정보화 신기술 도입, 선진 정보화기관 및 단체들과의 협력을 추진하였다. 특히, 중국 연변지역(延邊地域)의 교포들에게 정보기기 교재와 전문서적을 기증하는 등 해외 정보화 지원사업도 추진하였다.

한국정보문화센터는 2003년 '한국정보문화진흥원'으로 명칭을 변경하였다. 이후 2009년 한국정보문화진흥원이 '한국정보사회진흥원'과 통합되어 '한국정보화진흥원'으로 새롭게 출범하였다. 한국정보화진흥원은 현재 '한국지능정보사회진흥원NIA'으로 명칭을 변경하여 지난 40여 년 동안 우리나라의 정보화를 이끌어 온 경험과 기술을 바탕으로 국가 최고기술관리자(Chief Technical Officer: CTO)와 최고정보책임자(Chief Information Officer: CIO) 임무를 수행하는 지원 책임자로서 역할을 하면서 국가경쟁력 강화에 노력하면서 오늘에 이르고 있다.

제10장
국민의 컴퓨터 이해 수준과 정보화 계몽 활동

아날로그형 행정에서 디지털형 행정업무로 변화

우리나라는 1960년대 후반에 정부가 최초로 컴퓨터를 도입하여 행정업무에 사용하기 시작하였다. 그 이전까지 공무원들은 아직 복사기도 사용하지 않았으며, 대부분 업무는 아날로그형으로 이루어졌다. 따라서 여러 장의 문서가 필요한 경우에는 문서 작성에서 종이 아래 여러 장의 먹지를 겹쳐 깐 다음에 토시(셔츠 손목 부분 보호대)를 끼고 볼펜으로 글자를 꾹꾹 눌러 쓰면서 문서를 작성하는 진풍경을 연출하였다. 이러한 업무방식은 전형적인 아날로그형 행정업무 처리방식이었다.[1]

그러나 그로부터 반세기가 훌쩍 지난 오늘날 과거의 모습과 유물들은 모두 역사 속으로 사라지고 이제는 컴퓨터를 비롯한 다양한 정보통신 기기들이 국가의 정책 수립과 시행과정에서 사용되면서 정치·경제·사회·문화·교육 분야에 이르기까지 그 영향을 미치지 않는 곳이 없을 정도로 필수 도구가 되었다. 특히, 컴퓨터가 행정업무에 도입되어 국가행정 운영시스템과 과정을 획기적으로 개선·혁신하는 성과를 거두었으며, 사회 전반에 걸쳐 새롭고 다양한 가치문화를 창출하였다. 이른바 전반적인 국가사회가 컴퓨터의 등장과 정보통신기술ICT 발전의 덕택으로 아날로그형 업무처리에서 디지털형 업무처리로 전환되는 일대 혁명을 맞이하게 되었다.

이러한 맥락에서 우리나라 정부가 1967년 컴퓨터를 행정업무에 최초 도입·사용한 것은 역사적으로 한 획을 긋는 의미를 지닌다. 이것은 오늘날의 전자정부 시대를 시작한 출발점이기 때문이다. 전자정부라는 용어는 '전자정부 구현을 위한 행정업무 등의 전자화 촉진에 관한 법률'에서 시작되었다. 이 법에서는 '전자정부를 정보기술을 활용하고 행정 및 공공기관의 업무를 전자화하여 행정기관 상호 간 업무 및 민원사무를 효율적으로 수행하는 정부'로 정의하고 있다. 이러한 과정을 거쳐 시작된 전자정부는 1970년대에 이르러 행정전산화에 대한 인식이 제고·확산하면서 부처별 업무 전산화를 추진하는 정책이 수립되고 관련 기구를 구성하였다.

정부의 행정전산화에 대한 정책 의지가 날로 높아지면서 우리 기업도 국산 컴퓨터 개발을 위한 노력에 박차를 가하였다. 이처럼 당시 정부는 국산 컴퓨터를 개발하기 위해 적극적 지원 노력을 기울였지만, 외국 컴퓨터를 대체할 정도의 성과를 거두지는 못하였다. 그러나 개발과정에서 기술과 경험 축적, 인력양성 등이 자연스럽게 이루어짐으로써 후일 우리나라가 정보통신 산업과 국가정보화 발전, 그리고 정보통신 강국으로 발돋움할 수 있는 기반을 다지게 되었다.[2] 그러나 이러한 정부와 기업의 행정전산화를 위한 다양한 노력에도 불구하고 그 당시 국민의 컴퓨터와 정보통신에 대한 이해 수준은 초보단계를 벗어나지 못하고 있었다. 따라서 컴퓨터에 대한 기본 이해와 정보화에 대한 수준을 제고하기 위하여 정보사회에서 요구되는 기본 지식의 습득과 행정전산화에 따르는 환경변화에 적응하도록 하는 계몽 활동이 필요하였다.

1980년대 우리나라 국민의 컴퓨터 이해 수준

이용태 박사는 1982년 한국데이타통신주식회사(약칭 데이콤) 초대 사장으로 발탁되어 행정전산망 구축에서 주도적 역할을 담당하였으면, 컴퓨터와 통신을 접목한 데이터통신 정착·발전에 이바지함으로써 오늘날 인터넷 활성화에 선구자 역할을 담당하였다.[3] 이 사장은 데이콤에서 행정전산망 사업을 시작하기 전부터 기회가 있을 때마다 정보산업이나 정보통신 사업에 직간접적으로 참여하여 그 발전을 위하여 헌신하였다.

또한, 그는 우리나라에서 정보화가 하루빨리 이루어져야 한다는 신념으로 정보화 안착을 위한 계몽 활동에서도 선구자 역할을 담당하였다. 그 이유는 우리나라에서 정보화를 앞당겨 실현하고 선진국으로 나아가기 위해서는 정보화 의식이 전 국민으로 퍼져서 일상생활에서 반영·활용되어야 하였기 때문이었다. 이러한 관점을 반영하여 이 사장은 데이콤에 '교육훈련본부'를 설치하고 정보화를 위한 계몽사업을 추진하였다. 그 당시 '교육훈련본부' 설치 배경을 그는 아래와 같이 설명하였다.[4]

정보화 계몽활동을 위한 '교육훈련본부'

컴퓨터의 가격이 아무리 싸고, 배우기가 쉽다고 하여도 배우는 사람들이 어렵다고 생각하고 컴퓨터 근처에도 가지 않으려고 하면 (정보화 사업은 아무) 소용이 없다. 그러므로 우리가 정보사회로 가는 데 가장 큰 문제는 기술도 아니고, 생산 능력도 아니며, 경제적인 타당성도 아니다. 오직 사람들이 컴퓨터를 모르고 있다는 사실이 가장 큰 걸림돌이다. 컴퓨터가 무엇에 쓰이고, 어떻게 쓰는 것인지 모르는 무지(無知), 즉 아는 것이 없는 것이 가장 큰 문제이었다. 그런데 당시 그러한 계몽활동을 펼칠 마땅한 기관이 없었다. 그래서 나는 우선 데이콤의 '교육훈련본부'에서 그 일을 시작하도록 하였다.

이용태 사장은 데이콤에 '교육훈련본부'를 설치하면서 그 당시 우리나라 국민의 컴퓨터에 대한 이해 수준을 아래와 같은 실례를 통하여 설명하였다.[5]

국민의 컴퓨터에 대한 이해 수준: 컴퓨터는 척척박사(?)인가, 귀신(?)인가

우리는 집에서 어린아이들이 그린 소 그림을 보고 웃는다. 그들은 정확하게 그리기보다는 상상력으로 그림을 그리기 때문에 기상천외한 그림이 나오기도 한다. 소의 뿔을 다리보다 크게 그리기도 하고 네 개 있는 다리를 두 개만 그리기도 한다. 1970년대 후반만 하더라도 컴퓨터에 대한 일반 사람의 이해 수준이 이렇게 아이들이 그림과 같은 엉뚱한 것이 대부분이었다. 그 하나의 예로서 내가 한국과학기술연구소(KIST)에 있을 때, 기상천외한 전화를 받은 적이 있었다.

"여보세요. 저는 ○○○부에서 새마을운동을 담당하는 □□□인데요. 새마을운동이 얼마나 성과를 거둘 수 있는지 컴퓨터에 걸어서 그 결과를 좀 말씀해 주십시오." (…)

이 양반은 컴퓨터라는 기계는 귀신과 같은 지능을 가지고 있어서 무엇이든지 묻기만 하면, 그 자리에서 척척 답이 나오는 것으로 생각하고 있었던 모양이었다. 이것은 컴퓨터를 과대평가하고 있는 하나의 보기다. 컴퓨터는 어려운 계산을 문자 그대로 귀신같이 해내는 것은 사실이다.

"그 문제의 답을 얻으려면, 먼저 프로그램을 만들어야 합니다." "프로그램을 만들려면, 어떻게 해야 합니까?" (…)

"'새마을운동이 성공하겠냐?'고 물으셨는데 우선 성공이라는 것을 어떻게 숫자로 표현하는지 알아야 합니다. 다음에 기초자료와 성공을 나타내는 숫자 사이에 논리적으로 어떤 관계가 있는가를 정해야 하고요." (…)

"여보세요. 그런 복잡한 관계를 모르니까 컴퓨터에 걸어 보라는 게 아닙니까?" (…)

이 '마지막 질문'의 답은 무엇일까?

컴퓨터는 논리적으로 따질 수 있는 것밖에는 다루지 못한다. 직관적인 판단력은 없다. 방정식을 푼다든지 원가계산을 한다는 것이 컴퓨터로 가능한 것은 그것이 논리적으로 질서가 정연하기 때문이다.

컴퓨터 교육 강화와 컴퓨터 산업의 성장

우리나라에서 컴퓨터 산업이 정보화, 특히 정부의 컴퓨터교육 강화에 힘입어 점차 확대되면서 컴퓨터 전문기업이 생기면서 컴퓨터를 생산하기 시작하였다. 이러한 상황에서 이용태 사장이 만든 삼보컴퓨터도 급성장의 길로 들어서기 시작하였다. 특히, 1990년대 초기에는 삼보컴퓨터는 컴퓨터 전문기업의 이미지를 내세워 삼성전자, 대우그룹의 컴퓨터 관련 회사보다 고급 기종에서 많은 이익을 남기는 기록을 세웠다.

예를 들면, 대우전자가 MSX[6], 삼성전자와 대우통신이 XT[7]급에서 서로 경쟁한 데 비하여, 삼보컴퓨터는 전문기술을 이용하여 일찍부터 286 이상급에서 고가정책을 펴면서 많은 이익을 취할 수 있었다. 이러한 구도는 1993~1994년경 486급에서 삼성전자가 매직스테이션(Magic Station, 삼성전자의 데스크톱 컴퓨터 상표)[8]으로 1위를 굳히기까지 계속되었다.[9] 특히, 삼보컴퓨터는 정부의 컴퓨터 교육 강화에 힘입어서 전문기술과 컴퓨터 생산환경의 뒷받침으로 컴퓨터 분야의 선두 주자로서 기득권을 발휘할 기회를 맞았다. 또한, 대기업이 컴퓨터 산업에 관심을 보이기 시작한 측면도 본격적인 개인용컴퓨터 시장의 형성과 정보산업 활성화에 많이 이바지하였다.

1982년 교육용 컴퓨터가 학교로 보급되면서 학부모들도 자녀교육을 위한 컴퓨터 구매가 늘어나기 시작하였다. 1983년도는 우리나라에서 컴퓨터 시장이 불붙기 시작한 연도로 기록되고 있다. 그 당시 학부모들은 컴퓨터가 무엇인지도 모르면서 그것이 자녀들의 교육과 사회 진출에 필수적인 만능 기계로 인식하고 앞다투어 사기 시작하면서 우리나라에서도 본격적인 PC 시장이 형성되기 시작하였다. 그 당시의 컴퓨터 시장 형성[10]과 그 당시 컴퓨터 업계 선두 주자임에도 불구하고 삼보컴퓨터의 열악한 생산환경[11]에 대한 삼보컴퓨터의 강진구 부사장의 솔직한 고백은 다음과 같다.

1980년대 초반 열악한 컴퓨터 생산환경과 시장 형성

(…) 교육용 컴퓨터 1,000대를 우리(삼보컴퓨터)가 제일 먼저 납품했는데 그것이 끝나고 나니까, 교육용 컴퓨터에 대한 열풍(boom)이 일어난 거예요. 그때 캐나다에 수출도 하고 있어서 물량이 조금씩 늘어나긴 했지만, 갑자기 엄청나게 팔리기 시작해서 생산이 못 따라갈 지경이었습니다. 삼보컴퓨터는 그때부터 흑자가 되었죠. 삼정 공단에서 24시간 돌아가는 회사는 삼보컴퓨터밖에 없었으니까 공단에서도 소문이 쫙 돌았죠. 당시에는 사내 식당이 없어서 식당까지 가야 하는데, 그 시간이 아까우니까 음식을 배달하라고 해서 새벽 2시에도 먹고, 12시에도 먹고 했어요. 우리가 이렇게 밤을 새우니까 식당도 따라서 밤을 새우는 거예요.

(…) 전에 새 들었던 부천의 삼정 공단은 원래 봉재공단이었기 때문에 전자 제품을 생산하기에는 좋은 조건이 아니었습니다. 천정의 슬레이트가 떨어져서 하늘이 다 보이고, 창문도 잘 안 맞고, 겨울에는 무척 춥고 여름에는 무척 더웠습니다. 그 공장 옆에는 난로 만드는 공장, 페인트칠하는 공장, 쇠 깎는 공장 등이 있었으므로 아침에 청소를 깨끗이 해 놓아도 저녁에는 먼지가 꽉 차는 거예요.

심지어 이런 웃지 못할 일이 있었어요. 그때 사람들이 공단에 있는 공중화장실을 썼는데, 누가 제대로 관리를 안 하니까 문짝이 제대로 닫히지도 않고, 떨어져도 고치지도 않는 형편이었죠. 한번은 우리가 수출하던 캐나다의 수입상(buyer)이 왔어요. 그는 인도네시아 출신이었는데, 그 친구가 부인을 데려왔어요. 문제는 부인이 화장실을 가겠다는 겁니다. 그런데 공단 내에서 민간 집이 너무 멀어서 데려갈 수도 없어 할 수 없이 공중화장실에 데려다주었죠. 그러니 어떻게 되었겠어요. 그 수입상이 만날 적마다 그 얘기를 하는 겁니다. (…)

그러나 교육용 컴퓨터에 대한 이러한 열기는 오래 가지 못했다. 교육용 컴퓨터에 대한 일반인들의 열기가 갑자기 식어가면서 컴퓨터 수요가 급격히 줄어들었다. 그 이유는 컴퓨터 자체의 문제도 있었지만, 컴퓨터를 제대로 사용할 줄 모르는 사람들이 피상적으로 제품에 대한 불평을 시작했기 때문이다. 그 당시는 마이크로컴퓨터 생산 자체가 초기 단계로서 국산 컴퓨터가 일반 사람들의 기대에 못 미치는 수준이었음은 짐작하기 어렵지 않다.

또한, 일부 언론에서는 부정적인 시각으로 국산이기 때문에 품질이 시원찮다는 여론을 부채질하기도 했었다. 이러한 여론에 대하여 교육용 컴퓨터의 생산·보급의 주도자이었던 홍성원 박사(당시 청와대 전자공업 비서관)가 들려주는 세상에 드러나지 아니한 이야기 한 토막은 다음과 같다.[12]

홍성원 박사가 들려주는 초창기 국산 컴퓨터에 대한 품질 평가

(…) 그 당시만 하여도 저만한 컴퓨터 사용 능력을 갖춘 사람도 별로 없었지요. 제가 써보니 그 당시로는 참 좋은 컴퓨터예요. 쓰기 편하고 모양도 좋았어요. 초기에 나온 것은 한글 지원이 되지 않았고, 지금으로

봐서는 골동품이지만, 그런대로 기능을 발휘할 수 있었어요. 저나 기능직 사용자들은 아쉬운 대로 쓸 수가 있었던 것이죠. 그런데 늘 국산품을 부정적 시각으로 바라보는 사람들은 써보지도 않고 '그거 못쓴다'라는 편견을 퍼뜨리고 있었어요. 한번은 자동차를 타고 출근하다가 라디오 방송을 들으니까 '정부에서 5,000대 컴퓨터 보급을 했는데 그것이 무슨 컴퓨터라고 여기저기 나누어 주어서 나랏돈을 낭비하느냐'라고 어느 교수가 그러는 겁니다. (…)

그래서 교수님이 그 컴퓨터를 사용해 보았냐고 물었어요. 그랬더니 애플은 좋지만, 우리나라에서 만든 것은 장난감이라고 계속 우기는 겁니다. 사실은 애플(Apple)하고 성능이 같은 것인데 말입니다.

물론 완벽하지는 않았지요. 한글 지원이 안 되니까. 그렇지만 지도층 인사라는 분들이 좀 긍정적으로 말씀해서 앞으로 발전할 수 있도록 해야지, 막 싹이 나오기 시작한 것을 뭉개버려서야 하겠느냐고 말을 했지만, 그분은 그렇게 느꼈다고 계속 말하더군요.

컴퓨터가 온갖 것이 다 되는 만능 기계라고 생각하는 사람들은 그 기대가 못 미친 거지요. 그러니까 그 당시 교육용 컴퓨터에 대해서 수요가 확 올라가다가 여론이 나빠지면서 관심도가 또 확 식어간 겁니다. (…)

위에 인용한 글과 같은 맥락에서 새로운 상품에 대해 시장에서 한번 형성된 여론은 쉽게 바꾸지 않았다. 과학기술 발달과 함께 컴퓨터 기술은 하루가 다르게 발전하는 속성을 지니기 때문에 그 당시의 상황으로 볼 때, 언젠가는 다시 컴퓨터 사용에 대한 열기가 다시 일어날 가능성은 잠재하고 있었다.[13] 왜냐하면, 대부분 사람은 여론에 따라서 움직이기 때문에 당장 수요가 침체했다고 하더라도 모든 것이 끝난 상황은 아니었기 때문이다. 또한, 대기업의 입장에서는 당시 컴퓨터 시장의 침체 현상은 오히려 좋은 기회가 될 수도 있었다. 특정 분야에서 일시적인 불경기는 경쟁자들을 쓰러뜨리고 상품 수요에 대해 시장에서 우위를 확보할 수 있는 하나의 기회로 활용할 수 있기 때문이다.

이러한 단순한 원리는 시장경제에서는 항상 일어나는 일이다. 대기업에서는 원가 이하로 가격을 낮추어 파는 '헐값으로 팔기dumping'가 시작되었다.[14] 규모가 작은 중소기업도 우선 버티고 시장에서 살아남기 위하여 가격을 내리는 수밖에 없었다. 이러한 현상은 일시적으로는 수요는 더 늘어나게 되었으나, 얼마 가지 않아서 작은 회사들은 자금 사정이 쪼그라들면서 전전긍긍하기 시작하였다. 결국, 대기업의 헐값으로 팔기 공세로 시장을 짓밟고 독점하려는 계획에는 속수무책이었다. 결론은 소규모 컴퓨터회사들은 속속 문을 닫을 수밖에 별다른 방안을 찾지 못하고 문을 닫았다. 그 당시 상황에서 삼보컴퓨터도 새롭게 출발하는 중소벤처기업으로서 상황은 비슷하였다. 이러한 상황에서도 이용태 사장의 정보화 전도사로서 역할은 계속되었다.

정보화 전도사, 이용태 박사의 정보화 계몽 활동

우리나라는 1980년대에 들어와서도 컴퓨터를 업무에서 꼭 사용하여야 할 위치에 있던 기업가, 책임 있는 정부 관료, 심지어는 대학교수 등도 컴퓨터에 대한 기본 상식도 갖추지 못하여 위에서 잠깐 언급한 웃지 못할 생각을 가지고 엉뚱한 그림을 그리는 사람이 많았다. 이같이 어느 정도의 식견을 갖춘 지식인도 컴퓨터에 대한 이해의 정도가 너무 낮았으며, 컴퓨터가 마치 여의주, 즉 용의 턱 아래에 있는 영묘한 구슬로서 이것을 얻으면 무엇이든 뜻하는 대로 만들어 낼 수 있다고 하듯이 신출귀몰한 기계로 생각하는 일이 허다하였다. 일반 국민의 컴퓨터에 대한 수준도 초보 상태를 벗어나지 못하던 시절이었다.

따라서 이용태 사장은 이러한 일반인의 컴퓨터에 대한 무지의 바다를 헤쳐나가기 위하여 길잡이 사업을 구상하였다. 먼저, 그는 전 국민을 상대로 하는 행정전산망 사업의 핵심 내용을 '만화책'으로 만들어 배포하였다. (일반적으로 '만화를 이용한 국정 홍보'는 국민에게 정책이나 정보를 쉽고 재미있게 전달하기 위한 효과적인 방법으로 사용된다. 이같이 시각적인 요소가 강한 만화는 복잡한 내용을 간결하게 풀어서 요약하고, 친근하게 다가가 대중의 이해도를 높일 수 있으며, 젊은 세대부터 노년층까지 다양한 연령층의 관심을 끌어 효과적으로 다가갈 수 있는 장점도 있다.) 행정전산망 사업은 각계각층의 이해가 충돌하는 사업이었다. 이들의 이해충돌을 최소화하고 협조를 요청하는 데도 '홍보용 만화책'은 효과적으로 활용되었으며, 행정전산망 사업에 대한 공무원의 우려, 불만 등을 최소화하여 협조를 요청하고, 우리나라도 정보산업 선진국이 될 수 있다는 자긍심을 유도하면서 '할 수 있다(We can do it!)'라는 정신을 불러일으키는 데도 활용했다.

다음으로 이용태 사장은 앞에서 살펴본 데이콤의 '교육훈련본부'를 주축으로 '정보통신훈련센터'를 설립하여 활발하게 국민 계몽사업을 펼치게 되었다.[15] 정보통신훈련센터는 각계 전문가를 초청하는 강연회를 열고 인쇄물을 만들어서 배부하는 등 계몽사업을 펴나갔다. 그 후, 정보통신훈련센터는 '정보문화센터'라는 독립된 법인체로 발전하면서 전 국민을 상대로 정보통신 계몽사업을 계속하였다. 1988년 정보문화센터가 재단법인으로 출범하면서 이용태 박사가 초대 회장으로 추대되었으며, 그것은 오명 체신부차관의 요청에 따른 것이었다.

이 박사가 정보문화센터를 운영하면서 가장 중요하게 생각한 것은 정보문화의 계몽 활동이었다. 정보문화센터의 임무는 무엇보다 국민에게 정보화 사회에 대한 인식을 새롭게 하고, 정보화가 무엇이며, 왜 필요한 것인가를 깨우

치는 사업에 초점을 맞추는 것이었다. 아래는 정보화 계몽과 관련된 사업의 필요성에 대한 이용태 회장의 회고다.[16]

정보화 계몽의 필요성에 대한 이용태 회장의 회고

선진국은 과학기술을 담당하는 사람과 정책을 입안(立案)하는 사람 그리고 일반 국민 사이에 미래 기술에 대한 인식이 비슷하다. 그러나 후진국에서는 과학기술자들과 정책입안자 및 일반 국민과의 인식 차이가 매우 크다. 당시 우리나라도 후자 집단에 속했으므로 아무리 전문가 집단이 계획을 잘 세우고 추진하려고 하여도 정부 당국이나 일반 국민이 따라주고 밀어주는 힘이 약하기 때문에 정보사회로 나아가는 일이 매우 어려웠다.

위의 인용에서 나타난 것같이 이용태 사장은 우리나라가 정보화를 통한 선진국이 되려면, 정보화에 대한 관점, 즉 정보화에 관한 생각이나 태도부터 바꾸어 먼저 선진국을 따라가야 한다고 오래전부터 믿었다. 그는 기회가 있을 때마다 정보산업의 중요성을 주장하였다. 사실 정보화라는 것은 눈에 잘 보이지 않는다. 제2의 물결이 가져온 산업화는 커다란 공장 굴뚝이라든가 자동차 등과 같이 눈에 분명하게 보이는 것이었지만, 제3의 물결과 함께하는 정보화는 그렇지 않기 때문에 누군가 시범을 보이고 계몽을 통하여 설득하여야 했다.

다시 말하면, 이 사장은 '정보화 사업과 정보화가 어떤 것이고, 왜 필요한 것이며 어떤 방향으로 나가야 하는가?'라는 것을 포함하여 '선진국은 어떤 속도로 나아가고 있는가?' 등을 일반 국민에게 널리 홍보하여 가시화하는 일이 필요하다고 생각하였다.

종합하면, 이용태 사장은 데이콤에서 제1차 행정전산망 사업을 마무리하고 삼보컴퓨터로 복귀하고 난 다음에도 전 국민을 상대로 정보화 계몽 활동을 계속하였다. 다음은 '정보화 전도자'로서 정보화와 정보산업의 중요성을 강조하면서 계몽 활동과 관련하여 〈전자신문〉이 전하는 이 사장의 정보화 계몽 활동의 이력을 종합한 기사다.[17]

'e코리아 전도사' 이용태 삼보컴퓨터 회장

'e코리아 전도사.' 이용태 삼보컴퓨터 회장은 전국경제인연합회(약칭 전경련, 현재 한국경제인협회(한경협) e코리아추진위원회 위원장으로서 '한국의 정보 강국 실현'을 위해 앞장서고 있다. 그는 정부 관계자와 업계 여론주도자들(opinion leader)을 만나 e코리아 추진의 중요성을 강조하고, 이를 독려하고 있다. 이 회장에게는 e코리아가 한국을 살리는 최고의 선, 즉 '지고지선(至高至善)'으로 통한다. 그는 IT 산업계를 이끌어 온 개척자로 불린다. IT 불모지나 다름없던 지난 1970년대 중반에 한국과학기술연구소(KIST) 전자계산기 연구실장, 한국전자기술연구소(ETRI의 전신) 전산개발담당 부소장을 역임하면서 국내 어떤 사람보다 앞서 PC 기술을 도입하고 개발을 추진해 왔다.

그 후 1981년에는 삼보전자엔지니어링(삼보컴퓨터주식회사의 전신, 현재 TG삼보)을 설립해 국내 최초로 국산 PC인 'SE 8001'을 개발했으며, 이듬해에는 국내 최초로 캐나다에 국산 PC를 수출하면서 국내 PC 산업의 태동과 PC 산업 발전을 주도해 왔다. 그래서 우리는 그를 PC 업계의 산증인으로 부른다.

이뿐 아니다. 이용태 회장은 오랜 세월 동안 자신이 운영하는 기업 못지않게 국가경쟁력 확보를 위해 정부에 많은 제안과 대안 제시를 아끼지 않았다. 실제 정부부터 행정전산망을 갖춰야 한다는 주장을 펴서 데이콤의 사장을 맡은 것도 잘 알려진 일화다. 지난해(2001년)에는 정부에

200만 소프트웨어 인력 양병설을 제안해 화제를 낳기도 했다. 고희를 앞둔 이용태 회장은 요즘 그 어느 때보다 바쁜 나날을 보내고 있다. (…)

정보화 계몽을 위한 강연과 저술 활동

이용태 사장의 정보화 계몽 활동은 시간과 장소를 가리지 않고 계속되었다. 특히, 이 사장은 삼보컴퓨터와 데이콤의 사장으로 행정전산망 사업을 추진하는 과정과 그 이후에도 정부의 관료와 분야별 여론선도자를 찾아다니면서 대한민국의 정보화에 관한 자신의 의견을 전파하는 데 많은 시간을 보냈다. 또한, 자신이 있어야 하는 정보화와 관련된 (학술) 회의와 세미나는 장소를 불문하고 달려가며, 바쁜 일정 속에서도 원고청탁이 들어오면 사양하는 일 없이 받아들여 자신의 주장을 논리정연하게 펼쳤다.

　다음은 지방신문이 전하는 이 사장의 고향 영덕에서 '정보(화) 시대의 농촌'이라는 주제의 특강에 대한 요지다.[18]

정보(화) 시대의 농촌

(…) '앞으로 선진국이 되고 못되고는 가상 세계(cyber world)에 어느 국가가 가장 잘 적응해 나가느냐에 달려 있습니다.' (…)

삼보컴퓨터 이용태 회장은 우리나라는 일본이나 다른 여타 국가보다 정보통신망을 구축할 수 있는 여러 가지 여건이 오히려 나은 상황이어서 선진국으로 진입할 수 있는 절호의 기회를 맞고 있다고 주장했다. 이 회장은 전 국민이 인터넷을 사용하고 '정보고속화도로'의 기반인 광통신망 체계를 하루빨리 갖추어 나가는 것이 시급하다고 지적하고 이

부분에 대한 정부의 우선적인 투자가 따라야 한다고 강조했다. '사이버 시대에 잘 대비하면, 작은 기업도 세계 최고 온라인서점인 아마존(Amazon)처럼 성장할 수 있지만, 변화를 따라가지 못하면, 대기업도 살아남을 수 없습니다.' (…)

영덕군 창수면 인량리(나라골)가 고향인 이 회장은 물질적 풍요보다 정신적 넉넉함이 더욱 중요한 만큼 우리의 소중한 옛 전통을 계승·발전시켜 나가는 노력을 병행해나가는 지혜가 요구된다고 덧붙였다. (…)

이같이 이용태 사장은 기회가 닿는 대로 정보화를 통한 세상의 변화에 대하여 미래 지향적인 대책을 마련할 것을 정책입안자와 국민 대중에게 강조했다. 그는 일반 대중을 위한 정보화 계몽 활동을 위하여 신문과 잡지에 기고한 글과 각종 세미나, 강연회에서 강연한 내용을 묶어서 책으로 출판하기도 했다.[19]

먼저, 《컴퓨터 산책》이라는 책이다. 이 책은 1980년 〈매일경제신문〉에 연재하였던 '컴퓨터 한담閑談'의 내용을 종합·보완 것으로 대중계몽에 주안점을 두고 우리 생활 속에서 컴퓨터가 어떻게 자리 잡고 친숙해지는지를 사용 실례를 중심으로 쉽게 풀이한 것이다. 주요 내용은 제1장 / 컴퓨터의 발전추세, 제2장 / 컴퓨터란 무엇인가, 제3장 / 컴퓨터, 무서울 것이 없다, 제4장 / 남들은 어떻게 하고 있는가: 컴퓨터산업 육성정책, 제5장 / 우리가 나아갈 길, 제6장 / 로봇의 속과 겉, 제7장 / 세월과 더불어, 제8장 / 데이터통신과 데이터베이스, 제9장 / 시뮬레이션 그리고 (…) 등으로 구성되어 있다.

이용태 사장은 《컴퓨터 산책》의 머리말에서 정보사회에서 컴퓨터의 활용과 국가경쟁력 확보와 자아실현, 정보산업 발전과 컴퓨터 산업 육성정책, 컴퓨터 교육의 필요성 등을 강조하고 있다. 다음은 이와 관련된 내용이다.

《컴퓨터 산책》의 머리말 주요 내용

최근(1983년) 들어 우리 사회에서도 컴퓨터에 대한 인식이 놀라울 만큼 높아져 가고 있다. 컴퓨터 분야는 어느 기술보다 혁신 속도가 빨라 기능의 고도화와 다양화가 가속되고 있지만, 이용 방법은 더욱 간편해지고 있어 보급 또한 각계각층으로 퍼져 가고 있다. 이는 다가오는 미래 사회가 정보화 사회라는 새로운 흐름을 향해 부단히 진행하고 있음을 실증하는 현상이라 하겠다.

정보화 사회에서는 정보의 가치가 물질이나 에너지만큼이나 큰 비중을 차지하게 될 것이므로 국가가 기업뿐만 아니라 사회의 모든 구성원이 컴퓨터의 도움 없이는 올바른 의사결정이나 생산적인 업무처리를 기대하기 어렵다. 앞으로는 좋으나, 싫으나 컴퓨터가 사회 각 분야에서 필수적인 생활이기로 등장할 것이 틀림없으며 이 편리한 도구를 남보다 더 잘 알고, 더 잘 이용할 수 있는 사람은 모든 분야에서 더 큰 성과를 거두게 될 것이다. 국가행정에 있어서는 생산성을 올려 국력을 증대시킬 수 있으며, 개인에게는 더욱 만족한 자아실현을 돕게 될 것이다.

미국, 일본, 프랑스 등 선진제국은 일찍부터 컴퓨터를 비롯한 정보산업이 미래 사회의 주종산업이 될 것을 예상하여 국력을 기울여 개발과 육성에 노력하고 있다. 다행히 우리나라도 1980년대 들어와서 정부에서 적극적으로 컴퓨터 산업 육성정책을 펴고 있으며, 일반 학생에서 직장인, 기업인까지 전에 없이 높은 관심을 보이고 있고, 잠잠하기만 하던 국내 컴퓨터업계도 활기를 띠고 있다.

그러나 아직도 우리 사회에서는 컴퓨터를 신기한 요술상자로만 보는 사람이 있는가 하면, 컴퓨터의 필요성을 강조하고 있는 일부 진취적인 인사들까지도 실제로 컴퓨터의 실용성에 대해서는 거의 무지상태를 못 벗어난 경우가 있다. 컴퓨터가 일상생활 속에 정착되려면, 먼저 컴퓨터란 전문 기술자만이 다룰 수 있는 편리한 도구로서 인식되어서는 안 된다. 사실 컴퓨터는 그만큼 다루기가 쉬워지고 있기 때문이다. (…)

다음은 《정보사회, 정보문화》다. 이 책은 《컴퓨터 산책》이 출판된 이후, 각 신문잡지에 실었던 글들을 모은 것으로, 정보화, 정보산업에 대한 일반의 이해가 넓혀지고 우리가 선진국으로 가는 방향을 제시한 것이다. 구체적인 내용은 제1장 / 정보화 물결이 밀려온다, 제2장 / 정보사회, 정보문화, 제3장 / 생활 속에 피어나는 정보문화, 제4장 / 컴퓨터는 만능이다, 제5장 / 21세기, 한국은 어디로 가나, 제6장 / 정보화와 정보산업으로 구성되었다.

그리고 《컴퓨터가 어떻게 세상을 변화시킬 것인가》다. 이 책은 《정보사회, 정보문화》를 펴낸 뒤, 〈국민일보〉에 연재한 칼럼들을 위주로 하고, 그 밖에 몇몇 회사와 단체의 사보와 기관지에 발표한 글을 묶은 것이다. 이 책의 내용은 제1장 / 정보사회란 무었인가, 제2장 / 컴퓨터와 우리 생활, 제3장 / 정보사회와 기업, 제4장 / 컴퓨터 통신, 제5장 / 2005년 하루, 제6장 / 우리의 대응이다. 이 책의 머리말을 소개하면, 아래와 같다.

《컴퓨터가 어떻게 세상을 변화시킬 것인가》의 머리말에서

'우리도 컴퓨터 만들어 보자.' '컴퓨터 산업을 일으켜 보자.' 컴퓨터 만들어 보자고 소리치기 시작한 지가 20여 년이 지났으며, 강산도 두 번이나 바뀔 세월이 흘렀다.

이제는 이런 말들이 무색하리만큼 컴퓨터는 우리 주변에서 일상의 도구가 되고 있다. 많은 세월이 흘렀으니, 이쯤의 변화는 당연한 일일 터이지만, 외롭게 컴퓨터 국산화를 소리쳤던 나로서는 20여 년 전을 되돌아보니 감회가 새롭고 남다를 수밖에 없다.

그래도 아쉬움은 남는다. 조금만 더 일찍 시작했더라면…. 정부가 좀 더 적극적인 정책을 폈더라면…. 놓쳐버린 기회, 잃어버린 가능성 등을 생각하면, 정말 가슴이 아프다.

늦었지만, 그래도 다행스러운 일은 요즘에 정부나 기업이나 각종 연구 기관이 한목소리로 21세기를 앞두고 정보사회 진입을 체계적으로 준비해야 한다고 말하기 시작한 것이다. 그렇다. 늦었지만, 다행스러운 일이다.

감히 얘기하건대, 우리가 정보사회를 제대로 대비하느냐의 여부는 한 세기 전, 우리의 선조들이 맞닥뜨렸던 개화의 진로 설정과도 같은 문제이다. 지난 100여 년이 무력과 기술 경쟁의 시대였다면, 앞으로의 한 세기는 정보경쟁의 시대이다. 지난 한 세기 동안 식민지의 폭압과 민족 분단의 아픔으로 얼룩진 우리의 민족사를 다음 세기에 되풀이 할 수는 절대로 없다. (…)

이용태 사장이 강조하는 정보화 계몽 활동의 표어는 "우리나라가 산업화는 늦었으나, 정보화는 앞서가자"라는 것이다.[20] 우리나라에서 '행정전산망' 사업이 시작되는 시점에서는 '우리나라는 산업화도 늦었고 정보화도 늦었다'라는 것이 우리의 현실이었다. 그러나 우리의 저력과 가능성을 믿고 시작한 행정전산망 사업은 커다란 성공을 거두었으며, 우리나라가 선진국으로 발돋움하는 데도 일정한 몫을 담당했다고 할 수 있다.

행정전산망 사업과 관련된 기고 논문

이용태 사장은 '행정전산망' 사업을 책임지고 이끌어가는 과정에서 단계별 주요 과제와 연계된 주제에 대한 논문을 전문학술지에 기고·출판하면서 정보화 계몽 활동을 (이론과 실제를 병행하여) 계속하였다.[21] 이와 관련된 논문 가운데 먼저 데이콤의 신임 사장으로서 마음에 품고 있는 회포와 운영 방향에 대한 설명은 아래와 같이 요약된다.

데이콤 신임 사장으로서 행정전산망 사업의 시작에 대한 소회

현대 고도산업사회에서 국가별 정보 수준은 곧 선진국과 후진국의 격차를 나타내는 주요한 기준으로 평가되고 있다. 이러한 시대적 상황에 따라 여러 선진국에서는 이미 국가·사회발전을 가속하는 필수 수단으로 필요한 정보를 더 효율적으로 처리하여 송수신할 수 있는 데이터통신이 크게 주목받아 날로 발전을 거듭하고 있다.

그러나 우리나라는 아직 정보 이용의 낙후성을 면치 못하고 있는 초보 단계에 머무르고 있다. 따라서 국가적으로 이룩해야 하는 경제·사회발전의 고도화라는 지상목표 달성을 위해 하루빨리 이를 체계적, 종합적으로 육성·발전시키기 위한 전담 기구의 설립이 시급하게 요청되고 있는 시점에 이르렀다.

이런 시대적이고 국가적인 요청에 있는 데이터통신 사업은 성격상 광범위하고 다양한 연구개발과 신속하며 효율적인 수행이 수반되어야 하는 선도산업(先導産業)이다. 여기에는 전신·전화 사업과의 연계성을 유지하면서 창의성 발휘, 비용 부담의 안전성을 바탕으로 기업성(企業性)과 국가 보안, 서비스의 지속적 안정성, 보편성, 공평성 등에서 공공성(公共性)의 적절한 조화 등을 기대할 수 있다는 점에서 정부의 지원과 감독하에 민간 주도로 전문경영이 책임을 지고 운영할 수 있는 상법상(商法上)의 주식회사 형태를 택하게 된 것이다. (…)

다음은 첨단 통신기술에 관한 논문 작성을 통한 정보화 계몽 활동이다. 이용태 박사는 데이콤 신임 사장으로서의 밝힌 소회와 운영 방향에서 언급한 정보통신에 대한 해박한 지식을 사용하여 일반 국민이 이해하기 쉽게 데이콤의 정보통신 사업을 설명하고 있다. 이들 논문은 우리나라 정보통신의 역사에서 시작하여 데이콤 주관으로 진행되는 정보통신 사업의 추진 과정, 해결과제 등을 종합적으로 설명하고 있다. 그는 우리나라 정보통신 산업의

전개와 발전 과정을 아래와 같이 요약·정리하고 있다.[22]

우리나라 정보통신 산업 발전사

우리나라 정보통신 사업의 역사는 지금(1984)으로부터 약 10년에 불과하다. 1973년 KIST에 의해 시작된 시분할(time sharing) 방식의 자료처리 서비스를 시작으로 하여 대한항공(Korean AirLines: KAL), 금융기관 등에 온라인시스템이 가동되면서 정보통신의 편익과 사업으로서의 가능성에 대해 사회적 인식이 점차 높아가게 되었다. 그러나 1970년의 정보통신 사업은 모든 시스템이 특정통신회선(leased line)에만 의존해 온 관계로 더욱 대중적 사업으로 발전하는 데 한계가 뒤따르게 되었다.

1983년도에 들어오면서 3월에 PSTN(Public Switched Telephone Network, 공공 통신 사업자가 운영하는 공중전화 교환망)이 정보통신을 위해 개방되었고, 2월 15일에 해외정보통신망의 개통, 그리고 1984년 7월에 개통을 보게 된 국내외를 잇는 정보전용 통신망의 건설은 우리나라 정보통신사업의 발전에 새로운 전기를 마련하였다. (…)

컴퓨터와 통신을 유기적으로 결합한 연결망(network) 사회는 정보의 전달, 처리, 가공, 보관 등을 동시에 처리하여 기업활동, 사회활동, 국가행정 등의 제반 활동을 효율화하거나 활성화할 수 있다. 따라서 이를 위해서는 컴퓨터와 통신의 균형적 발전 등이 더 장기적이고 체계적인 정보통신 사업의 발전이 요구된다.

이처럼 정보화사회[23]로의 진입을 위한 노력이 결실을 보기 위해서는 정보사회 기반 시설(infrastructure)의 구축이 선결되어야 하며, 그 첫번째 과제가 정보통신의 육성 발전에 있다고 하겠다. 이를 위하여 정부는 1982년 한국데이타통신주식회사를 설립하여 데이터통신을 전담케 한 것을 비롯하여 정보산업 육성을 위한 기술진흥심의회의 구성, 교육용 컴퓨터 보급 등 각종 정보산업 육성정책을 펴온 바 있다. (…)

마지막으로 이용태 사장은 국가기간전산망 사업을 시작하는 단계에서 '행정전산망 구축'의 전체 개요, '지방행정 전산화와 데이터통신' 등의 논문을 통하여 정보화 계몽 활동을 전개하였다. 우리나라에서 행정업무에서 컴퓨터를 사용하기 시작한 것은 경제기획원(현재 기획재정부) 통계국의 인구 총조사census 자료처리에서 그 기원을 찾을 수 있다. 20세기 중·후반부터 시작된 산업사회에서 정보사회로의 변천은 다량으로 발생하는 정보의 수집, 저장, 분석, 검색을 효율적으로 할 필요가 있었으며, 전산 조직은 소프트웨어와 하드웨어의 발전에 따라 산업, 과학, 행정 등의 많은 분야에서 정보처리를 담당함으로써 이러한 시대적 요구를 충족시키는 데 일정한 부분을 담당하고 있었다.[24]

이같이 정보사회에서 산업 발전의 선도적 역할을 담당하는 반도체, 컴퓨터 및 통신 분야의 발달은 우리의 생활환경과 의식구조 자체를 바꾸어 놓을 수 있을 만큼 놀라운 속도로 발전을 거듭하고 있었다. 우리나라에서 20세기 후반 '행정전산망' 구축사업을 시작할 당시에 이미 선진국에서는 21세기의 주력산업이 될 정보산업 분야를 석권하기 위하여 첨단기술 그 자체가 수단이자 목표가 되어 개발에 치열한 각축을 벌이고 있었다.

이러한 추세를 반영하여 우리나라 정부에서도 국제적으로 급격히 변모하는 새로운 움직임에 능동적으로 대처하기 위하여 1983년 '정보산업육성의 해'로 지정하고 컴퓨터와 통신기술의 결합을 이용한 국가기간전산망 구축계획을 수립·실행하였다.[25] 특히, 그중에서도 '행정전산망' 사업은 대민 행정서비스의 증진과 효율적인 행정 체제의 구축, 더 나아가 대외적인 국가경쟁력 확보를 위한 역사적 사업으로 추진되었다. 이러한 상황에서 이용태 박사는 행정전산망 사업의 필요성, 목표, 기대효과 등을 전문학술지에 기고를 통하

여 대국민 계몽 활동을 전개하였다. 이와 관련된 논문의 주요 부분을 소개하면 아래와 같다.[26]

행정전산망의 필요성, 목표 및 기대효과

정부가 범국가적인 차원에서 행정전산망을 추진하게 된 배경이나 필요성을 살펴보면 다음과 같다. 첫째, 정부를 둘러싼 행정환경이 급속히 변화하고 있다는 사실이다. 과거의 행정은 협의의 집행관리 기능을 주로 담당하였으나, 현대적 의미의 행정은 과거 입법부의 고유기능이었던 정책 결정의 기능까지도 담당하게 되면서 현상 유지자의 기능이 아니라 변화를 스스로 주도하는 변화담당자의 기능까지 맡게 되었다. 이같이 행정영역이 확대되었을 뿐만 아니라 환경으로부터의 해결해야 하는 갈등 문제에 신속히 대처하고 생산성을 향상하기 위해서는 행정정보의 전문화 및 정책 결정의 종합정보 체계가 시급히 요구되는 것이다.

둘째, 경제발전을 통한 국민의 생활 수준과 의식 수준의 향상은 더 나은 행정서비스를 요구하기에 이르렀다. 즉, 국민의 기대 수준을 충족시키고, 행정수요의 양적팽창에 대처하면서 국민에 대한 책임 있는 대민봉사를 수행하기 위한 효율적인 수단으로 전 국민에 대한 책임 있는 대민봉사를 수행하기 위한 효율적인 수단으로 전산화가 필요하게 되었다. (…)

이러한 관점에서 볼 때, 결국 행정전산망이 궁극적으로 달성하고자 하는 목표는 다음과 같다. 첫째, 전국을 단일 정보권으로 형성할 수 있는 국가행정의 종합정보망시스템을 구축하고 국민에게 신속, 다양한 서비스를 제공한다. 둘째, 행정업무를 자동화함으로써 효율성을 높이고 전산 자원의 공용 활용을 통한 투자 효과를 극대화한다. 셋째, 현재의 국내 정보산업을 육성하여 수출 전략 산업으로 유도한다는 것이다. (…)

범국가적 사업인 행정전산망이 성공적으로 구축되고 효과적으로 운영될 때, 우리가 기대할 수 있는 중요한 효과는 다음과 같다. 첫째, 전국이 하나의 통신망으로 연결되고 종합적인 정보시스템이 됨으로써 보다 효율적이며 양질의 행정서비스가 제공되고 국민 편익이 크게 증대될 것이다. 따라서 행정부는 언제, 어디서나 필요한 정보를 신속하게 얻을 수 있게 되어 종합정보시스템을 이용한 정책 결정과 국제경제 동향의 장기 예측이 가능하게 되어 국가경쟁력도 크게 강화될 수 있다.

둘째, 국내 정보산업의 획기적인 발전을 가져오게 될 것이다. 국내적으로는 컴퓨터의 국산화를 조기에 실현하는 계기를 마련하게 되며, 국제적으로는 정보산업을 수출전략 산업화하여 부가가치가 높은 수출을 통해 무역수지를 개선하게 될 것이다.

셋째, 국민 실생활 차원에서 본다면, 전국적으로 균형 있는 발전이 가능하게 되어, 대도시로만 모이던 인구집중 현상에 대한 자연적인 해결책이 마련될 것이다. 이뿐만 아니라, 필요한 서류를 발급받기 위해서 본적지나 주소지로 가야만 하던 불필요한 여행이 해소되고, 민원 처리 시간의 단축으로 인한 대민 서비스의 향상과 친절한 대민봉사가 이루어지면서 정부에 대한 국민의 신뢰도가 향상되게 될 것이다. (…)

추가하여 이용태 박사는 '지방행정전산화에 따른 데이터통신의 필요성'과 '데이콤의 역할' 등에 대한 논문을 통하여 정보화 계몽 활동을 이어갔다.[27]

지방행정 전산화와 데이터통신 필요성과 데이콤 역할

지방행정 업무는 기획, 예산, 개발 등의 업무를 제외하고는 대부분 민원 창구 업무이다. 이는 곧 주민의 일상생활을 의미하며 전산화를 한다는 것은 주민의 편익 도모, 즉 봉사행정을 구현하는 하나의 방편이라고 볼 수 있다. 주민의 일상생활, 특히 밀접한 관계가 있는 기관으로서는 시·읍·면을 들 수 있는데 출생·사망신고를 비롯하여 전입·전출, 주민세 등 각종 세금, 취학, 예비군, 민방위 등의 시·읍·면에서의 행정사무는 지역주민의 생활 기반이 되고 있으므로 사무처리의 신속성 및 정확성은 주민 생활에 직접적이고도 지대한 영향을 미치고 있다. 한편, 주민들은 더욱 자상한 행정, 사회복지의 충실 등 여러 가지 요망사항이 있을 수 있다. 이러한 주민의 요구에 부응하고 업무처리의 개선을 위해서 컴퓨터의 활용은 필수 불가결한 것이다. 따라서 주민들이 컴퓨터 활용을 위한 일정한 창구 또는 시스템의 구축이 필요하게 된다.

이러한 온라인시스템 구축이 이루어지면, 업무처리는 컴퓨터에 맡기고 창구담당자는 주민과의 대화에 좀 더 많은 시간을 할애할 수 있으므로 주민 서비스 향상이 도모될 것이다. 다시 말하면, '지방행정 전산화'는 단순한 사무처리의 전산화라는 차원을 넘어서서 주민과의 의사소통(communication)의 확립이라는 차원에서 이해되고 시도될 때 비로소 그 유용성이 배가될 것이다. (…)

(…) '지방전산 행정화'를 효율적으로 이룩하기 위해서는 통신기술이 필수적이지만 우리나라는 아직 초보적인 단계에 불과하며, (선진) 외국과 비교하면 그 낙후성을 면치 못하고 있다. 즉, 우리나라 데이터통신은 교환기가 설치되어 있지 않으므로 모두 전용선에 의존하게 되어 있으며, 가입자는 전용선 양단에 연결된 가입자 사이에만 통신이 가능할 뿐이므로 회선의 이용률이 극도로 저조하고, 이는 회선사용료의 부담증가를 초래하여 전산화 그 자체에 제동(制動) 효과를 가져오고 있다. 이러한 여러 가지 문제를 해결하고 '정보기술시대'의 생활화를 촉진하며 데이터통신을 육성하기 위하여 관계 부처의 업무협조를 얻어 데이터통신 전담기관으로 설립된 것이 바로 '한국데이타통신(주)(데이콤)'이다. 데이콤의 역할 가운데 가정 중요한 것은 데이터통신교환기 (Network Node Processor: NNP)를 설치하고 이를 고속도 다중회선

(高速度多重回線)으로 연결하는 통신교환망(通信交換網, Data Communication Network: DACOM-NET)의 설치이다

이 교환망, 즉 DACOM-NET이 완성되면, 다음과 같은 기대효과가 예상된다. 첫째, 컴퓨터의 소유자나 단말기의 소유자가 전화의 경우와 마찬가지로 교환기까지만 회선을 연결하면, 교환망에 연결된 모든 컴퓨터나 단말기와 자료의 교환이 가능해진다. 둘째, 지금까지는 기종이 다른 컴퓨터 상호간의 연결이 불가능하거나 비효율적이었는데 앞으로는 DACOM-NET에 연결된 모든 컴퓨터는 상호 자료교환이 가능해질 것이다. 셋째, 컴퓨터와 컴퓨터, 또는 컴퓨터와 단말장치를 연결하기 위해서는 반드시 선로를 직접 연결해야만 통신할 수 있었으나, 앞으로는 이러한 단점이 극복되고 선로이용률을 극대화할 수 있게 되어 국가적인 이익을 가져올 수 있다. 넷째, 고장이 현저히 감소된다. 교환망에서는 최단기통로에 고장이 생겨도 2차 우회로가 마련되어 있으므로 통신이 중단되는 일이 없으며, 교환기는 전송데이터에 대한 완벽에 가까운 진단기능이 들어있으므로 고장발생률이 격감하게 된다. 다섯째, 고속회선을 많은 사람이 공동이용하므로 사용료가 상대적으로 저렴하게 되어 다수의 이용자에게 폭넓은 서비스가 가능해진다. 여섯째, 기타 화상, 영상정보도 처리할 수 있어 다양한 새로운 서비스를 제공할 수 있게 된다. (…)

지방행정은 국민 생활에 직접적인 영향을 미치는 대민행정이고 대부분 기초자료를 발생시키는 일선 행정이며 그 규모가 방대(厖大)하다는 점에 있어서 행정전산화의 주요대상이다. (…) 이제 시간과 공간을 초월할 수 있는 DACOM-NET의 등장으로 전산화는 한층 성숙단계로 접어들 것이며, 단지 읍·면·동까지 단말기를 설치하는 데 드는 비용만이 문제로 남을 것이다. 그러나 이것도 경제·과학 분야의 발전에 힘입어 멀지 않아 저렴한 장비가 등장할 것이므로 지방행정 전산화는 이제부터가 그 시작이라고 할 수 있다. (…)

이용태 회장의 정보화 전략과 계몽 활동

한국정보산업연합회(The Federation of Korea Information Industries: FKII)는 정보산업 부문의 활성화를 목적으로 1979년 3월에 '정보산업협의회'라는 이름으로 출발하여 1988년 한국정보산업연합회로 명칭을 바꾼 민간단체이다. 이용태 회장은 1987년 제3대 회장에 취임 후, 2000년까지 13년 동안 3~7대 회장을 연임하면서 우리나라 정보산업 육성과 정보화 확산을 주도하였다.

FKII의 회장으로 활동하는 기간에 이 회장은 정보기술을 통한 산업의 지식정보화, 기업경영의 디지털화, 산업간 융합화, 소프트웨어 산업 육성 및 활용의 확산, 산업계에 최적화된 인력의 육성 등과 관련된 분야에서 정보산업의 육성과 발전을 통하여 국가 경제발전 및 지식기반 정보사회 구현을 위한 다양한 활동을 전개하였다.[1] 그는 1988년 제4대 회장의 취임사에서 KFII를 우리나라 정보산업계의 중추 기관으로 육성·발전시키겠다는 포부를 아래와 같이 밝혔다.[2]

한국정보산업연합회 회장 취임사

(…) '회원가입 대상을 정보산업 관련 기업체 중심에서 관련 협회, 조합 등도 포함하여 규모를 대폭 확충하고 사업내용도 강화하여 국내

정보산업 발전의 구심점이 되도록 노력하겠습니다.' 이 회장은 중점사업으로 정보(화)사회에 대비, 정보문화 확산·계몽운동에 주력함과 동시에 국제협력 활동을 강화, 정보산업의 해외 교류 확대를 위해 힘쓰겠다고 말했다. '민주화와 아울러 정보화가 강조되어야 할 때입니다.'

이 회장은 정보산업은 단순한 산업 차원을 떠나 미래 문화개척이라는 차원에서 다뤄져야 한다고 주장하면서 정보(화)사회에 대한 수용 태세를 하루빨리 갖춰야 한다고 강조했다. '앞으로는 컴퓨터가 신체 일부분이 되어 컴퓨터 없이는 아무것도 할 수 없는 시대가 올 것입니다.' 이 회장은 이같이 미래의 정보(화)사회에 있어서 정보산업 발전은 곧 국가와 사회 각 분야에서의 생활 수준 향상을 의미하며 이것이 국제경쟁에서 이겨 선진국 위치에 오를 수 있는 비결이라고 설명하였다. (…)

'정보산업 발전을 위해서는 무엇보다 먼저 정보화에 대한 인식과 교육이 선행되어야 한다고 봅니다.' 이를 위해서 정부 차원의 계몽사업이 요구되고 있으며, 기업과 단체의 협조도 절실하다고 덧붙였다. 이 회장은 특히 정보산업 관련 기업체에서는 하드웨어 기술 향상에 주력하여 시스템 가격을 낮출 수 있도록 해야 하며 이들 시스템을 쉽고 간편하게 운용할 수 있도록 하는 양질의 소프트웨어 개발에 중점을 두어야 한다고 강조하였다. (…)

이용태 박사는 FKII의 회장으로 활동하는 동안 전국경제인연합회(약칭 전경련, The Federation of Korean Industries: FKI, 현재 한국경제인협회(한경협))의 부회장 자격으로 우리나라의 정보산업 육성을 위한 다양한 정보화 계몽에도 참여하였다. 이 박사는 민간 단체로서 대정부 활동에서 유연성을 갖추기 위하여 회원 구성을 하드웨어, 소프트웨어, 통신, 정보기술(Information Technology: IT) 서비스 등의 정보통신 산업 전체로 확대하면서 대통령선거 후보 초청 간담회, IT 정책 포럼 등을 개최하여 IT 관련 단체들의 협력을 유도

하는 지도력을 발휘하였다.

또한, 그는 국회 IT 관련 상임위원회 및 정부 부처 관계자들과의 네트워크를 통하여 산업계의 의견을 제언하고 공유하는 임무를 수행하였으며, IT 관련 글로벌 네트워크 단체인 세계정보산업기구(World Information Technology Society Association: WITSA), 아시아대양주정보산업기구(Asia-Oceania Computing Industry Organization: ASOCIO) 등에 우리나라 대표로 참여하면서 국내외에서 정보화 계몽 활동에 하였다.[3]

이같이 정보화는 사회생활에서 변화와 혁신을 요구한다. 특히, 우리는 기술 폭발로 인한 대변혁의 시대에 살고 있다. 기술 폭발과 이로 인한 경제사회에서 커다란 변화는 1990년대 정보통신기술(Information and Communication Technology: ICT)의 발달로 이미 충분히 예견되었다. 그러나 이제 ICT에 더하여 인공지능(Artificial Intelligence: AI), 클라우드, 빅 데이터 등 소위 제4차 산업혁명 시대의 차세대 신기술이 출현, 소위 강력한 디지털 범용기술군이 형성되면서 기술변화 자체의 속도, 심도, 범위도 폭발적으로 증가하고 경제사회 전반의 혁명적이고 불연속적인 변화가 본격적으로 전개되게 되었다.[4]

디지털화digitalization는 이러한 디지털 기술군의 대두와 그로 인한 경제사회의 급격한 변화 과정과 결과를 일컫는다. 디지털화는 세계화 및 인구구조 변화와 함께 미래 경제사회의 패러다임 변화를 일으키는 3대 요인 중 하나이다. 디지털화는 생산에서 시작하여 소비, 유통에 이르는 경제활동 전반은 물론 인간의 사회활동·인간관계에 대해서까지 심대한 변화를 초래한다.[5] 이용태 박사는 21세기 초반에 진행되는 이러한 디지털경제를 미리 예견하였다. 그리고 그는 KFII의 회장 자격으로 20세기를 마감하는 시점에서 경제와 사회의 변화에 초점을 맞추고 이 분야 정책입안자와 여론선도자의 의견을 종

합하면서 한국정보산업연합회를 이끌었다.[6]

국가경쟁력 제고를 위한 민·관의 정보화 전략

'국가경쟁력'은 사람에 따라 개념을 다르게 정의할 수 있다. 단순하게 국가경쟁력은 '국가이익'을 현실화할 수 있는 실제적 능력이라고 할 수도 있다. 이러한 국가이익으로서 국가경쟁력은 정치, 경제, 사회, 문화 등의 부분이 모인 총합이 아니라 하나의 전체 관점에서 파악되어야 할 것이다. 그러나 국가경쟁력을 구성하는 각 부문의 중요도는 국가나 시대에 따라 다르게 평가되고 있는 것이 현실이다.[7] 예컨대, 이전과는 다르게 오늘날에는 각국의 부패지수, 정보화 지수 등이 국가경쟁력의 중요한 척도로 사용되기도 한다.

21세기 지식기반 정보사회에서 국가경쟁력은 사회 전체의 지식과 정보를 생산, 유통, 활용하는 능력에 의하여 결정된다. 이에 세계 각국은 지식과 정보에 기초한 고부가가치 경제구조로 전환을 가속화하고 있으며, IT를 사회 각 부문에 도입하여 활용하기 위하여 노력하고 있다. 이같이 개별 국가가 정보화의 대응 전략, 구체적으로는 IT의 활용 방향 및 정보산업의 발전 과정에 따라서 21세기 국가경쟁력은 다르게 나타날 수밖에 없다. 바로 이러한 측면에서 정보화 관련 여론 선도층에서는 IT 및 정보산업이 21세기 국가경쟁력에 있어 관건이라고 한다. 아래에서 기업경영[8], 정치·행정[9], IT 관련 분야[10]의 여론선도자들의 정보화 전략에 관한 의견을 제시한다.

기업경영에서 정보화 전략

이 세상에서 변하지 않는 것은 모든 것이 변한다(Change is the only

constant)는 것뿐이다'라는 이 말이 정말로 실감이 나는 세상에 우리는 살고 있다. 변하지 않는 것이 없으며, 변화의 속도와 변화의 정도가 과거와는 전혀 다른 시대가 되었다. 이러한 변화가 전적으로 정보기술의 발전에 기인한다는 것을 이제 아무도 부인하지 않는다. 이렇게 변한 경제를 우리는 '디지털 경제'라고 부른다. (…)

이렇게 하여 세계시장은 지금 급속히 디지털화되어 가고 있다. 디지털화한 시장에 효율적으로 대처하기 위한 조직의 선택이 인터넷화, 즉 '디지털경영(e-business)'이라고 하겠다. (…)

결국 조직에서 목표 달성을 위해서는 전 조직의 '지식경영화'와 '전자상거래화'를 통합한 '디지털경영화'하는 것이다.

'지식경영'에는 하드웨어, 소프트웨어 그리고 웨트웨어의 세 가지 기본 요소가 있다. 우선, 하드웨어(hardware)는 물적 기초가 되는 것을 말하고, 그 하드웨어를 생산하거나 만드는 방법을 소프트웨어(software)라고 할 수 있다. 그러나 하드웨어와 소프트웨어를 실제로 만들어 내는 것은 웨트웨어(wetware)다. 웨트웨어는 인간 또는 인간의 두뇌를 의미하는데, 요즘 우리나라에서 이야기하는 신지식인(新知識人)도 이 웨트웨어에 해당이 된다. 결국, 지식경영에서 제일 핵심 사항은 웨트웨어가 제대로 작동하여 창의적인 소프트웨어, 즉 새로운 지식을 잘 만들어 낼 수 있는 효율적 시스템을 만드는 것이다. (…)

정치·행정에서 정보화 전략

(…) 그러나 이제는 미국의 기술개발 지원정책도 세계시장에서의 경쟁력을 강화할 수 있는 응용기술개발에 대한 지원으로 선회하고 있다. 이같이 경쟁력 강화를 위한 기술개발에 대한 정부 지원은 세계 공통의 추세이다.

정보화에 대한 정부의 개입은 크게 정보화 촉진 정책과 정보화 규제 정책으로 나눌 수 있다. 전자는 정보사회로의 변화를 가속화 하는 정부의 노력이요. 후자는 정보화로 인한 부작용을 방지함으로써 정보사회로의 변화를 바람직한 방향으로 조율해가는 노력이라 할 수 있다.

정부의 정보화 촉진 노력은 크게 세 가지 범주로 나눌 수 있다. 첫째, 소극적인 노력으로서 정보통신 산업에 있어서 규제 완화와 원활한 정보화를 위한 제도개선 등으로 기업들의 자율적 활동을 보장하고 민간 투자를 촉진하는 것이다. 둘째, 적극적인 노력으로서 인력양성, 기술개발 지원이나 공공투자에 의한 정보통신기반의 구축 등으로 민간의 비용을 절감시킴으로써 경쟁력을 강화하는 것이다. 셋째, 가장 적극적인 노력으로서 다자간, 쌍무적 정치협상을 통하여 자국 기업의 세계시장 진출 여건을 호전시키거나 불공정거래 감시 및 압력행사를 통해 타국 기업의 국내 진출을 제한하는 것이다. (…)

결론적으로 우리나라가 21세기 정보사회에서 선진국으로 발돋움하는 데 있어서 정보기술을 활용한 분야가 결정적 기여를 해야 할 것으로 보며, 그 과정에서 '인간이 존중받는 정보사회'라는 관점이 견지되어야 할 것으로 본다.

정보기술(IT)에서 정보화 전략

(…) 21세기 정보사회 구현을 위한 선진국의 노력을 살펴보면, 미국은 1970년부터 인터넷 구축을 통하여 정보사회를 선도하고 있다. 1993년에 정보고속도로(National Information Infrastructure: NII)를 구상하고 전자정부 계획을 발표하였고, 1996년에는 차세대 인터넷 개발계획 및 인터넷-Ⅱ(Internet-Ⅱ) 프로젝트를 발표하여 망고속화 및 지능화를 추진하고 있다. 2000년 6월에는 '디지털 경제의 출현 Ⅱ(The emerging digital economy Ⅱ)' 보고서를 발표하여 정보기술이 고용창출 및 국가 생산성 향상에 얼마나 공헌하는지를 보여주고 있다. 구체적인 수치를 언급하면, 1990년부터 1997년까지 8년 동안 정보산업 근로자의 생산성이

연평균 10.4%의 고성장을 기록한 것을 들 수 있다. 또한, 미국은 대통령직속자문기구인 '정보기술위원회'가 정보화정책을 주도하고 클린턴(Bill Clinton) 대통령 및 고어(Al Gore) 부통령이 직접 정보화를 이끌어 가고 있다. (…)

싱가포르(Singapore)는 1991년에 정보기술2000(IT2000) 계획을, 1996년에는 싱가포르원(Singapore One: Network for Everyone) 구축계획을 발표하고, 국가전산원(National Computerization Board: NCB) 주도로 정보화를 추진하고 있다. (…)

우리나라는 1980년대 후반 이후에 전화를 중심으로 정보통신이 급속히 발전하였다. 1987년 국가기간전산망 사업이 추진되었으며, 1993년 초고속정보통신망 구축계획이 수입되었다. 1996년에는 '정보화촉진기본법'이 제정·시행되어 국가정보화체계가 수립되었고, 2000년에는 2002년까지의 국가 정보화 비전으로 '사이버코리아 21'이 발표되었다. (…)

정보사회를 앞당기기 위한 국가의 기본과제는 정보화 기반의 강화라고 할 수 있다. 선진국들은 지식경쟁력을 강화하기 위하여 이미 마련된 탄탄한 정보화 기반 위에 지식체계를 구축하여 국가구조 자체를 지식정보기반 국가로 전환하고 있다. 따라서 우리는 현재의 산업사회에 뿌리내리고 있는 사회 가치와 경제 규범을 지식정보사회로 전환하기 위하여 먼저 정보화 기반을 더욱 강화하면서 동시에 사회 전반의 지식정보체계를 구축하는 데 노력을 기울여야 할 것이다.

첫째, 지식정보 인력양성을 통한 인적자본의 축적이다. (…)

둘째, 정부 자체의 혁신이며, 이를 통하여 정부의 경쟁력을 확보하는 것이다. 이제 정보기술의 활용을 통하여 정부 활동의 생산성 향상을 지식의 창출, 유통, 확산을 목표로 하는 지식정부를 지향함으로써 정부조직의 효율성을 높여야 할 것이다.

여론선도자를 통한 혁신 전파와 정보화 계몽 활동

여론선도자opinion leader는 가족, 친구, 직장 동료 등 사회생활에서 친밀한 대면 집단에 있어서 다른 사람으로부터 충고와 정보의 요구를 받는 사람이다. 일반적으로 여론전도자는 전문가 집단에 속하는 경우가 많다. 따라서 그는 혁신innovation의 전파와 수용에 있어서 중요한 역할을 담당한다. 전문가들에 의하면 새로운 기술이나 과정과 같은 혁신의 대중전달mass communication은 직접 대중에게 전달되는 것이 아니고 그물코처럼 펼쳐져 있는 대인 관계를 통하여 여론선도자가 전달 내용을 중계하거나 보강한다.

따라서 여론선도자는 전달하는 내용을 굴절시켜 다른 사람에게 전하거나 거부하는 것으로서 새로운 혁신으로서 정보통신 산업과 관련된 혁신과정에서 많은 영향력을 미친다.[11] 특히, 인터넷에서 여론선도자들은 전달 내용의 흐름에서 단순한 매개적 역할을 할 뿐만 아니라 전달 내용을 직접 선도하는 영향력 창출자의 이중적 역할을 담당하기도 한다.[12]

한국데이타통신주식회사(약칭 데이콤)가 주관한 국가기간전산망 가운데 '행정전산망' 사업에서 하드웨어 확보와 같은 기술 전망의 제시와 정보통신망의 구축은 기술의 사회적 선택과 같은 기술의 사회적 형성을 설명하는데 필요 조건이다. 앞에서도 살펴본 것과 같이 행정전산망 주전산기 개발사업은 초대형 중형 컴퓨터super mini-computer를 국내에서 독자적으로 개발하여 행정전산망 주전산기로 활용하고, 컴퓨터 기술 자립을 위한 기초지식을 확보해 국산 컴퓨터를 개발함으로써 국내 정보산업 및 컴퓨터 산업을 활성화하려는 목적으로 착안·기획되었다.

이러한 계획에 따라서 정보산업 분야에서 선진국으로 도약을 목표로 삼은 정부는 국가기간전산망과 종합정보통신망의 기반시설을 구축하여 다양한 정보를 값싸고 편리한 방법으로 검색하고 처리·송수신할 정보망을 구축함으로써 고도 정보사회를 구현하는 데 공헌하였다. 이러한 과정에서 데이콤은 컴퓨터 하드웨어와 소프트웨어 관련 기술을 우리나라 환경에 맞도록 이분야 전문가를 중심으로 하는 여론선도자와 협력하여 '선택과 집중'의 원리를 적용하여 개발하였다.[13] 이러한 과정에서 이용태 사장은 정보사회를 선도하는 정보화 계몽 활동을 '사랑방' 모임을 통하여 실천하였다.

정보사회를 선도하는 정보화 계몽 활동과 사랑방 모임

20세기 중후반부터 컴퓨터와 정보통신의 결합으로 이루어지는 새로운 매체의 가능성은 우리 사회를 디지털 정보사회로 변화시켰다. 정보사회의 영향은 긍정적인 측면과 부정적인 측면이 동시에 공존한다. 그러나 생각하기에 따라서는 정보사회의 어두운 측면만을 따지는 경우가 있다. 이러한 사고방식이 뜻밖에도 영향력이 커서 '정보사회'로의 발전에 커다란 장애 요인이 되기도 한다. 정보산업이 자원 절약적이고 두뇌집약적이라는 뜻에서 우리나라와 같은 부존자원이 빈약한 나라에서는 유일무이한 전략사업이라는 것은 두말할 필요가 없다.[14]

이용태 사장은 정보산업으로의 입국을 통하여 우리나라보다 앞선 정보산업 선진국을 따라잡는 전략 산업으로 '정보사회'의 조기 실현을 바람직한 수단으로 보았다. 이러한 추세가 여기저기서 나타나는 증거를 확인한 이 사장은 정보사회 구축에 필요한 하나의 도전으로 '정보사회'를 미리 살아보는 연습을 계획하고 실천하였다. 그는 새로운 기술의 개발자로서가 아니라 이를 이용하여 생활하는 사람들의 생활 습관 개선이 '정보사회'의 조기 실현에 큰 도움이 될 것으로 확신하였다.

그는 주변의 여론선도자를 중심으로 '정보사회를 생각하는 사랑방'이라는 모임을 만들었다.[15] 이 모임의 목적은 미래 정보사회에서 예견되는 다양한 생활방식을 직접 경험함으로써 미지의 문제를 실증적으로 알아내고 해결방안을 구체적으로 평가하는 것이었다.

사랑방 모임 회원과 온–오프라인 좌담회

데이콤 주도의 행정전산망 사업이 시작되던 1980년대 중후반부터 컴퓨터 사용이 보편화하기 시작하였다. 이러한 추세는 특정한 분야를 벗어나 경제와 사회조직으로부터 생활양식과 문학에 이르기까지 다양한 분야에서 커다란 변화가 일어나고 있었다. 이러한 변화에 대하여 일반인들은 꿈에서나 가능했던 일들이 이루어질 것처럼 기뻐하면서도 다가올 미래에 대한 약간의 두려움을 떨쳐버리지 못하고 있는 것도 사실이었다.

또한, 컴퓨터와 통신이 결합한 정보통신이 일으킬 문화적 충격과 함께 새로운 기술의 도전에 대한 대처를 위한 방법은 다양하게 나타나고 있었다. 이러한 상황을 목격한 이용태 박사는 새로운 기술혁신이 불러올 미래를 예측하고 그에 대한 대책을 논의하는 '정보사회를 생각하는 사랑방(이하 사랑방)' 모임을 1986년 4월 6일 결성하였다.[16]

사랑방 모임은 컴퓨터 분야는 아니지만, 사회 각 분야의 원로 12명으로 구성되었다. 모임의 간사는 데이콤의 유경희 연구위원이 맡았다. 그 밖의 회원으로는 역사 분야에서 고병익 교수, 의학 분야의 고창순 박사, 교육 분야에서 김재은 교수, 과학 분야에서 김정흠 교수, 미술 분야에서 김길웅 교수, 전자 분야에서 백영학 박사, 언론 분야의 손용 교수, 경제 분야의 조순 교수, 문학 분야의 한수산 소설가, 컴퓨터 분야의 이용태 박사 등이 분야별로 나누어져 있으며, 데이터 분야에서는 김광련 데이콤 공중통신사업본부장과 컴퓨터 분야의 이원정 데이콤 전산통신운영본부장이었다.[17]

특히, 이들 회원 가운데 역사학자 고병익 교수는 최고령으로 첨단기술에 저항적이면서도 반응이 매우 빠른 사람이었다. 그는 '무엇인가를 배워보려고 나왔다'라고 하면서 가능하면 첨단기술과 관련된 용어를 한글로 바꾸려는 노력과 욕심이 대단하였다. 예를 들면, 워드 프로세서word processor를 편집 타자기로 번역하여 사용할 것을 주장하여 그 '사랑방'에서는 워드 프로세서가 '편타기'로 사용되기도 하였다.[18]

온라인과 오프라인에서 이루어지는 '사랑방' 모임의 주제는 다양한 영역에서 선정되었다. '정보사회'는 사람에 따라서 모두가 다르게 정의한다. '사랑방' 회원에게도 마찬가지였다. 그러나 필연적으로 정보사회가 오고 있다는 것은 모두가 알고 있었다. 따라서 각 분야에서 활동하고 있던 여론선도자들이 해당 분야에서 예측되는 미래 변화에 대하여 생각해 보는 것도 의미가 있는 일이었다. '대화對話는 지식의 총화가 아니라, 서로 곱한 결과를 나타낸다'라고 말하기도 한다. 이렇게 하여 시작 단계의 '사랑방' 모임에서는 자신의 분야에서 미래 변화에 관한 토론으로 시작되었다.[19]

그러나 '사랑방' 회원의 분야별 예측은 몇 번 되풀이 되는 동안에 별로 흥미가 없는 주제가 되어버렸다. 이어서 전문가들에게 필요한 해외 정보은행을 사용하도록 권장하여 '정보검색' 경험도 서로 이야기를 나누는 모임의 주제가 자연스럽게 바뀌게 되었다. 이 주제도 얼마 동안은 흥미 있게 찾고 서로 의견을 나누는 모임의 주제가 되었으나, 데이터베이스 형식에 대한 인식의 부족, 서로의 관심사가 동떨어져 있다는 이유에서 데이터베이스에 관한 공통적 관심 사항의 부재로 인하여 결국은 화재의 초점을 만들기가 대단히 어려워지게 되었다. 이러한 시점에 마침 '온라인 대화'로 사랑방의 시스템을 바꾸어서 '한글 전자사서함'을 서로가 사용하도록 권장하였다.[20]

그러나 처음 얼마 동안은 '한글 전자사서함'도 이용에서 성과가 나타나지 않았지만, 꾸준히 사용함으로써 사서함 사용에 익숙해지면서 통신수단으로 자리 잡을 수 있음을 확인하였다. 처음에는 하루에 한두 번씩 전자사서함을 열어보거나 편지를 발송하도록 권장하였지만, 서로가 통신할 공통 관심사의 내용이 없는 경우가 허다하였다. 이 '한글 전자사서함' 기능은 '전자우편'으로 진화되어 오늘날에는 전 국민의 '필수적인 통신수단'이 되었다.

여기서 새로운 기술에 적응하는 방법을 여러 가지로 찾는 과정에서 '농담 현상 모집 온라인 백일장'도 열어보기도 하였고, 통신의 내용을 회원 전원에게 보내자는 것과 같은 새로운 주제를 찾고자 하는 노력을 기울이기도 하였다.[21] 그러나 주제 선정은 어려운 과제이었다. 사실 어느 것이나 성공적이라고 할 만한 주제 선정이 되지 못하였다.

'농담 현상 모집 온라인 백일장'에서 젊은 사람의 농담이 연세가 높으신 분들에게는 잘 맞지 않아 얼굴 뜨거운 경험도 몇 번 정도는 있었다. 그러한 과정에서 '공통적인 재미'를 '꾸준히' 찾아 회원들이 서로 나누는 하나의 주제와 방법을 고안했었다. 그것이 '하루 한마디'라는 주제의 프로그램이었다. 거기에 회원들의 적극적 대화 참여가 있었다. 어쩌다가 한번 모여서 회의가 끝나면, 헤어져 버리는 수많은 회의, 같은 사람끼리 어쩌다 한 번씩 즐기는 취미 클럽과는 다르게 이 '사랑방' 모임이 필요한 '정보 원천'이 되며, 대화를 촉진하는 매체의 기능을 하였다.

이렇게 하여 정보화 계몽 활동을 위하여 조직된 '정보사회를 생각하는 사랑방' 모임은 정보사회를 배우는 '대화 창구' 역할을 하면서 재미를 만끽할 수 있는 모임으로서 서로의 인정이 오가는 모임이 되었다.[22] 이것은 '정보를 먼저 주는 마음'으로 모임에 참여하였기 때문이었다. 이같이 행정전산망에서 구축된 정보화 체험을 전파·확산하는 과정에서 '사랑방'과 같은 모임은 혁신을 전파하는 하나의 사례로 기록할 수 있을 것이다. 아래는 '사랑방'에서 공모한 한편의 온라인 '농담 현상' 백일장 당선작[23]과 '전자사서함'으로 이루어진 짤막한 이야기 한 토막[24]의 예시자료이다.

농담 현상' 백일장 당선작

'새해 복 많이 받으세요' 하면서 어떤 며느리가 세배를 드리는데 갑자기 '뽕…' 하면서 방귀를 뀌었습니다. 놀란 시어머님이 며느리를 감싸주느라고 누가 ○○○/○○○○ 하는구나 하였답니다.

방귀를 고유 한국어 3자로 표현해 보면, '똥트림'이고, 방귀를 고유 한국어 4자로 표현하면, '똥딸국질'입니다.

전자사서함에 게시된 이야기 한 토막

한번은 우리 데이콤 직원 한 사람이 급히 아파트를 팔아야 할 매우 급한 상황에 있었습니다. 물론 복덕방에도 내어놓았지만, 하루가 바쁜 상황이었습니다. 그래서 우리 직원 가운데 누가 살 사람이 없느냐고 전자사서함으로 문의하였대요.

마침, 그런 걸 사려고 했지만, 시간이 없어서 다니질 못했던 직원이 있어서 흥정을 붙였습니다. 그래서 매매가 성사되었지요. 그런데 팔 사람은 돈을 적게 받으려고 하고, 살 사람은 돈을 많이 주려고 하고… 이거 원 참, 이상한 거래를 다 봤어요. (…)

제12장
디지털 정보통신혁명을 주도한 영웅들의 이야기

변화·혁신과 리더의 역할

오늘날 경영학의 강조점은 기술 습득에만 의존했던 지도력 교육에서 그 기술을 다루는 리더, 즉 지도자에게로 옮겨지고 있다. 사회변화에 따른 새로운 기술 흐름을 수용하는 일보다 '통찰과 진정성을 지닌 리더'가 필요하다는 각성 때문이다. 이러한 관점은 1980년대 우리나라에서 행정전산망 구축을 통한 정보통신혁명을 주도한 디지털 변화·혁신의 최일선에서도 찾아볼 수 있다. 또한, 최근 코로나19 감염병pandemic과 함께 불어닥친 조직력의 약화에 따른 관점의 변화는 더욱 절실하지만, 변화와 혁신을 위해서도 꼭 필요한 것이다. 이러한 변화와 혁신은 구성원의 상호협력을 바탕으로 한 '플러스알파'에 달려 있다.[1]

여기서 말하는 '플러스알파'는 개인이 함께 모여서 일할 때, 새롭게 창발創發되는 능력이다. 이때의 능력은 개인들이 혼자 떨어져 있을 때는 발휘되지 않다가 서로 협업할 때, 비로소 떠오르는 아이디어 같은 것이다. 그 아이디어에서 변화와 혁신이 나온다. 그렇다면 혁신은 '협업을 통한 플러스알파'다. 그러나 우리 사회는 혁신의 아이디어와 동력을 상실해 가고 있다. 왜 그럴까? 상호 관계가 점점 힘들어지면서 조직에서 고립감과 무력감까지 자연스럽게 퍼지고 있기 때문이다.

이런 상황에서 리더는 단순히 팀이나 조직을 관리하는 데 머물지 않고, 전체 구성원의 성장을 촉진해야 하며, 개별 인간의 전반에 대한 이해가 풍부해야 한다. 사람됨을 우선하는 리더는 조직에서 단체 활용에서 자신도 성장할 뿐만 아니라 구성원 간의 상호 작용 및 협력 관계 구축 능력도 갖출 수 있다. 이런 리더가 조직에서 존재감을 드러낼 때, 조직은 차별성을 지닐 뿐만 아니라 협업을 통한 플러스알파, 즉 집단지성集團知性의 발현을 통한 조직 발전에도 이바지할 수 있을 것이다.

그렇다면 아러한 지도력에 필수적인 리더의 자질은 무엇인가? 확신을 두고 행동하는 용기인가? 열정, 직관, 그리고 겸손인가? 〈하버드 비즈니스 리뷰 *Harvard Business Review*〉 편집진은 다양한 사업 배경의 리더들에게 가장 중요한 지도자의 자질이 무엇인지, 그 자질을 얻기 위해 어떤 시험을 통과했는지를 물었다. 대답은 예상과는 항상 일치하지 않았다. 이들 리더의 이야기기는 대부분 조직(회사)이 힘겨운 싸움에서 승리를 거두게 된 이야기로서 조직이 변화나 혁신을 통해 뛰어난 성과를 올리면, 조직의 성공이 곧 리더의 성공이 된다. 여기서 예시하는 리더들에게 필요한 자질은 **겸손, 에너지, 직관, 비전, 통찰, 열정, 신념, 배움** 등이다.[2]

첫째, **겸손**은 조직에도 필요하지만, 리더들에게는 꼭 필요한 자질이다. 하나의 예로서 핀란드 노키아에서는 계속 번창하기 위해서 밖으로 눈을 돌렸다. 고객의 말에 겸손하게 귀를 기울이고 밖에서 아이디어를 찾았다. 노키아는 인터넷과 이동성의 통합을 위한 변화를 감지하고 가장 빠르게 대처하는 방법으로 관리자들은 다른 사람들을 통해 자신의 시각을 넓혀야 했으며, 그러기 위해서 겸손해졌다. 이러한 관점은 자신이 다른 사람들에게 얼마나 많이 의존하는지 확연하게 알 수 있게 해주고, 다시 한번 겸손하게 만든다. 둘째, 에너지는 조직 성장의 열쇠로써 회사의 고유한 문화이다. 에너지 넘치는 조직의 구성원들은 도전에 부딪혔을 때, 망설이는 법이 없다. 그러나 에너지 넘치는 환경에서 리더의 에너지가 부족하면, 조직은 그것을 느낌과 동시에 일의 속도는 늦을 수밖에 없다. 이러한 관점에서 중요한 결정에서 명확한 태도를 보이는 에너지는 리더의 자질로서 중요하다.

셋째, 사람들은 조직의 최고 자리에서 느끼는 외로움에 관해 자주 이야기한다. 이같이 리더가 외로운 것은 사실이다. 팀을 만들고 팀과 함께 일하지만, 팀 구성원과 공유할 수 없는 어려운 결정을 내려야 할 때가 있다. 이러한 상황에서 리더는 균형을 유지하는 것이 쉽지 않다. 리더의 직관이 필요하다. 직관은 복잡한 상황에서 신속하고 효과적인 결정을 내리는 데 중요한 역할을 한다. 그러나 직관에만 의존하는 것은 위험할 수 있으며, 자료를 기반으로 하는 분석과 균형이 필요하다. 넷째, 직업의 정체성 관점에서 리더들에게 비전이 요구된다. 리더는 불확실한 상황에서도 총체적으로 가장 바람직한 미래를 상상하고 이를 구성원들에게 설득하는 사람이다. 이 과정에서 리더는 자신이 제시한 비전이 조직의 기초가 될 수 있도록 확신시키고, 구성원들이 그 비전을 실현하기 위한 동기를 부여한다.

다섯째, 대부분 사람은 자신이 속한 조직을 시스템 관점에서 보기 어렵다. 이것이 리더가 갖추어야 할 통찰의 능력이다. 통찰력은 복잡한 상황 속에서 핵심을 파악하고 문제의 본질을 꿰뚫어 보는 능력이다. 마치 숙련된 의사가 환자의 증상을 통해 병의 근본 원인을 진단하듯, 리더는 다양한 정보와 의견 속에서 핵심 문제를 정확히 파악하고 효과적인 해결방안을 제시해야 한다. 여섯째, 변화와 혁신을 이루기 위해서는 열정이 필요하다. 리더의 태도와 열정은 조직 내에서 하나의 기준을 설정하게 된다. 리더가 자신의 역할에 대해 열정적이고 책임감 있게 임하는 모습을 보일 때, 팀원들도 그 리더의 태도를 따라가며 주도적으로 일에 임하게 된다. 리더가 열정을 가지고 팀을 이끌 때, 팀원들은 자신도 더 나아가고 발전할 수 있다는 신뢰감을 얻게 되며, 이는 자연스럽게 팀 전체의 성과로 나타난다.

일곱째, 인생을 살아갈 때, 자신만의 '확고한 신념'이 있어야 한다. 우리가 일하는 과정에서 **신념**은 어떤 일을 하는 이유를 이해하고, 어떤 방향으로 나아가야 하는지를 결정하는 데 중요한 역할을 한다. 조직 구성원으로서 리더는 내적인 열정의 에너지를, 긍정적 사고와 함께, 적극적으로 밖으로 표출할 수 있어야 한다. 여러 가지 여건이 어렵고, 미래가 불투명한 상황에서도 낙담하지 않고 미래를 개척해 간 사람들이 변화와 혁신의 영웅들이다. 이들의 마음속에는 불타는 정열이 있었고, 이것이 긍정적 사고와 적극적 추진력으로 작용한다. 여덟째, 리더는 이제 더 이상 지시만 하지 않고, 구성원들과 함께 일하면서 배우는 사람이다. **배움**은 리더에서 요구되는 중요한 자질이다. 특히, 지능정보사회에서는 전문적인 지식과 다양한 경험을 쌓아 내공을 키운 리더가 필요한 시대이다. 이러한 지도자가 되는 길은 촌음을 아껴가면서 실력을 쌓아야 한다. 리더는 좋은 책을 가까이하며 메모하고 기록하면서 멈추지 않고 새로운 지식을 찾아 동료들과 공유하여야 한다.

또한, 우리나라에서 지도력을 논할 때, 우리는 '한국의 지도력을 선비와 연결'하여 논하기도 한다. 선비는 고품격 인성과 지성을 겸비한 지식인을 말한다. 그 특징을 한마디로 규정하자면, 맑음의 미학에 있다고 할 수 있다. 그들이 지향하는 곳은 수기치인修己治人이다. 예로부터 선비의 기본 입장은 어려서부터 철저한 인성 교육을 받고, 학문을 연마하는 '수기'의 단계를 거쳐 완성된 인격체에 이르러야 남을 다스리는 '치인'의 단계로 나아갈 수 있다는 것이었다. 여기서 '치인'이란 권력 개념이라기보다는 봉사 개념에 가깝다. 수기의 단계에선 '사士'이고 '치인'의 단계로 나가면 대부大夫이므로 사대부士大夫로 규정하였다.[3]

선비는 지연이나 혈연으로 태어나는 것이 아니라 학문적 능력과 인격적 완성도에 의해 만들어지는 존재였다. 선비가 조선시대 지식인의 대명사일진대, 결국 조선시대에 와서 우리 사회는 혈연보다 학문적 능력이 국가 지도자가 되는 가장 중요한 잣대로 작용했음을 뜻한다.

그러나 21세기 지능정보사회에서 선비다운 지식인을 요구하는 것은 무리한 주문일지도 모르겠다. 그러나 사회적 요구에 적절하게 부응하지 못하고 선비다운 선비는 되지 못하더라도 지식인에게는 시대정신이 부여하는 주어진 책무는 여전히 크다. 어느 시대, 어느 나라도 국가의 비전을 제시하고 시대적 책무를 다한 집단은 지식인 그룹이었다. 대한민국의 지식인이라면 선비를 전범典範으로 삼아 학문과 행동을 일치시키려는 학행일치學行一致 정신으로 실천하는 '한국적 리더십'의 전형을 갖추고 국가와 조직의 발전에 이바지하는 것이 선공후사先公後私와 공평무사公平無私의 정신이라고 할 수 있다.

최근 제4차 산업혁명에 대응하는 '디지털 전환digital transformation'이라는 혁신이 세상의 변화를 휩쓸고 있다. 이러한 시점에 조직 발전을 위한 기회를 포착하기 위해서 리더의 역할이 중요하다. 리더는 급변하는 세상의 중심에서 조직의 지속가능한 경쟁력을 어떻게 키워나갈 것인지를 누구보다 먼저 생각하면서 깊은 사유를 통해 새로운 가능성을 모색하여야 한다. 모든 사람이 먹구름을 보고 절망하고 있어도 리더는 먹구름 뒤의 태양을 보고 팀원에게 희망을 던져주어야 한다. 많은 사람이 어디로 갈지 모르는 상황에서 갈팡질팡하거나 위기와 난국에 처해 진퇴양난의 곤란함을 겪을 때도 리더는 과감한 결단과 결연한 행동을 몸으로 보여 주는 솔선수범의 지도력을 보여 주어야 한다.

그리고 디지털 전환을 위한 변화·혁신에서 지도자는 다섯 가지 감각적 지도력, 즉 남다르게 보고, 들으며, 느끼고, 생각한 사유체계를 자기만의 언어로 정리, 팀원에게 전달하고 몸으로 실천하는 지도력을 보여주어야 한다. 이렇게 하려면, 지도자는 적어도 다음 네 가지의 각기 다른 역할과 변화를 추구해야 한다. 다음은 '디지털 변화와 혁신'을 주도하는 지도력의 네 가지 무기다.[4]

첫째, 리더는 (변화·혁신을 위한) 질문으로 지도력을 발휘해야 한다. 리더는 호기심의 물음표를 던져 감동의 느낌표를 찾아가게 만드는 질문으로 지도력을 발휘해야 한다. 인공지능은 인간지능을 능가하기 시작했다. 인간은 질문하고 기계는 대답한다. 대답하는 능력은 인공지능이나 기계가 인간을 능가하기 시작했다. 인간의 고유함은 대답하는 능력보다 질문하는 능력, 누구도 던지지 않은 전대미문의 새로운 문제를 내는 능력이다.

둘째, 리더는 팀원의 마음을 달구는 마음 사냥꾼이다. 리더는 팀원의 마음을 뜨겁게 달궈서 행동의 변화를 이끄는 마음 사냥꾼으로 변신해야 한다. 대부분 리더는 자기의 생각이나 조직이 나아가야 할 방향을 논리적으로 설명하는 데 치중한다. 아리스토텔레스의 수사학에 따르면, 설득의 60%는 우선 인간적 신뢰감을 뜻하는 에토스ethos가 좌우하고, 30%는 감성적 설득력을 지칭하는 파토스pathos, 그리고 나머지 10%는 논리적 설명력을 의미하는 로고스logos가 차지한다고 한다. 에토스가 설득력의 60%를 차지할 정도로 중요하게 부각 되는 이유는 리더의 '인격과 품격'에서 나오는 신뢰감 때문이다. 사람은 메시지보다 메시지를 전달하는 메신저의 인격에 감동한다. 그다음 리더는 논리적으로 설명하는 로고스보다 감성적으로 호소해서 설득하는 파토스에 특히 집중해야 한다.

셋째, 리더는 가능성의 세계를 상상하는 '상상가'다. 리더는 팀원이 함부로 가까이에서 범하여 접촉할 수 없는 가능성의 세계를 상상하는 상상가想像家, Imaginer다. 상상가는 상상력Imagination과 엔지니어Engineer를 합성해서 미국의 디즈니사가 만든 새로운 직무 이름이다. 리더의 상상력은 지나가다 생각하는 공상이나 허상, 망상이나 몽상과는 다르다. 상상력은 조직 내적으로는 공감으로 포착한 팀원의 아픔이나 고객의 불편함 또는 불안감이나 불만족을 어떻게 하면 치유할 것인지를 이연연상二連聯想으로 생각하는 가운데 떠오르는 아이디어다.

넷째, 리더는 문화건축가로서 실천적 지혜phronesis, 영어로 'practical wisdom'를 육화하고 조직적 지혜로 내재화될 수 있는 기제를 장착하는 문화건축가다. 측은지심으로 포착한 타자의 아픔을 치유하기 위해서 발휘된 상상력의 산물은 세상을 바꾸는 아이디어다. 안타깝게도 아이디어 자체로는 세상이 바뀌지 않는다. 아이디어가 필요한 세상을 실험 대상으로 삼아 무수한 시행착오와 우여곡절을 겪는 가운데 비로소 창조가 일어나거나, 혁신이 창조된다. 고객의 마음을 훔치는 혁신적 제품이나 서비스도 바로 실천적 지혜를 발휘하는 가운데 나오는 사회적 합작품이다. 한 사람 리더의 노력만으로 실천적 지혜가 생기지 않는다. 실천적 지혜가 발현될 수 있는 조직문화나 구조mechanism가 구축될 때, 다양한 지혜의 흔적이 축적되었다가, 어느 순간 기적이 일어난다. 리더는 구성원의 다양한 아이디어를 적용하는 가운데 일어나는 시행착오나, 실패 경험을 자산화하여 조직의 암묵적 지혜로 축적해 나가야 한다.

대한민국 '정보혁명'의 불씨: '행정전산망' 사업

2023년 9월 19일, 〈전자신문〉은 창간 41주년 기획 특집으로 '러브 디지털, 체인지 코리아'를 통해 디지털이 우리나라 산업과 사회를 어떻게 변화시켜 왔는지 궤적을 되짚는 기사, 즉 '대한민국 디지털 변천사'를 종합·기술하였다.[5] 이를 통해 디지털이 제조업에서 시작하여, 통신, 정보기술IT, 유통, 교육 및 제도까지 사회 전반에 미친 영향을 재확인하고 앞으로 디지털이 나아가야 할 방향을 전망했다. 다음은 우리나라 디지털 변천사에서 행정전산망 사업의 역할에 대한 핵심 내용의 요약이다.[6]

대한민국 디지털 변천사와 행정전산망

'0과 1이 세상을 바꾼다.'

디지털은 우리에게 이미 익숙한 개념이다. 손에 쥔 휴대전화부터 개인용컴퓨터(PC), 텔레비전, 가전제품 등 디지털이 아닌 것은 없다. 내연기관에서 탈피, 전동화 속도가 빨라진 자동차까지 디지털 세상 속으로 편입되고 있다. 종이로 대표됐던 아날로그에서 디지털로의 패러다임 전환은 '현재 진행형'이다.

그런데도 우리는 여전히 오늘날을 '디지털 대전환'의 시대라고 평한다. 아날로그의 옷을 벗고 디지털로 탈바꿈하는 것을 뛰어넘어 새로운 가치를 창출할 수단과 방법으로 주목하는 것이다. 디지털을 재조명, 작게는 시장에서 고객 경험을 고도화하고 넓게는 인류의 삶을 윤택하게 하는 기회를 발굴하려는 시도다. (…)

◇ 아날로그 신호에서 디지털 신호로 통신 발전: 우리나라 디지털통신 산업 발달은 통신사업 공사화와 함께 본격화됐다. 데이터통신과 이동통신이 등장했고, 아날로그 신호 기반 '아날로그 통신'에서 디지털 신호 중심, 즉 '디지털 통신'으로 변화가 순차적으로 이뤄졌다.

국내 첫 통신 공사 한국전기통신공사(KTA, 약칭 한국통신)는 1981년 12월 10일 체신부에서 분리돼 출범, 우리나라가 통신 강국이 되는 초석을 마련했다. 한국통신은 공사화 이후 한국데이타통신주식회사(약칭 데이콤), 한국이동통신(현재 SK텔레콤) 등 자회사를 분리해 경쟁체제를 만들었고, 2002년 민영화에 성공했다.

'컴퓨터와 통신의 만남', 즉 데이터통신은 데이콤 탄생으로 시작됐다. 데이콤은 1982년 출범과 동시에 컴퓨터와 컴퓨터, 단말기와 단말기를 직접 연결해 필요한 정보를 전달하는 데이터 전용회선 사업을 추진했다. 미국 ITT사에서 패킷 교환 기술을 도입해 저렴한 국제 데이터 통신서비스 기반을 마련했고 정보통신 활성화를 주도했다.

1984년에는 PC통신 시초라고 할 수 있는 전자사서함 서비스를 제공했고, 1988년 5월 '천리안' 유료 서비스를 시작했다. 전화망을 통해 데이터통신망에 접속하는 PC통신 시대가 열린 것이다. 속도가 5Kbps에 불과했지만, 천리안, 하이텔, 나우누리, 유니텔 등 PC통신은 급속도로 확산했다. 1997년 PC통신 가입자는 350만 명에 달했으며, 같은 해 SK는 넷츠고, LG는 채널아이로 시장에 합류했다. (…)

1995년 8월 4일에는 '정보화촉진기본법'을 제정, '국가 정보화'라는 큰 틀의 종합 비전 실현을 목표로 정보화촉진 기본계획을 수립하는 등 정보통신 산업 기반을 조성하고 정보통신 기반 고도화 추진에 활용했다. 또한, 초고속 정보통신망 구축도 추진, 전국을 통신망 기반, 즉 '1초 생활권'으로 묶어냈다. 이후 2002년 멀티미디어 이동통신으로 불리는 3세대(3G) 이동 통신서비스도 안착시켰다.

전자정부도 주도했다. 핵심 행정업무를 정보화, 행정 생산성과 투명성을 높여 현재 '디지털플랫폼 정부'가 추진되는 초석을 닦았다. 민원·국세·조달 등 정부 서비스를 혁신하고 국가재정 정보시스템 등을 마련했다. (…)

〈전자신문〉이 종합한 것같이, 디지털 정부 구현의 핵심 기반 시설로서 행정전산망은 (1) 디지털 서비스의 안정성 확보, (2) 행정기관 간의 정보 공유 및 협업 강화, (3) 행정업무의 효율성 향상, 그리고 (4) 국민 신뢰도 향상 등에 공헌하면서 오늘에 이르고 있다. 따라서 정부는 지속적인 노력과 투자를 통해 행정전산망의 안정성을 확보하고, 디지털 행정서비스의 지속적인 발전을 추진해야 할 것이다.

이같이 1980년대 초중반에 시작된 행정전산망 사업은 선진국으로 발돋움하기 위한 정부 정책에 의하여 설계되었고, 정보통신전문가들의 국가에 대한 결연한 의지의 결과로 완성되어 세계 최고의 전자정부로 자리매김하면서 오늘에 이르고 있다. 행정전산망 사업은 정부 주도의 시장주도 산업육성으로 '규모의 시장'이 제공됨으로써 '공공부문 전산화를 통합적으로 추진하여 효율적인 정부를 구현하고 국내 정보산업을 육성하는 데도 이바지하였다. 또한, 행정전산망은 '선투자 후정산'이라는 회계 방법을 적용함으로써 시간에 지체되지 않고 유닉스 운영체제를 채택한 주전산기 국산화를 가능하게 했다.

이러한 과정에서 대한민국 정보통신 분야에서 새로운 역사를 창조한 주역들이 있었다. 이들 주인공이 바로 대한민국의 정보통신혁명을 설계·실천한 정부의 '정책담당자'와 밤잠을 설쳐가면서 행정전산망 사업의 현장에서 온갖 어려움을 극복하고 전산망 구축에 성공한 현장 전문가들이다. 다음에서 이들 정보통신혁명의 걸출한(?) 영웅들과 관련된 이야기를 두 분야로 나누어 살펴본다.

대한민국 정보통신혁명을 주도·설계한 주역들

1980년 9월 3일. 전두환(全斗煥, 1931~2021) 대통령은 이날 오전 대통령비서실 수석비서관 인사를 단행했다. 전 대통령은 경제수석비서관에 김재익 국가보위비상대책위원회(약칭 국보위) 경제과학분과위원장을 발탁했다. 전 대통령은 자신의 경제 가정교사 역할을 통해 김재익의 탁월한 능력을 누구보다 잘 알고 있었다. 전 대통령은 그를 경제수석비서관으로 임명하고자 했다. 다음은 김재익이 '경제 대통령'으로 임명되는 것과 관련된 〈전자신문〉이 전하는 뒷이야기 한 토막이다.[7]

'경제대통령' 김재익 임명에 대한 뒷이야기

(…) 전두환 대통령이 그를 집무실로 불러 경제수석비서관으로 임명하겠다고 말하자 김재익의 태도는 전혀 뜻밖이었다.

'감사하다'라는 말 대신 전 대통령에게 조건을 내걸었다.

"각하, 제가 생각하는 경제정책은 인기도 없고, 또한 기존 세력이 환영하지도 않습니다. 그러나 누군가는 이 일을 (반드시) 해내야만 합니다. 그래도 저를 쓰시겠습니까?"

"그렇소."

"그렇다면, 제가 경제수석비서관으로서 각하를 모시는데 한 가지 조건이 있습니다."

자칫 역린(逆鱗)을 건드릴 수 있는 민감한 발언이었다.

"조건이라니, 그게 뭐요?"

"제가 드리는 조언대로 정책을 추진하시려면, 엄청난 저항에 부닥칠 텐데, 그래도 끝까지 제 말을 믿고 정책을 끌고 나가 주시겠습니까?"

전 대통령은 김재익을 잠시 쳐다본 뒤, 조금도 망설임 없이 단호하게 말했다.

"여러 말 할 것 없어. 경제는 당신이 대통령이야."

이른바 '**경제 대통령**'으로 불리는 막강한 경제수석비서관이 탄생하는 순간이었다. 권력은 부자간에도 나누지 않는다고 하는데 전두환 대통령은 경제에 관한 권한을 김재익에게 일임하겠다고 말한 것이다. 냉혹한 권력 세계에서 유례를 찾아보기 어려운 일이었다. 전 대통령은 이후 자신이 한 약속을 철저히 지켰다. 김재익을 신뢰하고, 그의 능력을 믿었다. 전 대통령은 김재익 경제수석비서관이 추진하는 정책에 전혀 이견異見을 보이지 않았다. 설혹, 외부에서 경제정책을 비판해도 전혀 흔들리지 않았다. 사람을 쓰면 믿는 것이, 전 대통령의 지도력이었다.

그 후 1980년 10월, 우리나라에서 (행정 분야의 디지털 변화와 혁신을 통한) 세계 최고의 전자정부를 설계하는 출발점이 된 토론회가 있었다. 이 토론회의 주인공이 바로 청와대 경제비서실의 김재익金在益 수석비서관, 오명吳明 비서관, 홍성원洪性源 연구관 등이다. 이들은 비서관 회의에서 한국통신의 설립 문제를 논의하던 중에 누군가가 데이터통신 전담회사의 설립 문제를 끄집어냈다. 다음은 그날 토론회 주제의 핵심 내용의 요약이다.[8]

'데이터통신' 전담 회사 설립 문제

"현재(1980년) 데이터통신 문제는 체신부 계획국의 1개 계에서, 그것도 다른 업무와 같이 다루고 있어서 담당 부서의 존재조차도 희미한 실정입니다. 미래 정보(화)사회에서는 데이터통신이 핵심적인 역할을 할텐데,

거기에 대한 준비가 전혀 안 되어서 걱정이 큽니다. 앞으로 전기통신 공사가 설립되면, 데이터통신 전담 부서를 하나의 국으로 확장하든지, 아니면 별도의 회사로 만드는 게 어떻겠습니까?"

"데이터통신회사를 설립한다 해도 당장 마땅한 일거리가 있겠습니까. 수지맞는 일거리도 없는데 별도의 회사로 키우긴 어렵겠죠. 차라리 전기통신공사 내에 붙여 놨다가 어느 정도 큰 다음에 떼어내는 게 나을 것입니다." (…)

"그 문제는 체신부에 검토시켰으니까 머지않아 좋은 안이 나올 겁니다." (…)

이 정책안에서 제시된, 신설될 회사의 운영 형태는 5가지였다. 국영과 민영 중 민영으로 하되, 민영화 방안으로 (1) 신설될 전신전화공사 내에 데이터사업부를 설치하는 방안, (2) 독립된 데이터통신공사를 설립하는 방안, (3) 정부와 산업은행, 민간 3자가 참여하는 독립된 민간 회사를 설립하는 방안, (4) 순수한 민간 회사로 하되 단일회사를 설립하는 방안, 그리고 (5) 순수한 민간 회사로 하되 복수회사를 설립하는 방안의 다섯 가지를 제안하였다. (…)

그런데 결재 과정에서 남덕우(南悳祐) 국무총리가 이의를 제기하였다. 데이터통신 전담 회사야말로 순수한 민간 회사로 만들어 발전시켜야 한다고 주장하였던, 그는 제4안의 끝에 "본안 채택을 건의함"이라고 덧붙인 다음, 사인을 하였고, 다시 전 대통령이 남 국무총리의의 의견을 따름으로써 제4안이 채택되었다.

이렇게 해서 데이터통신 전담 회사의 설립이 정부의 방침으로 확정되었다. (…)

이같이 어려운 과정을 거쳐서 설립된 데이콤이 행정전산망 구축의 전담 기관으로 지정되었다. 데이콤의 설립을 위한 정책 개발에 공헌한 김재익, 오명, 홍성원 등은 행정전산망 구축과정에서도 다양한 역할을 하였다. 대한민국의 정보통신혁명을 위한 정책 개발 현장에서 이를 설계·실천한 대통령 경제비서실의 정책 개발 주역(主役, key player)들의 주요 역할·활동을 요약하면, 아래와 같다.

김재익: 김재익金在益은 서울특별시 출생으로 1960년 서울대학교 문리과대학 정치학과를 졸업했으며, 1962년 서울대학교 대학원에서 국제관계 전공으로 석사학위와 미국 하와이주립대학교 대학원에서 경제학 석사학위를, 이후 미국 스탠퍼드대학교 대학원에서 통계학 석사와 경제학 박사 학위를 취득하였다. 그는 한국은행 조사역, 서울대학교 문리과대학 강사 등을 거친 뒤, 경제기획원 장관 비서실장을 시작으로 한국경제의 근간을 다루는 경제기획원의 요직을 두루 거쳤다. 1975년 경제기획원 경제기획관, 1976년 경제기획원 기획국장, 1980년 경제기획원 경제협력차관보 등을 역임하였다.

제5공화국이 출범하면서 김재익은 대통령비서실 경제수석비서관으로 발탁되어, '한국경제의 성장과 안정은 저금리·저물가정책을 기초로 하여야 한다'라는 평소 그의 경제관을 경제정책에 반영하였다. 그는 비서관 자리를 비교적 긍정적인 생각으로 받아들이면서, '권력자를 잘 설득하면, 시장 경제를 기반으로 하는 그의 경제 철학을 한국 사회에 심을 수 있는 계기를 마련할 수 있다'라고 보았으며, 그의 경제정책은 이후 계속 우리나라 경제계획의 기초가 되었다.[9] 전두환全斗煥 대통령의 버마(지금의 미얀마) 예방을 수행했다가 1983년 10월 9일 향년 45세 나이로 아웅산 사태로 순직하였다.

1980년대 이전까지 우리나라의 정보화는 주로 개별 부처에 의한 컴퓨터 도입 및 소속기관 전산 업무의 측정 등에 치중되었으나, 1980년대 중반 이후부터 전산 기능이 '국가기간사업'으로 발전되었다. 1987년부터 공공부문의 효율성 제고와 정보산업 발전의 기반 마련을 목표로 행정, 금융, 교육·연구, 국방, 공안 등 5대 기간망을 대상으로 하는 제1차 국가기간전산망사업(1987~1991년)을 추진하였으며, 제1차에서 추진하였던 사업들을 계속하여 보완·발전시켜 나가면서 전산시스템의 연계·운영에 중점을 둔 제2차 국가기간전산망사업(1992~1991년)을 이어서 추진하였다.

이러한 국가기간전산망의 기본구상은 대통령 경제수석비서관 김재익을 중심으로 1983년 5월에 구성된 정보산업육성위원회, 1984년 3월에 동위원회의 개편으로 구성된 '국가기간전산망조정위원회'를 통해 기본방향과 방침이 정해지면서 국가정책으로 구체화되었다. 그러나 실제 집행을 위한 기본계획은 '전산망법'이 제정되고 전산망조정위원회가 구성되는 등 관련 법령, 소요 자금 및 추진체계가 정비된 1987년부터 본격 추진되었다. 전산망법에 따라서 한국전산원이 설립되어 국가정보화에 대한 계획 및 감리 기능을 갖추고, 국가기간전산망 제1차 사업이 1987년부터 1991년까지 제6차 경제개발 5개년계획에 맞추어서 개발하는 것으로 확정되었다.

오명: 오명吳明은 경기고등학교와 육군사관학교를 졸업하고 서울대학교와 뉴욕주립대학교 스토니브룩(State University of New York at Stony Brook) 대학원에서 전자공학을 전공한 독특한 이력을 지니고 있다. 1980년 나이 마흔에 청와대 경제비서실 과학기술비서관으로 관직에 들어섰다. 그 후 채 1년도 지나지 않아 체신부차관으로 전격 발탁되어 8년여 동안 체신부에서 일하면서 대한민국 '정보통신혁명'의 기틀을 닦았다. 이 시기에 디지털 전자교환기, 즉 전전자교환기(Time Division eXchange: TDX) 개발[10], 전국 전화자동화 사업, 4MD램 반도체 개발 등 정보(화)사회에 필요한 모든 기초 작업이 그의 비전

아래 빈틈없이 진행되었으며, 88서울올림픽의 소리 없는 정보통신혁명의 주역이 되기도 하였다. 이러한 과정을 거쳐 우리나라는 뉴밀레니엄과 더불어 산업사회에서 지능정보사회로 무리 없이 진입하였고, 세계 제일의 정보기술 강국으로 발돋움할 수 있었다.

오명 박사는 대한민국 정보통신 산업의 살아있는 전설로 불린다. 그는 김재익 대통령비서실 경제비서관과 함께 우리나라가 정보 강국으로 발돋움하는 데 밑거름이 되었던, 정보통신 인프라를 설계한 주역 가운데 한 명이기도 하며, 전두환 대통령을 비롯하여 노태우, 김영삼, 노무현 대통령과 함께 일했다. 대한민국의 대표적인 기술관료technocrat로 꼽히는 오명의 지도력은 아랫사람에 대한 전폭적인 신뢰와 부드럽고 온화한 카리스마를 바탕으로 한다. 한편으로는 30년 후의 미래를 내다보는 큰 비전으로 한번 마음먹은 일은 소신대로 밀고 나가는 강직함과 명분이나 체면보다는 논의와 효율에 따라 움직이는 과학적인 사고도 그의 지도력을 현장에서 실천하는데 큰 몫을 차지하고 있다.

오명 박사는 체신부차관 자리에서 사실상 대한민국 '국가정보통신혁명'의 총지휘로서 '통신분야 혁명'을 주도하였다. 절대 권력자로부터 두터운 신임을 받고 있던 과학기술비서관으로 충분한 자율권을 인정받은 상황에서 국가의 주요 과학기술정책을 다루게 된 것은 평소의 소신을 펼 수 있는 절호의 기회였다. 게다가 당시는 혁명기였다. 뭔가 혁신적인 개혁을 이룩하여 새 역사의 장을 여는 전환기를 마련해보자는 참신한 기운이 청와대 주변을 감싸고 있었다.

따라서 관계에 첫발을 내디딘 연부역강(年富力强, 나이가 젊고 기력이 왕성함)한 과학도 오명이 경제과학비서관으로서 통신 분야에서 가장 심혈을 기울여 추진한 일은 전기통신사업 경영체제의 공사화와 데이터통신 전담 회사의 설립이었다. 우리나라 통신 발전에 있어 메가톤급의 핵 위력을 발휘하게 되는 이 두 가지 사항은 초고속으로 추진되어, 그가 이 문제를 다루기 시작한 지 3개월이 채 되지 않은 1980년 12월에 전기통신사업의 공사화와 데이터통신 전담 회사의 설립이 정부의 방침으로 확정되었다. 이러한 과정을 거쳐 데이터통신 전문회사인 데이콤은 행정전산망 구축의 전담 회사로 지정되어 정보통신혁명을 주도하면서 행정전산망을 설계·완성하였다.

홍성원: 홍성원洪性源은 육군사관학교를 23기로 졸업하고 1년 동안 전방 소대장으로 근무한 후, 미국 유타대학교(University of Utah) 대학원에서 석사학위, 콜로라도대학교(University of Colorado) 대학원에서 전자공학박사 학위를 각각 받았다. 귀국 후 육사 교수로 있다가, 1980년 국보위 상임위원장 비서실 파견 근무를 했다. 당시, 전두환 위원장과는 일면식도 없었다. 비서실에서 전 위원장 일정 관리를 전담하면서 신임을 얻었다. 전두환 정부가 출범하자, 그는 중령으로 예편, 1980년 10월 말부터 청와대 경제비서실의 과학기술실에서 연구관으로 근무를 시작했다.

과학기술비서관실이 소신껏 각종 정책을 추진할 수 있었던 것은 전 대통령의 절대 신임을 받는 김재익 경제수석비서관이 뒤에 있었기에 가능했다. 예나 지금이나 정치의 요체는 적재적소 인재 발굴과 권한 위임이었다. 체신부차관으로 영전한 오명 비서관 후임으로 홍성원 비서관이 등장하면서 일이 크게 벌어지기 시작했다. 육군사관학교 교관 시절인 1980년 4월 뜻밖에도 당시의 최고 실력자인 전두환 보안사령관의 보좌관으로 발탁된 후, 전두환 정부가 들어서면서 그해 10월 청와대 경제비서실로 자리를 옮겼다가, 이듬해 5

월 36세라는 연부역강한 나이에 경제비서관이 된 홍성원은 그 당시 국내에서는 몇 안 되는 컴퓨터 전문가였다.

홍성원 연구관은 석사학위와 박사학위를 받은 미국의 유타대학교와 콜로라도대학교에서의 전공이 '자동제어'와 '기계설계'였기 때문에 쉽게 컴퓨터와 친해질 수 있었다. 덕분에 귀국 후에는 KAIST와 서울대학교에서 국내에서는 처음으로 '컴퓨터설계'와 '컴퓨터그래픽' 과목을 강의할 만큼 컴퓨터 전문가였다. 풍부한 아이디어의 소유자로서 실무형이라기보다 이상주의자에 가까웠던 그는 대통령 경제비서실 과학기술비서관이 된 후, 정부부터 전산화해야 한다고 생각했다.

따라서 그는 데이콤의 설립 작업을 돕는 한편, 행정기관은 물론 은행이나 학교 등 전국의 공공기관을 각각의 전산망으로 묶으려는 '국가기간전산망계획'에 몰두하기 시작했다. 애초에는 각 행정기관 업무의 전산화를 중심으로 구상했던 행정전산망계획은 그 범위를 금융업무나 교육·국방·안보 등으로 넓히다 보니 국가기간전산망이라는 거창한 계획으로 확대되었다.

국가기간전산망계획과 관련하여 그는 '산업 발전'과 '사회 발전'이라는 두 가지 축을 바탕으로 그림을 그렸다. '산업 발전' 측면에서 본다면, 우리나라와 같이 부존자원이 부족하고 수출 의존적인 산업구조하에서는 컴퓨터·반도체·전자교환기가 중심이 되는 정보산업을 육성하는 것이 가장 바람직한 산업정책이며, 이러한 정보산업 육성에 있어서 가장 중요한 것은 그 수요를 창출해 주는 것인데, 그 구체적인 방안의 하나로 구상한 것이, 국가기간전산망 사업이었다.

'사회 발전' 측면에서는 정보(화)사회로서의 진입을 중요한 정책 목표로 삼았다. 컴퓨터의 보급과 이용을 확산하고 거기에 첨단 통신기술을 접목하여 고도의 정보(화)사회를 이룩하자는 것이었다. 그러한 과정에서는 행정기관이나 은행 등 공공기관 업무의 전산화가 필수적으로 선행될 것인데, 거기에 투자되는 엄청난 비용이 정보산업 육성의 밑거름이 된다는 부수적인 효과도 놓치지 않았다.

국가기간전산망이라는 거창한 그림이 거칠게나마 그려지자, 홍성원 비서관은 최종결정권자인 전 대통령을 설득하는 작업에 나섰다. 물론 그에 앞서 직속상관인 김재익 경제수석과 함병춘 비서실장을 설득하는 과정을 거쳐야 했다. '국가기간전산망 추진을 통해 정보산업을 육성하고, 정보화를 통해 사회를 개혁함으로써 선진국에 진입해야 한다'라는 것이 그가 가진 논리의 요지였다. 이러한 산업 발전과 사회 발전의 논리는 성공적으로 마무리되어 정보통신혁명의 주춧돌 역할을 하였다.

이같이 1980년대 정보통신기술의 불모지나 다름없는 대한민국에서 '**정보통신혁명**'을 위한 정책의 설계와 개발을 최일선에서 이끈 3명의 영웅이 각자 자신이 맡은 업무에서 거대한 기득권 세력들의 오만가지 방해와 모함과 싸워나가면서 끝내 성공을 일궈내었다. 그리고 뒤에서 이러한 업무환경을 만들어 끝까지 밀어준 당시의 막강한 권력, 즉 전두환 정권 또한 이 나라 정보통신혁명 성공을 이끈 황금열쇠라고 할 수 있다.

그 당시, 3명 정보통신 정책전문가의 매우 뛰어난 인재가 각자 자신이 맡은 업무에서 최선을 다했기에 이 땅에서 정보통신혁명이 가능하였다. 여기서 반드시 한 번은 짚고 넘어가야 할 것은 당시 엄청난 공공부문에서의 기득권자들의 거센 저항과 방해로부터 그들을 끝까지 감싸고 보호해주었던, 그래서 그들이 살아남아 뜻을 펼 수 있도록 만들어 준 숨어 있는 현명한 힘, 즉 '전두환 정권의 막강한 힘'이 성공을 위한 '황금열쇠'로 작용하였다. 이러한 혁명적 사건은 제아무리 현명하고 훌륭한 의지가 있고, 그리고 자금이 충분하다 해도 무서운 강제력 없이는 불가능하기 때문이다.

특히, 기막힌 점은 정보통신혁명을 선두에서 총지휘한 오명 박사가 과학기술처나 상공부가 아니고, 엉뚱하게 체신부에서 그것도 장관이 아니라 차관 자리에 앉아서 이 일을 주도했다는 점이다. 이것은 권력보다는 자금줄을 중시한 시의적절時宜適切한 혜안이었다. 우리나라의 관료 세계에서 장관 자리는 정치 바람을 타서 지속성이 없기 때문이라고 할 수 있다.

제1단계 행정전산망 사업을 현장에서 실천·구축한 데이콤의 전사들

우리나라는 1970년대에 경제를 비롯하여 산업과 교통, 문화 등 다양한 방면에서 눈부신 발전을 이룩함으로써 그러한 발전이 국가행정에서 직간접적으로 새로운 정책개발, 합리적인 업무 수행향상, 대민봉사 개선이라는 요구를 불러일으켰다. 이러한 요구는 정책 수립 과정에서 객관적이며 정확한 데이터의 이용과 과학적인 기법을 사용함으로써 의사 결정을 신속·정확하게 하는 데 필요한 정보 생산, 일관성 있는 업무수행을 위한 최선의 행정 장비와 기법의 도입을 피할 수 없게 하였다.

이러한 현실적 배경에서 21세기의 국가경쟁력 확보와 다가오는 정보사회에 대비한 기반 조성을 통한 선진행정을 위한 장기적인 포석으로 행정전산망 사업을 추진하였다. 행정전산망 사업의 성공으로 2000년대를 시작하면서 대한민국이 '정보통신' 분야에서 선진국이 될 수 있었던 것은 (제5장에서 언급한 것같이) 범정부 차원에서 현명하고 합당한 정책의 설계와 개발을 최일선에서 이끌어 주었던 김재익, 오명, 홍성원이라는 3명의 주역이 있었기에 가능했다. 다음으로 그렇게 수립된 국가정책을 공동으로 학습하면서 (대한민국을 정보통신 강국으로 만들겠다는 애국심으로 뭉쳐) 아무도 가 보지 않은 미지의 세계인 국가정책, 즉 행정전산망 사업에 도전挑戰하여, 결사적으로 이 사업을 현장에서 실천·구축한 데이콤의 전사戰士, warrior들이 있었기에 가능했었다.

데이콤은 1985년 5월 24일 총무처로부터 '행정전산망 추진 계획 통보(총무처 전산 01270-09)'의 공문을 받았다. 이 공문의 개괄적인 내용은 사업추진의 책임 기구로 각 주무 부처의 차관을 단장으로 하는 업무별 사무개선추진단을 두고, 전체적인 총괄 업무는 총부처(현재 행정안전부)가 관장하며, 추진 전담 기관으로 데이콤을 확정·명시한 것이었다. 개발 대상 업무는 주민, 부동산, 통관, 고용, 자동차, 경제통계 관리, 그리고 당시 데이콤이 개발하고 있던 체신업무 전산화의 하나인 전국 우체국 전산화 사업을 시범사업으로 지정하고 있었다.

데이콤은 이 국책사업으로 진행되는 행정전산망 사업을 본격적으로 추진하기 위하여 조직을 여러 차례에 걸쳐 확대·개편하였다. 처음에는 본부장급인 행정전산망사업개발단(본부장: 이동욱)을 조직하여 이 사업을 전담하게하였으며, 행정전산망 사업 초창기의 방향과 기틀을 다지는 데 결정적 역할을 하였다. 그 후 사업개발단은 행정전산사업단(단장 곽치영)으로 확대·개편하면서 위상을 높였다. 1988년 1월 1일 사업단은 다시 조직 개편과 함께 행정사업본부(본부장 이철수)로 바뀌었다. 사업단의 목표는 행정전산망 사업의 관리 부문과 전산망 구축 부문의 업무를 효과적으로 조정하고 운영그룹과설계그룹 사이의 업무를 조정하는 것이었다. 사업단은 1989년 6월과 1990년

1월에 부분적인 개편이 있었으나, 기본골격은 유지하면서 행정전산망 사업의 책임 부서로서 대한민국 국가 행정 현대화의 막중한 임무를 수행하였다.[11]

이상에서 살펴본 것과 같이 행정전산망이라는 매우 어려운 사업을 성공적으로 마무리함으로써 오늘날 국제연합UN이 인정하는 세계 제1의 전자정부eGovernment를 구축한 데는 선두에서 자신이 맡은 업무를 묵묵히 동료들과 함께 학습하면서 현장에서 실천한 데이콤의 전사가 있었기 때문에 가능했다. 이러한 행정전산망 사업의 진행 과정에서 분야별로 사업에 공헌한 데이콤의 전사들은 그 숫자를 헤아리기는 힘들다.

그러나 여기서 기록으로 남겨야 할 몇 사람을 꼽는다면 이용태 사장, 백인섭 정보통신연구소장, 이동욱 본부장, 이철수 본부장, 김대규 본부장, 전길남 박사 등이다. 아래에서 이들 전사의 간단한 이력과 행정전산망 구축에서 공헌한 주요 업무를 종합·요약한다.

이용태: 이용태李龍兌 사장은 1957년 서울대학교 문리과대학 물리학과를 졸업하고, 1966년 미국 유타대학교(University of Utah) 대학원에 입학하여, 1969년 통계물리학 전공으로 이학박사理學博士 학위를 취득하였다. 귀국하여 이 박사는 1970년부터 한국과학기술연구소KIST 전자계산실에 초빙되어 전자계산기운영실장을 거쳐 '전산계산기국산화연구실'을 창설하여 본격적으로 국산 컴퓨터 연구개발에 착수했다. 이 박사는 1978년 한국전자기술연구소KIET 부소장으로 자리를 옮겨 마이크로컴퓨터 'HAN-8' 개발을 진두지휘하여 국산 컴퓨터 개발의 가능성을 입증했다. 이때, 전수해준 컴퓨터 개발 방법론know-how은 나중에 행정전산망 주主전산기인 타이컴(TIghtly COupled Multiprocessing computer system: TICOM) 개발의 기폭제로 활용되었다.

이용태 박사는 1982년 한국데이타통신주식회사(약칭 데이콤) 초대 사장에 발탁되어 컴퓨터와 통신을 접목한 데이터통신 정착·발전에 이바지함으로써 오늘날 인터넷 활성화에 선구적인 역할을 담당했다.

이용태 사장은 1980년에 삼보컴퓨터를 설립, 1981년 국내 최초로 개인용 컴퓨터 'SE-8001'을 개발하여 국산 컴퓨터 시대를 열었으며, 1982년에는 이를 캐나다에 수출하여 우리나라에 컴퓨터 산업을 일으키는 도화선이 되었다. 이용태 박사는 삼보컴퓨터 경영을 통해 벤처기업 삼보컴퓨터를 우리나라 PC 산업의 핵심 기업으로 성장시켰으며 우리나라의 컴퓨터 대중화를 선두에서 이끌기도 하였다. 이 박사는 삼보컴퓨터 회장으로서 정보 강국 실현을 위한 경제인들의 모임 e코리아추진위원회 위원장으로서 활발한 활동을 하면서 'e-Korea 전도사'라는 별명으로 IT 신세계를 개척하기도 하였다. 현재(2025년 3월)는 유림단체인 박약회博約會 회장으로서 올바른 인성을 갖춘 신지식인 양성을 위한 웨트웨어wetware 사업에 열중하는 노익장을 과시하고 있다.

또한, 이용태 박사는 2006년 〈매일경제신문〉이 서울대학교 공과대학, 한국공학한림원과 함께 '한국을 일으킨 엔지니어 60인'에 선정되었다. 선정위원회가 이 회장을 선정한 이유 일부분은 다음과 같다.[12]

한국을 일으킨 엔지니어 60인: 이용태 사장

(…) 그는 대한민국 IT산업의 산증인이라고 하여도 과언이 아니다. (…) 사실 이용태 명예회장의 첫 경력은 IT 산업가가 아닌 교육자이었다. 시골 초등학교에서 2년여간 학급 담임을 맡았고, 서울에서는 고등학교 교사 생활을 하였다. 돈을 벌기 위해 야간에는 학원강사 생활도 했다. 이 명예회장은 서울대학교, 연세대학교, 고려대학교 강단에서 학생을

지도하였으며, 이화여자대학교 사범대학에서 교수로 활동하기도 하였다. 어쩌면 선구자로서의 소명은 그의 짧은 교육자 경험을 통해 얻은 것이 아닌가 한다. (…) 1980년 처음으로 선보인 '서울시 교통신호 전산화 시스템'이 바로 그의 작품이다. (…) 또한, 정부 행정체계 전산화 작업도 일궈냈다. 삼보컴퓨터를 설립한 다음 해, 오명 체신부차관으로부터 데이터통신 서비스를 위한 민영회사를 맡아달라는 연락을 받고 이용태 명예회장은 고민 끝에 이를 수락하고, 이후 정부 부처 행정전산화 작업에 매달렸다. (…) 또한, 공무원 교육을 통해 민원 처리 등 각종 행정업무를 PC로 하는 전산화 작업을 완성했다. 오늘날 전자정부의 모태가 완성되는 순간이었다. (…)

자신의 업적에 대해 이용태 명예회장은 "내가 먼저 한 것뿐이다. 누구라도 먼저 했다면, 오늘날 이와 같은 업적을 이뤘을 것이다"라고 겸손함을 내비치기도 했다. 이러한 성공에 관한 질문에 그는 비결이라는 것은 없습니다. 단지 열심히 최선을 다해 산 것이지요"라고 말했다.

(…) 그가 성공할 수밖에 없었던 또 하나의 이유는 뚜렷한 목표 의식이 있었기 때문이다. 그는 "정보산업을 일으키기 위해 죽을힘을 다했다"라고 고백했다. (…) 예산을 책정받고 전문가를 고용하고 산업을 부흥시키기 위해 동분서주하는 모습은 마치 종교의 전파라는 소명 의식을 가진 전도사의 모습 그대로이었다. (…)

선비정신은 이용태 명예회장이 평생 가슴에 되새기고 있는 이념이다. 그는 유교야말로 사람이 사람답게 사는 데 필요한 정신이라고 말한다. 단, 시대가 변함에 따라 이에 맞는 형태로 변화, 발전해야 한다고 보고 있다. (…)

이용태 사장이 행정전산망 구축사업에서 이룩한 업적은 다양하다. 주요 내용을 중심으로 요약하면, 데이콤 운영과정에서 성과를 담보하기 위하여 예산확보를 위한 '선투자 후정산' 방법 활용, 주전산기 운영체제로 유닉스 채택, 톨러런트 주전산기 선정과 컴퓨터 국산화, 국민의 컴퓨터에 대한 이해 수준 향상을 위한 계몽 활동, 여론선도자를 통한 정보화 계몽 활동과 사랑방 운영, 강연과 저술 활동을 통한 정보화 계몽 활동 등이다.

1981년부터 시작된 행정전산망(National Administrative Information Systems: NAIS) 사업은 '대한민국 역사상 가장 위대한 도약'으로 일컬어지면서 '전자정부'의 기본 골격으로서 계속 진화의 과정을 거쳐 정보기술IT 강국으로 자리매김하고 있다. 이 거대한 결과의 불씨를 붙인 분, 즉 선구자First Mover의 역할은 이용태 사장이 담당하였다고 할 수 있다. 이 사장은 1981년 한국전자기술연구소KIET 부소장 시절에 서울특별시와 주민등록업무 시범사업 추진을 시작한 것을 데이콤의 행정전산망과 연계·추진함으로써 미래를 내다보면서 선견지명의 안목을 가진 선각자로서 명실공히 IT의 대부라고 할 수 있다. 이러한 그의 성공 배경에는 국가에 대한 애국심, 비전, 통찰력 등이 그 중심에 있었다고 볼 수 있다.

백인섭: 백인섭(白寅燮) 박사는 서울대학교 공과대학 전기공학과를 졸업하고, 1976년 한국과학원KAIS에서 응용수학과 컴퓨터 전공으로 석사학위(제1회)를 취득하였다. 그후 1981년 프랑스 그르노블(Grenoble) 1 대학교 대학원에서 컴퓨터공학 박사학위를 취득하였다. 그는 한국과학기술연구소 선임연구원(1970~1976), 프랑스 국립 통신연구소 선임연구원(1981~1983), 한국데이타통신(주) 정보통신연구소장(1983~1988), 한국전산원 본부장(1988~1992)을 역임하였다. 1992년 아주대학교 전산학과 정교수로 취임해서 정년하였다. 그는

취미활동에서도 등산, 스키, 테니스 등의 여러 분야에서 최고 수준의 실력을 보유하고 있다.

이용태 사장은 "백인섭을 사람들은 '백 도사'라고 부른다"라고 농담 삼아 자주 이야기한다. 다재다능한 그의 능력 때문이다. 그는 대학을 은퇴한 후, 지금 (지방의) 산에 혼자 가서 자연을 벗 삼아 도사처럼 살고 있다. 그의 가치관은 일반 통속적인 것과 다르다. 그는 언제나 세속적인 명리에 초연하다. 그런데 그는 데이콤의 기술책임자로 활동할 때, 전력을 다해서 행정전산망 성공을 위해서 헌신적으로 일했다. 그는 행정전산망 주전산기의 회사와 모델을 고르고, 운영체제로서 유닉스를 선정하여 우리 실정에 맞게 뜯어고쳐 행정전산망 목적에 맞게 개량했다. 그리고 전체 통신 시스템이 원활하게 작동하도록 조정하기도 하였다.

백인섭 박사는 데이콤 정보통신연구소장으로 활동하는 동안 〈하버드 비즈니스 리뷰〉가 요약한 리더에게 필요한 자질인 일에 대한 넘치는 에너지, 복잡한 상황에서 필요한 결정을 내려 일을 진행하는 통찰력, 사업수행에서 책임감을 느끼고 일을 수행하는 열정 등은 타의 추종을 불허한다. 백 박사가 데이콤 정보통신연구소 소장으로 재임하면서 행정전산망 구축에 참여한 동료 연구진으로는 이거상 부장, 이철수 부장, 성승희 부장 등이다.

이동욱: 이동욱李東郁 본부장은 강릉사범학교, 경북대학교 법정대학 정치외교학과를 졸업하고, 연세대학교 공학대학원에서 컴퓨터공학 석사학위, 그리고 명지대학교 대학원 컴퓨터공학과에서 박사학위를 취득하였다. 특기사항으로 법정대학 출신으로서 전자계산기 조직응용 분야의 정보처리기술사, 하

버드대학교 정보정책연구센터(Center for Information Policy Research) 객원연구원, 한국정보공학기술사회의 수석부회장, 명예회장 등을 역임하였다. 한국전자기술연구소KIET와 한국전자통신연구원ETRI에서 응용소프트웨어 개발실장, 삼보컴퓨터 그룹 자회사 대표이사로 활동하기도 하였다. 저서로는 소프트웨어 공학(상조사, 1991년), 경영정보시스템(MIS)(조세통람사,1986년) 등이 있다.

이용태 사장이 기억하는 이동욱 본부장은 "그는 어떤 일을 맡든지 언제나 전력을 기울여 일을 깔끔하게 깨끗이 마무리하였다. 그가 데이콤에서 맡은 첫 프로젝트는 체신부의 보험·저축 업무의 전산화였다. 체신부는 이것을 말도 되지 않은 6개월이라는 단기간에 완성할 것을 주문하였다. (그 당시 상황에서) 문제는 체신부에서 처음 시작하는 일이라 자체의 업무 절차도 정비되어 있지 않는 상태였다. 그러나 그는 그 일을 무사히 마무리했다."

행정전산망 사업과 관련된 전투(?)에서 이동욱 본부장이 기억하는 어려웠던 업무 환경들은 아래와 같다.

"처음에 행정전산망 프로젝트를 맡아 일을 시작한다는 것은 마치 지옥의 전선을 맡아 전투를 시작하는 것처럼 매우 어려운 많은 고비를 넘겨야 하는 지난(至難)한 일이었다. 회사가 발족하고 얼마 되지 않아 기술진이 제대로 짜여 있지도 않았다. 또한, 다루어야 할 운영체제(operating system)와 하드웨어는 평생 처음 사용하는 유닉스(UNIX) 운영체제에다 제대로 사용한 적이 없는 주전산기는 '톨러런트'였다. 설상가상으로 고객은 잔뜩 불만을 품고 우리를 적대시하고 있었다."

이러한 주변 환경이 제대로 갖추어지지 않은 전투(?)에서 이동욱 본부장은 야전사령관의 역할을 훌륭히 수행했으며, 그는 행정전산망 구축에 참여하는 동료를 비롯하여 관계기관의 담당자를 격려·고무하면서 고객을 달래는 어려운 일을 훌륭하게 완수하였다. 그는 행정전산망 구축에 공헌한 전사(영웅) 가운데 한 자리를 차지할 수 있는 자격이 있다고 생각한다. 무엇보다도 그는 주어진 과제에 대한 책임감과 열정을 가지고 어려움을 극복할 수 있다는 신념, 새로운 과제에 대한 학습을 동반한 추진력은 타의 추종을 불허하는 리더의 자질을 가지고 사업에 임하면서 사업을 성공적으로 마무리하였다.

특히, 행정전산망 사업을 위한 초창기의 준비과정과 종합계획 수립 등은 이동욱 본부장이 이룩한 업적으로 평가할 수 있다. 그와 함께 행정전산망 전투(?)에 참여한 훌륭한(?) 동료로는 성낙도 연구위원, 공재근 부장, 김홍근 부장, 임춘봉 부장, 정치헌 부장, 김수영 부장, 김진희 부장, 임순천 부장, 현진동 부장, 여찬기 부장 등이 있다.

이철수: 이철수李哲洙 박사는 육군사관학교를 졸업하고, 서울대학교에서 학사, 한국과학기술원에서 석사와 박사(정보통신시스템 및 응용 전공)학위를 취득하였다. 그는 한국전산원 원장(1993~1993), 한국정보보호원진흥원 원장(1998~2000), 경원대학교(현 가천대학교) 교수(2003~2010), 한국 정보시스템 감리협회 회장 등을 역임하였다. 저서로는 사무자동화(대은출판사, 1984), 유닉스와 C언어(상조사, 1986), 정보사회론(공저, 데이콤, 1992), 컴퓨터가 본 세상(전자신문사, 1998), 정보보호개론(정익사, 2003) 등이 있다.

이용태 사장은 행정전산망 구축과정에서 이철수 본부장의 공헌을 다음과 같이 기억하고 있다.

"(이동욱 본부장의 후임으로) 이철수 본부장이 행정전산망 사업단장으로 임명되었다. 그는 여러 방면에 뛰어난 재주를 가졌다. 우선, 컴퓨터와 통신에 깊은 지식을 가졌었고, 일의 완급, 선후와 대소를 구별해서 일 자체를 시스템으로 파악하여 무리 없이 추진하는 탁월한 능력이 있었다. 그는 리더가 갖추어야 할 자질로서 에너지, 신념, 열정, 학습 등의 영역에서 훌륭한 소양을 갖추었으며, 이러한 지도력은 어려운 행정전산망 사업에서 고생하는 엔지니어들을 잘 인도하면서 책무를 완수하였다. 우리(데이콤)의 혁신적인 시스템 때문에 손해 보았다고 생각하는 사람들이 많아서 이름있는 모든 수사기관이 우리를 조사했다. 그때마다 그(이철수 본부장)가 (관계기관에) 불려 가서 숱한 곤욕을 치렀다. 그러나 그는 그 일로 눈살 한번 찌푸리지 않고 태연하였다."

행정전산망은 단순한 하나의 프로젝트가 아니고, 대한민국의 틀을 바꾸는 국가기간사업, 즉 정보통심혁명과도 같은 작업이었으므로 제도 정비, 법률 제정, 표준화 작성 등 실로 다양한 일이 많았다. 이철수 단장은 이러한 일들을 디지털 전환을 위한 변화·혁신에서 지도자에게 요구되는 감성역량인 팀원의 마음을 달구면서 묵묵히 일하면서 사업을 성공적으로 마무리하였다. 그는 틀림없이 우리나라 행정전산화 사업에 큰 역할을 한 전사 가운데 하나다.

이철수 본부장이 함께한 데이콤의 동료로는 윤철중 부장, 이민원 부장, 김홍권 부장, 김진휘 부장, 여찬기 부장, 김태경 부장, 석종호 부장 등이 있었다. 또한, 내무부(현재 행정안전부) 공무원으로는 이종현 서기관, 차주영 사무관, 강인혁 주사, 이광훈 사무관, 김택곤 서기관, 김상수 주사 등이 참여하였다. 서울특별시 소속으로는 장연태 소장, 김주성 주사, 한일석 주사 등이 참여하였으며, 청와대에서는 정홍식 서기관, 송옥환 서기관 등이 참여하였다.

김대규: 김대규金大圭 본부장은 서울 경동고등학교를 졸업하고, 서울대학교 공과대학 금속공학과를 졸업하였으며, 서울대학교 최고경영자 과정을 수료하였다. 경력 사항으로는 ㈜금성사(현 LG전자)와 ㈜금성정밀(현 LG이노텍)에서 다양한 직책으로 활동하였다. 그 후, 데이콤(현 LG 유플러스)에서 기획관리실장, 시스템본부 본부장, 정보통신부분 담당 상무이사와 전무이사를 역임하였다. 데이콤 은퇴 후에는 ㈜에이텔 대표이사 사장, BT Korea 사장을 역임하였고, 현재는 ㈜프리씨이오 파트너 겸 자문위원Partner and Consultant으로 활동하고 있다.[13]

김 본부장은 데이콤 창립에 많은 공헌을 하였다. 그는 데이콤의 창립 초창기에 기획관리실 실장으로서 회사 행정체계를 기획하고 실천에 옮겼다. 즉, 취업 규정, 보수 규정, 인사고과, 승진시스템 등과 같은 대부분 행정체계는 그의 손을 거쳐서 이루어졌다. 이들 규정 가운데 보수 규정은 여러 가지 난관을 극복하고 (최고 인재를 유치하기 위하여 그 당시) LG 수준으로 결정하였다.

행정전산망 사업에서 자금조달을 위한 회계제도는 '선투자 후정산' 방식이 사용되었다. 김 본부장은 '선투자 후정산' 방식이 가능하기 위해서는 제3기관의 인증이 필수라고 판단하여 싱가포르의 국가컴퓨터위원회(National Computer Board: NCB)와 같은 준정부기관의 설립을 제안하여 이것이 받아들여져 한국전산원이 설립되는데 행정적으로 공헌을 하였다. 또한, 그는 행정전산망 운영체제 유닉스 선정과 주전산기 국산화 등과 관련된 업무에서 행·재정 지원을 총괄하면서 행정전산망 사업 구축에 정성을 쏟아부은 전사 가운데 하나로 기록되고 있다. 김대규 본부장이 함께한 동료로는 김윤철 부장, 조익성 부장, 김대두 부장, 이성기 부장, 윤상섭 부장, 심형섭 부장, 한환구 부장 등이 있다.

전길남: 전길남(全吉男, Kilnam Chon)은 대한민국의 컴퓨터 과학자다. 그는 세계 3번째, 아시아 최초이자 대한민국의 인터넷을 최초로 개발한 인물이다. 그는 1943년 일본 오사카에서 태어나 오사카대학 공학부 전기전자공학과를 졸업한 후, 미국 캘리포니아대학교 로스앤젤레스(University of California, Los Angeles: UCLA)의 컴퓨터공학과에서 시스템 엔지니어링 전공으로 석사와 박사학위를 취득했다. 미국에서 컴퓨터 시스템 설계자로 일하다가 1979년에 한국으로 와서 한국전자통신연구원에서 일했다. 이후 1982~2008년까지 KAIST에서 교수로 활동하였다.[14]

전길남 교수는 행정전산망 사업에서 이용태 사장의 가장 귀중한 조언자 advisor 가운데 한 사람으로 활동하였다. 그는 폭넓은 지식으로 어떤 공식 직책과 보수도 없이 데이콤 전全 사업에 기술 자문역으로 무보수로 활동한 진정한 애국자다. 이용태 사장은 운영체제로서 유닉스 도입, 주산기 결정 등과 같은 중요한 일을 그와 상의하면서 도움을 많이 받았다. 그는 바르고 곧고, 정보IT기술에 넓고 깊은 지식과 통찰력을 가졌으며, 일본에서 성장하면서 조국에 대한 남다른 애정도 가진 행정전산망 사업의 전사 가운데 하나였다.

전 교수는 우리나라에 처음으로 공중피켓망 건설과 관련된 망網의 설계에서부터 기종 선정까지 폭넓은 지원을 했으며, 미국 다음으로 우리나라가 두 번째로 인터넷 시험망을 설치하여 연구소와 대학을 연결하여 데이콤에서 운영하도록 하였다. 그는 아시아 지역의 인터넷 선구자로서 우리나라가 인터넷 강국으로 발전하는 계기를 마련한 장본인이다. 그가 없었으면, 대한민국의 인터넷은 몇 년은 더 늦게 시작했을 것이다.

위에서 언급한 백인섭, 이동욱, 이철수, 김대규, 전길남 5인은 (이용태 사장이 기억하는) 행정전산망 사업에서 현장의 전사, 즉 야전군사령관들이었다. 그러나 그들을 뒷받침한 열정적인 기술자들이 있었다. 생각나는 대로 순서 없이 적어 보면, 이거상, 성승희, 유재희, 김홍권, 공재근, 성인경, 유락균 등이다. 또한, 후방을 지킨 지원부대의 공로도 잊을 수 없다. 황규복, 황현식, 성락도, 유경희, 김광련, 백석기 등 임원과 행정요원들은 깨끗하게 헌신적으로 일했다. 데이콤 초창기 때, 직원들은 순수한 애국 운동 집단과 같았다고 생각한다.

특히, 지금(2024년)도 고故 백석기 사장은 데이콤 역전의 용사들을 일 년에 몇 번씩 모아서 간단한 잔치를 한다. 옛 친구들을 위한 고귀한 봉사다. 만약 이 모임, 즉 이수회二水會가 없었다면, 사회성이 약한 엔지니어들은 서로 단절(斷切, 유대나 연관 관계를 끊음)하고 살았을 것이다. 이수회에는 이용태 사장을 비롯하여 공재근, 김광련, 김대규, 김시연, 김영국, 김일환, 김태경, 김하진, 김헌수, 나광수, 박장준, 백인섭, 이철원, 송원갑, 오태용, 윤상섭, 이거상, 이근구, 이동욱, 이성기, 이원정, 이철수, 임춘봉, 최성원, 최호진, 현진동 등이 정기적으로 참석하고 있다. 이 책도 이 모임이 유발한 하나의 성과라고 볼 수 있다.

예로부터 지도자의 가장 큰 덕목은 자기의 능력과 의지가 아니라, 적재적소適材適所에 적합한 인물을 발굴하여 그 인물이 목숨을 바쳐 자신에게 부여된 일을 성취할 수 있도록 환경을 만들어 주는 능력이었다. 이른바 '인사만사人事萬事'였다. 이는 어쩌면 인물의 능력 차원의 이야기가 아니라 인물의 위대성 차원의 이야기이기도 하다. 전두환 대통령이 김재익을 '경제대통령'으로, 김재익은 오명과 홍성원을 통신과 정보 분야의 대통령으로 일임해서 밀어주었다. 또한, 그들은 그 국가적 정책을 몸으로 시행할 만한 전투사령관으로, 이용태 박사를 발굴해서 일임하고 밀어준 것이 바로 그러한 위대한 덕목의 발휘라고 할 수 있다.

또한, 이용태 박사가 영웅호걸이 난무하는 (정보통신) 전문가들의 세계에서 백인섭, 이동욱, 이철수, 전길남 등 당시 최고 수준의 전문가를 발굴해서 (행정전산망 사업의) 해당 분야에서 전력투구해서 맡은 임무를 성취하도록 함으로써 1980년대 대한민국에서 국가정보화와 국가정보산업 육성이라는 두 마리 토끼를 잡아서 2000년대 선진 정보사회와 (선진) 정보산업을 달성했던 것도 그러한 위대한 지도자들의 덕목이 발현되었기 때문이라 생각된다.

이렇게 1980년대 우리나라에서는 관련 정부 지도자들이 나라를 부흥시킬 수 있는 최대의 덕목을 지니고 있었다. 또한, 그러한 국가정책을 자신이 맡은 분야에서 현명하면서도 합당하게 끝까지 업무를 수행해 낸 전문가들이 있었기 때문에 이후 다가온 정보화시대에서 우리나라가 선두 주자가 될 수 있었다. 2000년대 우리나라가 이루어낸 (대한민국 역사상 가장 위대한 도약 가운데 하나인 행정전산망 사업이라는) 빛나는 성취는 결코 우리나라의 행운만으로 얼렁뚱땅 얻어진 것이 아님을 다시 한번 더 강조해 본다. ▰

정보통신혁명을 통한 국가경쟁력 확보와
세계 최고의 전자정부로 우뚝 서다

결론: 행정전산망이 국가경쟁력에 미친 영향과 미래 전망

우리나라는 1970년대에 경제를 비롯하여 산업과 교통, 문화 등 다양한 방면에서 눈부신 발전을 이룩함으로써 그러한 발전이 국가행정에서 직간접적으로 새로운 정책 개발, 합리적인 업무 수행향상, 대민봉사 개선이라는 요구를 불러일으켰다. 이러한 요구는 정책 수립 과정에서 객관적이며 정확한 데이터의 이용과 과학적인 기법을 사용함으로써 의사 결정을 신속·정확하게 하는데 필요한 정보 생산, 일관성 있는 업무수행을 위한 최선의 행정 장비와 기법의 도입을 피할 수 없게 하였다.

이러한 현실적 배경에서 21세기의 국가경쟁력 확보와 다가오는 정보사회에 대비한 기반 조성을 통한 선진행정을 위한 장기적인 포석으로 정부에서는 행정전산망 사업을 추진하였다. 《세계를 가깝게, 미래를 가깝게: 데이콤 10년사》에 의하면, 행정전산망 사업의 기본 목표를 아래와 같이 세 가지로 요약하고 있다.[1]

첫째, 정부 입장에서 설정한 목표이다. 행정업무에 컴퓨터를 도입하기로 한 후, 각 행정기관이 독자적으로 전산 업무를 개발하여 전산 시설을 도입·운영하고 있었으나, 행정정보를 공동으로 활용하지 않았기 때문에, 투자의 중복과 업무 연계성의 부족으로 인하여 전산 자원의 효율은 매우 낮은 실정이었다. 그러므로 장기적인 시각에서 행정전산망을 총체적으로 개발하여 국가행정 정보의 공동 활용 체계를 확립함으로써 '작고 효율적인 정부'를 구현한다는 것이었다.

둘째, **국가 경제의 측면에서 목표이다.** 현대 정보산업의 발전 방향은 통신망과 하드웨어 및 소프트웨어가 서로 보완하면서 상승효과를 불러일으키는 것이므로, 행정전산망 사업으로 그 같은 정보산업을 활성화한다는 수요 측면의 중요성이 강하게 요청되었다. 당시, 우리나라 정보산업의 실태는 아직 초기 진입 단계에 지나지 않았고, 그런 상황에서 순수한 민간 부문의 수요 창출에 기대를 거는 것은 현실적으로 문제가 많았다. 따라서 행정전산망과 같은 공공부문에서 수요를 창출하여 민간 부문에 대한 안정적인 공급 기회를 제공함으로써 국내적으로는 관련 산업육성과 국제경쟁력을 확보하는 것이었다.

셋째, 행정전산망 구축에 따른 마지막 수혜자인 **국민 측면에서 본 목표**이다. 행정전산망이 완성되면, 행정절차의 합리화, 간소화로 대민서비스의 질이 향상될 뿐만 아니라, 전국 어디에나 공평한 정보전달이 이루어짐으로써 국민 대다수가 편익을 제공받게 되고, 지리적·시간적 불편이 해소된다. 따라서 균형 있는 지역발전이 이루어져, 결과적으로 선진 복지사회를 건설할 수 있다는 것이었다.

행정전산망 사업은 컴퓨터와 통신이 결합한 컴퓨터 통신망을 구축하여 행정 업무에 필요한 각종 자료와 정보를 축적하고 이를 효율적으로 이용하여 해당 업무의 능률을 극대화하고, 대국민 행정서비스의 질을 고도화하며, 더 나아가 국가 전체의 능률을 증대시키는 것이 목적이었다. 특히, 행정전산망 사업의 기본 목표가 행정경비의 절감 및 정책 결정의 합리성 제고, 대민봉사의 신속·정확 등을 통한 '**작고 효율적인 정부를 구현**'하고, '**국가경쟁력의 확보**'

및 '국내 정보산업의 육성을 도모하겠다는 것'이었다.

앞에서(제5장) 살펴본 것과 같이 행정전산망 제1차 사업은 1985년 6월에 시작하여 1991년 3월에 완료하였으며, 여러 가지 특수한 환경에서 추진된 국가의 정책사업이었다고 할 수 있다. 다음은 이 사업의 특성을 요약한 것이다.[2] 첫째, 이 사업은 국내외적으로 선례가 없는 대규모 국가사업으로서 고도의 첨단기술과 전문인력이 있어야 하는 불확실성 속의 개발사업이었다. 둘째, 이 사업은 국가기간전산망을 구축하는 한편, 전산화 비용을 정보산업 투자와 연계하여 정보산업을 육성하고 주전산기를 국산화하여 행정전산망에 이용하는 다목적 정책사업이었다.

셋째, 이 사업은 지정된 하나의 전담사업자인 한국데이타통신주식회사(약칭 데이콤)가 각각 특성이 다른 우선 추진 6개 사업을 한정된 기간에 개발함으로써 업무의 양과 질이 방대하고 다양하였을 뿐만 아니라 주관부서, 이용부서 등 많은 부서가 관련되어 유기적인 협조와 조정이 요구되는 사업이었다. 넷째, 사업의 조기 추진과 개발효율을 높이기 위하여 전담사업자가 사업 자금을 먼저 투자하고 난 다음, 집행한 개발비를 사후에 정산해 주는 '선투자 후정산' 방식의 이례적인 예산 집행 방식의 사업이었다. 마지막으로 정부와 전담사업자 간의 고정가격 계약방식이 아닌 비계약非契約 사업으로서 선투자액의 집행한계와 개발업무의 한계가 불분명하고 이용부서의 요구사항이 수시로 변동하는 특수한 개발 환경에서 이루어진 사업이었다.

이상에서 약술한 것과 같이 행정전산망 사업을 추진하는 당시의 환경 특성을 고려할 때, 이 사업은 비록 여러 가지 어려움에도 불구하고 추진해야만 했던 당위성을 가지고 있었으며, 행정전산망 사업의 계획된 목표는 달성되었다.[3] 즉, 행정전산망은 파급 효과가 사회 전반적으로 엄청났으며, 고도 정보사회로 진입을 앞당기는 국가사회 정보화 정책의 마중물 역할을 하는 교두보 역할을 담당한 측면이 있음을 알 수 있다. 특히, 행정전산망 사업은 전자정부 구현에 핵심 역할을 담당하였으며, 행정서비스의 효율성, 투명성, 접근성을 향상하였고, 국민의 편리한 행정서비스 이용을 가능하게 함으로써 행정업무의 효율성을 높여 국가경쟁력 강화와 우리나라 정보산업 육성에도 이바지하였다.

국제연합(United Nations: UN)은 2002년부터 2년마다 193개 전체 회원국을 대상으로 홀수 연도에 각국의 '전자정부 발전지수'를 평가하고, 짝수 연도에 그 결과를 발표하면서 각국의 전자정부 발전 수준을 평가한다. 평가 기준은 온라인 서비스, 통신 기반 환경, 인적자본 수준의 3개 분야로 구성되며, 이 결과를 종합하여 전자정부 발전지수를 산정한다. 우리나라는 전자정부 평가에서 2010년, 2012년, 2014년 평가에서 연속으로 1위를 차지했다. 그러나 2024년 평가에서 193개 회원국 중 4위를 차지했으며, 특히 온라인 서비스 부문에서 1위를 기록하였다. 이번 평가에서 1~3위는 덴마크·에스토니아·싱가포르가 차지했다. 우리나라의 전체 순위는 2022년 평가의 3위보다 1단계 떨어졌으나, '온라인 서비스' 부문은 2단계 상승해 1위에 올랐다.[4]

우리나라는 전자정부에 대한 국민 체감도를 대표하는 '온라인 서비스' 부문에서 1위를 차지하여 세계 최고 수준으로 평가받았다. 그러나 '통신 인프라' 부문에서는 6위, '인적자본' 부문에서는 17위를 기록했다. 평균 교육연수 등을 평가하는 '인적자본' 부문에서 우리나라는 2022년의 23위보다 6단계 상승했으나, 덴마크·에스토니아·싱가포르의 해당 부문 평가가 크게 상승해 종합순위에서 뒤처졌다. 평가 결과에서 나타난 것과 같이 유럽의 강소국들이 높은 순위를 기록한 가운데 우리나라는 인구 천만 이상 국가 중 순위가 가장 높은 순위를 기록하고 있다. 그러나 인공지능과 연계하여 첨단 서비스를 탑재한 디지털 기술로 진화된 우수한 디지털 정부를 각국에 알려 국제 디지털 격차 해소에 기여하고, 우리나라 디지털 기업의 해외 진출 확대를 위해서는 또 다른 도전이 기다리고 있다.

전자정부는 사회의 발전을 위해 필수적인 요소이지만, 안전성 강화 및 시스템 개선을 위한 꾸준한 노력이 필요하다. 최근, 우리나라는 유엔 전자정부 평가에서 우수한 평가 결과를 기록했었음에도 불구하고 재정적 투자를 포함한 정책지원 순위에서 점차 낮아지는 경향을 보였다. 전자정부 사업은 추가 투자가 필요 없다는 '**완료**'의 관점이 아닌 지속적인 '**관심과 투자**'가 요구되는 분야라는 '**계속**'의 관점으로 접근하여야 한다. 특히, '인적자본'에 대한 지속적인 관심과 투자는 전자정부 서비스의 질 향상을 통한 서비스 분야의 다양화에도 공헌이 기대된다.

우리나라는 1967년 인구통계용 컴퓨터 도입에서 시작해 주민 정보의 전산화, 국가기간전산망 구축, 전자정부법 도입 등을 거치며 진화를 거듭해왔기에 2023년 11월 벌어진 '행정전산망 마비 사태'는 정부나 국민 모두에게 충격이었다. 민원 서비스를 제공하는 전산망이 멈춰 서며 민원실과 주민센터에는 '수기手記'가 다시 등장했다. 민원 창구에서 이름을 적고 확정일자 등을 신청하는 상황은 마치 '아날로그 정부'로 다시 회귀한 진귀한 모습이었다. 발등에 불이 떨어진 정부는 관계기관을 총동원해 대책 마련에 애쓰면서 재발 방지는 물론 디지털정부 신뢰 구축을 위한 종합대책을 준비·발표하였다.

지난 2024년 1월 발표된 행정전산망 개선 종합대책은 전국 행정전산망 장애를 계기로 정부가 디지털 행정서비스의 안정성을 확보하기 위해 마련한 범정부 차원의 종합적인 계획이다.[5] 이 대책은 (1) 상시 장애 예방, (2) 신속한 대응 및 복구, 그리고 (3) 서비스 안정성 기반 강화라는 3가지 추진전략과 이를 위한 12가지 과제로 구성되었다. 구체적 세부 과제는 장애 예방 시스템 강화, 장애 대응 및 복구 체계 구축, 디지털 행정서비스 안정성 강화, 업무 연속성 확보 등 12가지 과제로 구성되었다. 이러한 개선을 위한 종합대책에도 불구하고, 정보통신 전문가들은 정부가 이번 사태를 반면교사로 삼아서 먹통 사태의 원인을 상세히 규명하고, 그에 따른 진단과 처방을 내려 다시는 전산망이 멈춰서는 일이 없도록 대책 강구를 요구했다.

최근, 인공지능(Artificial Intelligence: AI)이 다양한 산업과 영역에 걸쳐 인간 능력을 능가한 것으로 평가되면서 디지털 전환의 중추 기술인 인공지능이 국가정책 의제agenda로 주목받고 있다. 인공지능을 활용하여 산업육성과 기업경쟁력 강화를 위한 노력이 전개되고 있다. 인공지능 국가전략은 단순히 인공지능 기술개발과 산업육성을 넘어 국가사회에게 주어진 과제 해결, 사회시스템의 혁신과 최적화, 국민 생활의 질 향상 등을 위한 정부 구현을 포함한다. 그러나 정부는 여전히 관료제 정부에서 벗어나지 못하고 있으며, 정책문제에도 무기력하고 부패하며 불공정하고 낭비와 비효율에서 벗어나지 못하고 있다. 모든 것이 인공지능으로 통하는 인공지능 전환 시대에서 창조적 탈바꿈이 요구되는 정부에게 창조성, 청렴성, 공정성 그리고 책임성, 윤리 의식 등으로 무장된 공직자에 의한 정부 기능과 역할이 한층 요구된다.[6]

이러한 관점에서 전자정부에서 디지털정부로의 세계적인 전환 추세에 맞추어서 우리나라에서도 '디지털플랫폼정부'를 추진하고 있다. 이러한 형태의 정부는 디지털정부의 진화된 모형인 동시에, 플랫폼으로서 정부의 역할과 기능 강화에 초점을 둔 새로운 국정 운영 패러다임의 전환을 의미한다.[7] 디지털플랫폼정부는 플랫폼 중심적 접근을 통한 민간과의 협력을 목표로 하며, 데이터 및 인공지능을 활용한 혁신적인 공공서비스를 제공한다. 해당 정부 모형은 국민에게 정보검색뿐만 아니라 맞춤형·선제적 서비스를 제공하는 데에서 기존 전자정부와 차이가 있다.[8]

또한, 디지털플랫폼정부는 기존 플랫폼 정부 논의와 유사성을 공유하면서도, '정부 운영체계 재설계'와 '민관 참여 확대'에 상대적으로 중요성을 부여한다는 점에서 차별화된다. 최근 정보기술을 활용한 정부혁신의 수단으로 등장했던 전자정부에서 전자정부를 넘어 새로운 혁신 기술을 응용하는 디지털플랫폼정부는 '모든 데이터가 연결되는 세계 최고의 디지털플랫폼정부'를 비전으로, 국민, 기업, 정부가 함께 사회문제를 해결하고 새로운 가치 창출을 목표로 한다.

이를 위해 기존의 전자정부 모형에 기초한 행정전산망도 디지털플랫폼 혁신 인프라 구현, 데이터 전면 개방 및 활용 촉진, 정부의 일하는 방식 혁신, 안전하고 신뢰할 수 있는 이용환경 보장 등의 중점 추진과제와 연결되어 새롭게 재탄생하는 과정을 거쳐야 할 것이다. 이러한 과정에는 기존 전자정부 및 디지털정부 모형에서의 전환적이고 창조적인 시각이 강조되어야 할 것이다. 🐢

에필로그 2

또 다른 결론: 치열한 경쟁을 뚫고 세계 최고가 되는 비결

☎ 요즘 유행하는 인공지능 챗GPT(ChatGPT)에게 '무서운 경쟁을 끝까지 이겨내고 세계 최고가 되는 비결은 무엇인가'라고 질문했다.

☏ **챗GPT가 답으로 아래의 8가지 비법을 제시하였다.**

♨ 그런데 신기하게도 챗GPT가 제시하는 8가지 비법이 1980~90년대 이루어진 우리나라 정보통신혁명의 사례와 대부분 영역에서 만족되었다. 따라서 세계 최고가 될 수 있었다. 무서운 경쟁을 끝까지 이겨내고 세계 최고가 되는 비결은 다양한 요소들이 복합적으로 작용하는 경우가 많다. 그러나 몇 가지 중요한 원칙을 따르면, 좋은 결과를 얻을 수 있다. 아래는 이러한 비결 가운데 일부를 이 책에서 기술한 한국데이타통신주식회사(약칭 데이콤)의 행정전산망 사업에서 얽힌 알려지지 않은 이야기 연결하여 요약·정리한다.

[성공 비결 1] 무서운 경쟁에서 최고가 되는 첫 번째 비결은 열정과 헌신이다: 목표를 향해 열정적으로 노력하고 어려움을 극복하는 데 있어서 헌신적인 자세다. 우리나라의 경우에는 당시 국가기간전산망 구축을 위해서 대통령의 강력한 지원을 받았던 경제비서실의 주요 핵심 인사들, 즉 김재익 경제비서실 수석비서관, 오명 과학기술 비서관(체신부 차관), 홍성원 과학기술 비서관이 행정전산망 사업을 총괄 기획해서 추진하였다. 또한, 경제비서실의 핵심 인사는 사업추진 단계에서 행정적 측면과 동시에 재정적 측면에서 막강한 지원을 지속해서 했었다. 그들의 열정과 헌신으로 해서 거대한 국가적 사업이 성

공적으로 이루어지게 되었다.

[성공 비결 2] 무서운 경쟁에서 최고가 되는 두 번째 비결은 지속적인 학습과 발전이다: 1980년대 세계적으로 몰아닥치던 정보(화)사회는 새롭고 급격하게 발전하는 정보통신기술을 바탕으로 구현되는 미래 사회로서 기술적으로는 물론 문화적으로도 매우 낯설고 어려운 환경이라서 적절한 학습을 통해서만 발전해 갈 수 있는 상황이었다. 우리나라의 경우, 미래 정보화시대를 주도할 국가행정전산망 사업을 전담해서 수행할 기관을 사용자(공무원)가 아닌 전문기술을 가진 전문가집단으로서 이른바 전담사업자인 한국데이타통신주식회사(약칭 데이콤)에게 맡김으로써 세계적으로 급발전하는 정보통신기술환경에 대한 지속적인 학습을 통해서 발전할 수 있었었다. 지속적인 학습과 발전의 전사들은 데이콤의 이용태 사장, 백인섭 연구소장, 이동욱 본부장, 이철수 본부장, 김대규 본부장 등 이었다. 그 결과 세계적으로 새로운 유닉스 기반의 국가 전산 환경을 세계 최초로 구축하였다. 또한, 동시에 유닉스 기반 행정전산망용 주전산기를 제작함으로써 컴퓨터 기술의 국산화를 이룩할 수 있었다.

[성공 비결 3] 무서운 경쟁에서 최고가 되는 세 번째 비결은 전략과 계획이다: 1980년대 전 세계에서 최초로 유닉스 기반 전산 환경에서 국가기간전산망을 구축하면서 동시에 유닉스 기반 주전산기 국산화를 이루어낸 것은 강력하면서도 비상한 국가적 전략과 계획이 있었기 때문이었다.

[성공 비결 4] 무서운 경쟁에서 최고가 되는 네 번째 비결은 협력과 팀워크다: 새로운 사업의 시작이나 신기술 활용에는 정답이 없는 경우가 많다. 따라서 혼자서는 한계가 있어서 집단지성集團知性의 힘이 요구되므로 팀원들과의 협력과 팀워크를 통해 더 큰 성과를 이룰 수 있다. 행정전산망과 같이 국내외적

으로 선례가 없는 대규모 국가사업의 성공을 위해서는 효과적인 지도력과 공동체 정신team building 능력도 중요하다. 행정전산망 사업의 추진을 위한 (청와대, 체신부, 데이콤)의 3대 기관의 협력과 협동작업은 행정전산망 사업 성공의 비결이었다. 즉, 국가 수반인 대통령의 통솔력과 청와대 경제비서실 정책 구상, 체신부의 국가적 경제지원, 그리고 사업 주主 전담기관 데이콤의 효율적인 업무수행이 어우러져 국책사업은 성공적으로 마무리되었다.

[성공 비결 5] 무서운 경쟁에서 최고가 되는 다섯 번째 비결은 고객 중심 사고다: 행정전산망 사업은 국가와 국민을 위한 국책사업으로 추진되었다. 국책사업에서는 고객인 국민의 요구와 만족을 항상 고려하는 사고방식mind set이나 태도가 중요하다. 행정전산망 사업에서 이해당사자인 국민의 요구needs를 이해하고 그에 맞추어 제품이나 서비스를 개선하는 것이 성공의 열쇠이다. 우리나라의 행정전산망은 행정수행자, 즉 공무원이 아닌 민간 전담사업자인 데이콤이 전적으로 국가의 관련기관과 협력하여 사업을 전담했기 때문에 국민을 위한 사고방식으로 구현이 이루어질 수 있었다.

[성공 비결 6] 무서운 경쟁에서 최고가 되는 여섯 번째 비결은 윤리적인 행동이다: 행정전산망 구축과정에서 행정전산망용 단말기 선정을 위한 입찰에서 데이콤 사장인 이용태 박사가 자신이 설립한 삼보컴퓨터를 입찰에서 제외하는 윤리 경영은 공정성 유지에 공헌하였다. 사업 세계에서 윤리적인 행동은 신뢰를 쌓고 오랜 기간에 걸쳐 성공을 유지하는 중요 요소로 작용한다.

[성공 비결 7] 무서운 경쟁에서 최고가 되는 일곱 번째 비결은 자기관리와 균형이다: 20세기 중후반부터 시작된 국내외 정보산업 분야에서는 무서운 경쟁 체제로 기업 환경이 바뀌어 갔다. 이러한 기업 환경에서 자신(회사)의 건강과 안녕을 유지하는 것이 중요하다. 즉, 기업경영에서 균형 잡힌 동료의 삶을 유

지하면서 스트레스를 관리하는 능력도 최고 경영자의 자질로 요구되기도 한다. 이러한 관점에서 행정전산망 사업의 전담사업자인 데이콤을 민간기업 형태로 하여, 우리나라 최고 수준의 봉급과 복지를 가능하게 함으로써 당대 최고 수준의 유능한 전문가들을 유치해서 사업을 운영·관리하도록 한 것도 성공 비결이라고 할 수 있다.

[성공 비결 8] 무서운 경쟁에서 최고가 되는 여덟 번째 비결은 시장 조사와 혁신이다: 이용태 사장과 동료 연구자들은 행정전산망 구축에서 유닉스 기반 전산환경과 초고속인터넷 세상의 도래에 대한 10년 앞선 예측을 하였다. 이러한 관점을 유지하면서 그들은 정보통신 분야의 시장 동향을 세밀하게 학습을 통하여 파악하고 고객들의 요구를 이해하는 것에 많은 노력을 하였다. 왜냐하면, 끊임없는 혁신을 통해 경쟁 우위를 유지할 수 있기 때문이었다. 우리나라의 행정전산망 사업에서 민간 전담사업자인 데이콤이 (그 당시 환경에서 아무도 생각하지 않던 정보산업 분야에서) 혁신적으로 유닉스 기반 국가기간전산망 환경을 구축했으며, 또한 초고속인터넷 세상 도래에 대한 10년 앞선 예측으로 인터넷 세상을 조기에 구현하여 국가사회의 여러 분야에서 혁신을 도모한 전략이 또한 성공 비결이었다.

위에서 살펴본 이러한 비결들은 무서운 경쟁 속에서도 세계 최고가 되기 위한 기본적인 원칙들이다. 그러나 각각의 상황과 산업에 따라서 적합한 전략과 방법이 (조금씩) 다를 수 있다. 특히, 행정전산망과 같은 정보통신 사업에서도 자신(조직, 회사)의 상황과 목표에 맞게 적절한 전략과 방법을 적용하는 것이 '성공의 비결이라고' 할 수 있을 것이다.

독자 여러분의 성공을 기원하면서….

미주

프롤로그 1

1   데이콤 10년사 편찬위원회 (1993). 《세계를 가깝게, 미래를 가깝게: 데이콤10년사》. 서울: 주식회사 데이콤, 209~213쪽.

2   고용노동부 (2025. 1. 21.). 〈고용24, 누적회원 가입자 천만 달성 2024년 9월 정식서비스 개시 이후 4개월 만에 회원 수 1,000만 돌파〉. 세종: 저자.

3   〈위키백과〉. [주제어: 로보틱 처리 자동화] 디지털 로봇 또는 봇이라 불리는 가상 소프트웨어 로봇을 사용하여 반복적이고 시간이 많이 소요되는 수동 작업을 자동화한다. [https://ko.wikipedia.org/wiki/%EB%A1%9C%EB%B3%B4%ED%8B%B1_%EC%B2%98%EB%A6%AC_%EC%9E%90%EB%8F%99%ED%99%94](검색일 2025년 6월 30일)

4   이 책의 지은이와 몇 번의 공동 인터뷰에서 이용태 사장이 설명한 내용이며, 이 책의 초고를 읽고 그가 확인(2022년 11월 11일)한 내용이다. Follett, Ken (1983). *On wings of eagles*. London: HarperCollins. 홍용표 (옮김)(1992). 《독수리 날개 위에》. 서울: 예하.

프롤로그 2

1   이기열 (1995). 《소리없는 혁명: 80년대 정보통신 □史》. 서울: 전자신문사.

2   안문석, 정충식, 성욱준, 정진우, 권헌영, 김현경, 심우민, 강상욱, 김숙희, 정국환, 이영로, 홍필기 (2017). 《전자정부 50년 1967-2017: 대한민국 역사상 가장 위대한 도약》. 서울: 행정안전부.

3   김중태 (2009). 《대한민국 IT사 100: 파콤222에서 미네르바까지》. 서울: 비즈북스.

4   정홍식 (2007). 《한국 IT정책 20년: 천달러 시대에서 만달러 시대로》. 서울: 전자신문사.

5   한국전산원 (2005). 《한국의 정보화정책 발전사》. 서울: 한국전산원.

제1장

1   한국정보통신기술협회 (편)(2003). 《정보통신 용어사전》(제4판). 서울: 두산동아, 1175쪽.

2   신윤식, 이철수, 이재천, 이정훈 (1992). 《정보사회론》. 서울: 데이콤출판부, 23쪽.

3   이성흠, 이준, 구양미, 이경순. (2017). 《교육방법 및 교육공학: 의사소통, 교수설계 그리고 매체활용》(제4판). 파주, 경기: 교육과학사, 370쪽.

4   최정호, 강현두, 오택섭 (1990). 《매스미디어와 사회》. 서울: 나남출판, 361쪽.

5   〈네이버 지식백과〉. [주제어: 정보사회] [https://terms.naver.com/entry.naver?docId=1140453&cid=40 942&categoryId=31614](검색일 2022년 9월 21일)

6   신윤식 외 3인 (1992). 위의 책, 34~45쪽.

7   김문조 (2013). 《융합문명론: 분석의 시대에서 종합의 시대로》. 파주, 경기: 나남, 6~9쪽.

8   전자신문 (2012). [100대 사건_001] 한국전기통신공사(현 KT) 설립 〈1981년 12월〉. [https://www. etnews.com/201209110603](검색일 2022년 9월 17일).

9   데이콤 10년사 편찬위원회 (1993). 《세계를 가깝게, 미래를 가깝게: 데이콤10년사》. 서울: 데이콤, 62쪽.

10 서정수 (2000). 《벤처 정신으로 일구어낸 세계 정상의 꿈: 삼보컴퓨터 이용태 회장 이야기》. 서울: 한소리, 294쪽.

11 위의 책, 296쪽.

12 위의 책, 294~295쪽.

13 행정안전부 국가기록원. [주제어: 행정전산화][https://archives.go.kr/next/newsearch/listSubject Description.do?id=001951&pageFlag=&sitePage=] (검색일 2024년 6월 4일)

14 위의 자료.

15 서정수 (2000). 《벤처 정신으로 일구어낸 세계 정산의 꿈: 삼보컴퓨터 이용태 회장 이야기》. 서울: 한소리, 332~333쪽.

16 박수일, 김우봉 (1998). 공공부문의 정보화 촉진방안에 관한 연구, 〈경영논집〉, 32(2), 4~5쪽.

제2장

1   이기열 (1995). 《소리없는 혁명: 80년대 정보통신 비사》. 서울: 전자신문사, 189~192쪽.

2   위의 책, 191쪽.

3   위의 책, 같은 쪽.

4   위의 책, 192쪽.

5   서정수 (2000). 《벤처 정신으로 일구어낸 세계 정상의 꿈: 삼보컴퓨터 이용태 회장 이야기》. 서울: 한소리, 298쪽.

6   데이콤 10년사 편찬위원회 (1993). 《세계를 가깝게, 미래를 가깝게: 데이콤10년사》. 서울: 데이콤, 71쪽.

7   이기열 (1995). 앞의 책, 193~194쪽.

8   위의 책, 195쪽.

9   위의 책, 같은 쪽.

10 위의 책, 같은 쪽.

11 위의 책, 같은 쪽.

12 위의 책, 195~196쪽.

13 위의 책, 196쪽.

14 위의 책, 196~197쪽.

15 〈위키백과〉. [주제어: 한국종합기술금융] [https://ko.wikipedia.org/wiki/%ED%95%9C%EA%B5%AD%EC%A2%85%ED%95%A9%EA%B8%B0%EC%88%A0%EA%B8%88%EC%9C%B5](검색일 2022년 9월 24일)

16 데이콤 10년사 편찬위원회 (1993). 앞의 책, 104쪽.

17 서정수 (2000). 앞의 책, 310쪽.

18 위의 책, 311쪽.

19 데이콤 10년사 편찬위원회 (1993). 앞의 책, 106쪽; 다중 입력 데이터를 여러 개의 입력선 가운데 하나를 선택하여 출력 선으로 연결하는 조합회로이다. 〈네이버 지식백과〉. [주제어: 멀티플렉서]. [https://terms.naver.com/entry.naver?docId=1180077&cid=40942&categoryId=32849](2022년 10월 5일 검색)

20 멀티플렉서(Multiplexer: MUX)는 여러 개의 입력 신호 중 하나를 선택하여 단일 출력 신호로 전달하는 논리 회로이다. MUX는 다양한 디지털 시스템에서 사용되며, 선택 기능을 효율적으로 수행한다.[https://coding-verilog.tistory.com/25](검색일 2025년 3월 3일)

21 정보통신에서 교환망에서는 회전교환식과 패킷교환식이 사용된다. 송신자가 수신자의 주소를 교환기에 통보하고, 교환기의 처리 절차에 따라 수신자까지의 통신 선로가 배정되며, 이것을 통하여 송신자와 수신자 사이에 데이터통신이 이루어지는 회선교환식은 송신자와 수신자 사이에만 하나의 물리적 통신 선로가 형성되므로 통신이 끝나기 전에는 제3자가 그 통신 선로를 이용할 수 없는 것이 특성이다. 따라서 회선교환식으로 통신망을 건설할 경우, 이용자에게 불편 없는 서비스를 제공하려면 많은 회선을 설치하지 않으면 안 되는 것이다. / 이것보다 데이터통신 전용으로 개발된 패킷교환식은 컴퓨터의 처리 기능과 통신의 다중화 기능을 혼합한 방식인데, 경제성이나 통신 효과 면에서 장점이 인정되어 전 세계적으로 보급이 확산하고 있는 최첨단 통신기술이었다. / 패킷교환식은 각종 컴퓨터나 단말기에서 발신되는 각각 다른 규격의 정보(데이터)를 분배하여 '1.24bit = 영문 128자 = 한글 64자'를 1패킷으로 하는 단위unit화 하는 과정을 거친 다음, 각 단위에 목적지(수신자)의 주소와 일련번호를 붙여 발신하면, 최종 목적지에서 원래의 형태로 조립 복원되어 수신되는 방식이다. 데이콤 10년사 편찬위원회 (1993). 앞의 책, 108쪽.

22 위의 책, 311~312쪽.

23 서정수 (2000). 앞의 책, 312쪽.

24 김중태 (2009).《대한민국 IT사 100: 파콤222에서 미네르바까지》. 서울: e비즈북스, 213쪽.

25 서정수 (2000). 앞의 책, 313쪽.

26 위의 책, 314쪽.

27 위의 책, 314~315쪽.

28 방은주 (2012. 09. 17.). [100대 사건_002] 한국데이타통신주식회사(전 데이콤) 설립 (1982년 3월). 〈전자신문〉 [https://www.etnews.com/201209110667?mc=ev_003_00001](검색일 2024년 6월 6일)

29 위의 기사, 같은 쪽.

제3장

1 　이기열 (2006).《편지에서 인터넷까지 IT강국 한국의 정보통신 역사기행》. 서울: 북스토리, 5~6쪽.

2 　이기열 1995).《소리없는 혁명: 8년대 정보통신 祕史》. 서울: 전자출판사, 198쪽.

3 　위의 책, 198~199쪽.

4 　위의 책, 199~200쪽.

5 　위의 책, 202쪽.

6 　위의 책, 203~204쪽.

7 　행정안전부 국가기록원. [체신부 환금관리사무소]는 1949년 체신청 소속으로 설치된 서울보험관
리국과 서울저금관리국으로 시작하여 1961년 [지방체신관서설치법] 개정에 따라 서울보험관리국
과 서울저금관리국을 통합하여 서울저금보험관리국이 되었다. 이후 1977년 7월 16일 환금관리사
무소로 기관명칭을 변경하였다가 1983년 12월 체신부환금관리사무소가 되었다. 주요 업무는 우
편환·우편대체·체신예금·체신보험·국고금수불 및 전산기운용 등에 관한 사무를 관장한다. 1977
년 07월 16일 시작하여 1987년 12월 14일 폐지되었다. [https://theme.archives.go.kr/next/organ/
organBasicInfo.do?code=OG0019281](검색일 2025년 5월 25일)

8 　데이콤 10년사 편찬위원회 (1993).《세계를 가깝게, 미래를 가깝게: 데이콤10년사》. 서울: 주식회사
데이콤, 90쪽.

9 　위의 책, 92쪽.

10 　위의 책, 93쪽.

11 　〈위키백과〉. [주제어: MZ세대] MZ세대는 밀레니얼 세대와 Z세대를 통틀어 지칭하는 대한민국의
신조어다. 밀레니얼 세대는 X세대와 Z세대 사이의 인구통계학적 집단이다. 일반적으로 1980년부터
2010년까지 출생한 사람으로 정의한다. 전기 후기 밀레니얼(1989년~1996년)로 구분하기도 한다. 대
부분의 밀레니얼 세대는 베이비붐 세대와 초기 세대의 자녀들이다. [https://ko.wikipedia.org/wiki/
MZ%EC%84%B8%EB%8C%80](검색일 2025년 5월 25일)

12 　정재욱, 이지언 (2000). 체신보험에 대한 규모의 경제성 분석 및 제도개선에 관한 소고. 〈보험개발
연구〉, 11(3), 121~150쪽.

13 　서정수 (2000).《벤처 정신으로 일구어낸 세계 정상의 꿈: 삼보컴퓨터 이용태 회장 이야기》. 서울:
한소리, 316쪽.

14 　위의 책, 317쪽.

15 　위의 책, 같은 쪽.

16 　위의 책, 같은 쪽.

17 　위의 책, 318쪽.

18 　위의 책, 318~319쪽.

19 　위의 책, 319쪽.

20 　위의 책, 319~320쪽.

21 안병석, 이재호, 인소란 (1991). 종합 정보 서비스 전산망CISCN 구축 계획〈1991년도 한국정보과학회 봄 학술발표논문집〉, 18(1), 179~182쪽; 이동화, 안병석, 이재호, 인소란 (1991. 11.). 종합정보서비스전산망(CISCN) 구축에 관한 모형화 실험. 〈한국통신학회 1991년도 추계종합학술발표회 논문집〉, 25~29쪽; 인소란 (1991). 종합정보 서비스 전산망(CISCN) 구축. 〈전자통신동향분석〉, 6(1)(통권 19), 22~38쪽.

22 서정수 (2000). 앞의 책, 320쪽.

23 위의 책, 같은 쪽.

24 위의 책, 320~321쪽.

25 위의 책, 321쪽.

26 위의 책, 322쪽.

27 그 당시 은행용 단말기 사업에 참여한 업체는 동양나이론, 삼성전관, 한국상역컴퓨터, 동아컴퓨터 등이다. 〈매일경제〉. 국산 뱅킹터미널 공급 4파전: 은행용 단말기. 1984년 11월 5일. [http://m.mk.co.kr/onews/1984/768186](검색일 2022년 10월 3일)

28 서정수 (2000). 앞의 책, 322~323쪽.

제4장

1 데이콤 10년사 편찬위원회 (1993).《세계를 가깝게, 미래를 가깝게: 데이콤10년사》. 서울: 주식회사 데이콤, 172쪽.

2 위의 책, 172~173쪽.

3 위의 책, 177~178쪽.

4 위의 책, 181~182쪽.

5 신향숙 (2019). 계승되지 못한 올림픽 "장외금메달": 서울올림픽 전산시스템 개발사. 〈과학기술학연구〉, 19(2), 207~249쪽.

6 위의 논문, 209~210쪽.

7 위의 논문, 210쪽.

8 위의 논문, 211쪽; 서정수 (2000).《벤처 정신으로 일구어낸 세계 정상의 꿈: 삼보컴퓨터 이용태 회장 이야기》. 서울: 한소리, 324쪽; 〈한민족문화백과사전〉. 서울올림픽대회. [http://encykorea.aks.ac.kr/Contents/Item/E0028046](검색일 2022년 10월 6일)

9 서정수 (2000). 앞의 책, 325쪽.

10 위의 책, 같은 쪽.

11 데이콤 10년사 편찬위원회 (1993). 앞의 책, 188~189쪽.

12 신향숙 (2019). 앞의 논문, 208쪽.

13 위의 논문, 238쪽.

14 서정수 (2000). 앞의 책, 327쪽.

15 신향숙 (2019). 앞의 논문, 238쪽.

16 위의 논문, 238~239쪽.

17 위의 논문, 240쪽.

18 위의 논문, 같은 쪽.

19 위의 논문, 240~241쪽.

20 위의 논문, 241쪽.

21 위의 논문, 243~244쪽.

22 송관호 (1997). 국기기간전산망의 200년 대책 방안. 〈정보화사회〉, 118, 21~24쪽.

23 신영진 (2007). 공공부문의 IT 아웃소싱 거버넌스 체계에 관한 연구. 〈정보화사회〉, 10(3), 69~93.

제5장

1 이용태 (1985). 행정전산망 구축. 「정보과학회지」, 3(1), 15~27쪽.

2 이수성, 조신, 신태석 (1990). 《국가기간전산망의 효율적인 운영방안》. 과천: 통신개발연구원, 1쪽.

3 위의 자료, 같은 쪽.

4 행정안전부 국가기록원. [주제어: 국가기간전산망 구축 사업] [https://www.archives.go.kr/next/
   search/listSubjectDescription.do?id=001975&pageFlag=&sitePage=1-2-1](검색일 2022년 9월 8일)

5 여찬기, 김흥권, 이혜자, 정윤주, 심금하 (1996). 《행정전산망 우선추진사업》. 서울: 한국전산원·데이
   콤, 6-7쪽; 행정안전부 국가기록원. 〈주제어: 국가기간전산망구축사업계획〉 [https://www.archives.
   go.kr/next/search/listSubjectDescription.do?id=001961&pageFlag=&sitePage=1-2-1](검색일 2022년
   9월 8일)

6 〈위키백과〉. [주제어: 국가기간전산망] [https://ko.wikipedia.org/wiki/%EA%B5%AD%EA%B0%80%
   EA%B8%B0%EA%B0%84%EC%A0%84%EC%82%B0%EB%A7%9D](검색일 2022년 9월 8일)

7 행정안전부 국가기록원. [주제어: 국가기간전산망구축사업계획], 앞의 자료. 같은 쪽.

8 위의 자료, 같은 쪽.

9 위의 자료, 같은 쪽.

10 위의 자료, 같은 쪽.

11 위의 자료, 같은 쪽.

12 김창곤, 김준호, 김경섭, 김현곤, 소영진, 하원규, 손상영, 이석한 (2005). 《한국의 정보화정책 발전
    사》. 서울: 정보통신부·한국전산원, 37~40쪽; 여찬기 외 4인 (1996). 앞의 책, 32쪽.

13 위의 책, 같은 쪽.

14 김창곤 외 7인 (2005). 앞의 책, 40~43쪽.

15 위의 책, 40~41쪽.

16 위의 책, 42~43쪽.

17 위의 책, 43~45쪽; 여찬기 외 4인 (1996). 앞의 책, 32쪽.

18 김창곤 외 7인 (2005). 앞의 책, 55쪽.

19 김영석 (2000).《디지털미디어와 사회》. 서울: 나남출판, 69~70쪽.

20 김기옥 (1985). 국가기간전산망의 추진 계획: 행정전산망을 중심으로. 〈전자진흥〉, 5(8), 2~7쪽; 김창
    곤 외 7인 (2005). 앞의 책, 26~27쪽.

21 홍성원 (1987). 행정전산망사업.《한국통신학회 학술대회 및 강연회 논집》, 1987. 1., 20~39.

22 안문석 (1993). '행정 전산망 개념의 근본을 형성': 행정전산망 시범연구 사업. 성기수 개인 웹 사이
    트[http://www.sungkisoo.pe.kr/], 〈회갑기념집〉, 209~212쪽.

23 이 사업은 동사무소 업무 전체를 전산화 대상 업무로 하여 논현동의 2만여 주민에 대한 주민등록,
    병사, 민방위, 서무, 화계, 청소, 세무, 각종 통계, 제증명, 그리고 기타 문서 관리에 이르기까지 전체
    업무를 전산화하였으며, 각종 고지서, 기안문, 성안문 등 각종 문서 형식을 제공하여 사무 업무의
    효율성을 향상하였다. 국산 18bit 개인용컴퓨터로 개발·운용된 동 시스템은 1984년 10월 인구 총조
    사 처리와 함께 그 위력을 발휘하기 시작하여, 1985년 2월 국회의원 선거인명부를 전산처리함으로
    써 그 효과가 입증되었다. 위의 논문, 283쪽.

24 안영경 (1993). '행정 전산망 구축에 일조'. 성기수 개인 웹 사이트[http://www.sungkisoo.pe.kr/], 〈회
    갑기념집〉, 282~285쪽.

25 행정안전부 국가기록원. [주제어: 행정종합정보망] [https://www.archives.go.kr/next/search/
    listSubjectDescription.do?id=001962&pageFlag=&sitePage=1-2-1](검색일 2022년 10월 8일)

26 이용태 (1985). 행정전산망 구축. 〈정보과학회지〉, 3(1), 15~27쪽; 이동욱 (1986). 행정체계의 전산화
    계획: 능률 높이고 행정공해 최소화. 〈과학동아〉, 1(2), 184~187쪽

27 안문석, 정충식, 성욱준, 정진우, 권헌영, 김현경, 심우민, 김상욱, 김숙희, 정국환, 이영로, 홍필기
    (2017).《전자정부 50년: 대한민국 역사상 가장 위대한 도약》. 서울: 행정자치부. 60쪽; 〈네이버 지식
    백과〉. [주제어: 행정전산망] [https://terms.naver.com/entry.naver?docId=1163935&cid=40942&categ
    oryId=32848](검색일 2022년 9월 12일)

28 〈네이버 지식백과〉. [주제어: 행정전산망] 위의 자료, 같은 쪽; 안문석 외 11인 (2017). 위의 책, 60~61쪽.

29 여찬기 외 4인 (1996). 앞의 책, 97~170쪽; 안문석 외 11인 (2017). 앞의 책, 60~61쪽.

30 데이콤 10년사 편찬위원회 (1993).《세계를 가깝게, 미래를 가깝게: 데이콤10년사》. 서울: 주식회사
    데이콤, 221쪽.

31 〈네이버 지식백과〉. [주제어: 행정전산망] 위의 자료, 같은 쪽; 안문석 외 (2017). 위의 책, 같은 쪽.

32 김성태 (2013).《스마트사회의 정보정책과 전자정부》. 파주, 경기: 법문사; 데이콤 10년사 편찬위원회
    (1993). 앞의 책; 안문석 외 11인 (2017), 앞의 책.

제6장

1 〈위키백과〉. [주제어: 예산] [https://ko.wikipedia.org/wiki/%EC%98%88%EC%82%B0](검색일 2022년 10월 10일)

2 서정수 (2000).《벤처 정신으로 일구어낸 세계정상의 꿈: 삼보컴퓨터 이용태 회장 이야기》. 서울: 한소리, 33~337쪽.

3 안문석, 정충식, 성욱준, 정진우, 권헌영, 김현경, 심우민, 강상욱, 김숙희, 정국환, 이영로, 홍필기 (2017).《전자정부 50년: 대한민국 역사상 위대한 도약》. 서울: 행정자치부, 52~55쪽. [https://www.mois.go.kr/frt/bbs/type001/commonSelectBoardArticle.do?bbsId=BBSMSTR_000000000012&nttId=73253](검색일 2025년 1월 31일)

4 위의 책, 같은 쪽.

5 서정수 (2000). 앞의 책, 336~338쪽; 송태욱, 이화종, 이용태, 박항구, 강기동, 성의경 (2011).《[증언] 한국전자정보산업 개척사: 내를 이뤄 바다로 가다》. 서울: 신산업경영원, 206~207쪽.

6 위의 책, 같은 쪽.

7 안문석 외 11인 (2017), 앞의 책, 53쪽.

8 위의 책, 53~55쪽.

9 위의 책, 54쪽.

10 위의 책, 같은 쪽.

11 서정수 (2000). 앞의 책, 337쪽.

12 임덕원 (1995. 8.). 한국통신진흥주식회사: 금융과 통신을 결합한 정보통신 전문회사. 〈우체국과 사람들〉. [http://www.postnews.kr/cpost_people/sub_read.asp?cate=25&BoardID=12968](검색일 2024년 6월 6일)

13 안문석 외 (2017). 앞의 책, 54쪽.

14 김재업 (1997. 2.). 한국전산원 10년, 그 업적과 앞으로의 과제. 〈우체국과 사람들〉. [http:// www.postnews.kr/cpost_news/sub_read.asp?cate=28&BoardID=16604](검색일 2025년 1월 31일)

15 안문석 외 11인 (2017). 앞의 책, 64-55쪽.

16 위의 책, 55쪽.

제7장

1 유닉스는 벨연구소에서 개발한 운영체제이며, 대부분의 현대적 컴퓨터 운영체제의 원형이 되었다. (…) 컴퓨터 운영체제 역사에서 중요한 운영체제이었다고 할 수 있다. 무엇보다도 운영체제가 대부분 고급 언어인 C언어로 되어있었고 자원source 코드code를 쉽게 구할 수 있어서 다른 컴퓨터 하드웨어나 새로운 기종에 적은 노력으로도 쉽게 이식할 수 있었다. 유닉스를 기점으로 운영체제 개

발의 역사 및 프로그래밍의 역사가 크게 변하게 된다. C언어 자체가 유닉스 시스템 프로그래밍을 사용하기 위해 만들어졌고, 그 결과 '휴대용 어셈블리portable assembly'라고 불릴 정도로 콤팩트 compact 하면서 매우 효율적이고 이식이 쉬운 언어였다. 또한, 유닉스는 기본으로 바로 프로그램을 할 수 있는 최상의 환경을 제공한다. 각종 편리한 프로그램 도구가 잘 발달해서 프로그래머들이 개발하기에 가장 편리한 환경으로 발전하였으며, C언어도 시스템 프로그래밍 언어의 업계 표준이 되었다. (…) 〈나무위키〉. [주제어: UNIX] [https://namu.wiki/w/UNIX](검색일 2022년 10월 10일)

2   서정수 (2000). 《벤처 정신으로 일구어낸 세계정상의 꿈: 삼보컴퓨터 이용태 회장 이야기》. 서울: 한 소리, 338~339쪽.

3   위의 책, 339~342쪽.

4   위의 책, 339쪽.

5   위의 책, 343~344쪽.

6   위의 책, 344쪽.

7   위의 책, 344~345쪽.

8   데이콤 10년사 편찬위원회 (1993). 《세계를 가깝게, 미래를 가깝게: 데이콤10년사》. 서울: 주식회사 데이콤, 201쪽.

9   여찬기, 김흥권, 이혜자, 정윤주, 심금하(1996). 《행정전산만 우선추진사업》. 서울: 주식회사 데이콤, 61쪽; 데이콤 10년사 편찬위원회 (1993). 앞의 책, 199~202쪽; 안문석, 정충식, 성욱준, 정진우, 권헌 영, 김현경, 심우민, 강상욱, 김숙희, 정국환, 이영로, 홍필기 (2017). 《전자정부 50년: 대한민국 역사 상 위대한 도약》. 서울: 행정자치부, 61~62쪽.

10 위의 책, 62쪽.

11 위의 책, 같은 쪽.

12 서정수 (2000). 앞의 책, 347쪽.

13 위의 책, 348쪽.

14 위의 책, 348~349쪽.

15 위의 책, 349쪽.

16 위의 책, 350쪽.

17 위의 책, 같은 쪽.

18 위의 책, 351쪽.

19 위의 책, 352~353쪽.

20 위의 책, 353쪽.

21 위의 책, 354쪽.

22 위의 책, 같은 쪽.

23 위의 책, 같은 쪽.

24 타이콤은 ETRI 연구진에 의하여 독자적으로 제품을 개발한 것으로 기술도입을 적용한 주전산 기I 기종을 대체한 것이다. 주전산기II는 20개의 CPU 칩을 하나로 묶는 밀결합 구조로 80MIPS

정도의 성능을 보장하였다. 당시 VAX-8800에 대항할 정도의 강력한 중형급 컴퓨터이었다. 〈전자신문〉, [100대 사건_026] '주전산기Ⅱ' 순수 국산 기술로 개발 (1991년 7월) [https://www.etnews.com/201209110614](검색일 2022년 10월 13일)

25 박진원, 임기욱, 오길록 (1994). TICOM 개발사업과 산학연 협동 연구. 〈Ingenium(人才나움)〉, 1(3), 32 ~37쪽.

26 안문석 외 (2017). 앞의 책, 63쪽.

27 위의 책, 63~64쪽.

28 박진원, 임기욱, 오길록 (1994). 앞의 논문, 32쪽.

29 〈전자신문〉 (1995년 10월 12일). 정보통신 비사 소리없는 혁명 (29). [https://www.etnews.com/199510120016?m=1](검색일 2024년 6월 21일)

제8장

1 서정수 (2000).《벤처 정신으로 일구어낸 세계정상의 꿈: 삼보컴퓨터 이용태 회장 이야기》. 서울: 한소리, 365~366쪽.

2 위의 책, 365~368쪽.

3 위의 책, 366쪽.

4 위의 책, 366~367쪽.

5 위의 책, 367~368쪽.

6 위의 책, 369쪽.

7 위의 책, 같은 쪽.

8 위의 책, 369~370쪽.

9 위의 책, 370쪽.

10 위의 책, 368쪽.

11 위의 책, 364쪽.

12 위의 책, 368~369쪽.

13 위의 책, 371쪽.

14 위의 책, 같은 쪽.

15 위의 책, 371~372쪽.

16 위의 책, 372쪽.

17 위의 책, 같은 쪽.

18 위의 책, 372~373쪽.

19 위의 책, 373쪽.

20 위의 책, 362~363쪽.

21 위의 책, 363쪽.

22 이철수, 김재업, 여찬기, 이석한, 문대원, 송관호, 정국환, 이응효 (1997).《한국전산원 10년사》. 용인, 경기: 한국전산원, 68쪽.

23 서정수 (2000). 앞의 책, 362~364쪽.

24 위의 책, 356~359쪽.

25 위의 책, 357쪽.

26 위의 책, 357~358쪽.

27 안문석, 정충식, 성욱준, 정진우, 권헌영, 김현경, 심우민, 강상욱, 김숙희, 정국환, 이영로, 홍필기 (2017).《전자정부 50년: 대한민국 역사상 위대한 도약》. 서울: 행정자치부, 64쪽.

28 서정수 (2000). 앞의 책, 358쪽.

29 위의 책, 358~359쪽.

30 위의 책, 359쪽.

31 위의 책, 360쪽.

32 위의 책, 361쪽.

33 전자정부법 제2조 제1항. (전자정부법, 시행 2022. 7. 12. 법률 제18744호, 2022. 1. 11. 일부개정)

34 〈위키백과〉. [주제어: 전자정부] [https://ko.wikipedia.org/wiki/%EC%A0%84%EC%9E%90%EC%A0%95%EB%B6%80](2022년(검색일 10월 16일)

35 김석주, 조성택 (2008). 우리나라 전자정부추진의 회고와 전망: 전자정부 발전단계론의 관점에서. 〈한국행정사학지〉, 23. 105~129.

36 Department of Economic and Social Affairs, United Nations (2022). *United Nations e- government 2022: The future of digital government.* New York, NY: United Nations.

37 행정안전부 (2022. 9. 29.). "국제연합(UN), 2022년 유엔 전자정부평가 발표: 대한민국, 2022 유엔 전자정부 평가에서 3위 기록." 세종, 충남: 저자.

38 행정안전부 (2022. 9. 19.). "국제연합(UN), 2024년 유엔 전자정부평가 발표." 세종, 충남: 저자.

39 〈위키백과〉. [주제어: 2000년 문제](2000년 문제(영어: year 2000 problem, Y2K problem, Y2K scare, Y2K bug, Y2K glitch, Y2K error) 또는 밀레니엄 버그(영어: millennium bug)는 1999년 12월 31일에서 2000년 1월 1일로 넘어갈 때 날짜나 시각을 다루는 과정에서 오류가 일어난 문제로, 대표적인 컴퓨터 설계의 오류로 지적된다. 흔히 Y2K(와이투케이)라 불리기도 하는데, 여기서 Y는 Year(년)를, K(엄밀하게는 소문자 k)는 1000을 나타내는 SI 접두어인 kilo(킬로)이다. [https://ko.wikipedia.org/wiki/2000%EB%85%84_%EB%AC%B8%EC%A0%9C](검색일 2025년 6월 21일)

40 〈위키백과〉. [주제어: OSI] 개방형 시스템 간 상호 접속으로 국제 표준화 기구가 ITU-T와 나란히 1977년에 시작한 컴퓨터망 표준 OSI 모형으로 국제표준화기구(ISO)에서 개발한 모델. [https://ko.wikipedia.org/wiki/OSI](검색일 2025년 6월 30일)

41 위키백과. 〈주제어: 편작(扁鵲)〉[https://ko.wikipedia.org/wiki/%ED%8E%B8%EC%9E%91](검색일 2025년 6월 30일)

1 김창곤, 김준호, 김경섭, 김현곤, 소영진, 하원규, 손상영, 이석한 (2005). 《한국의 정보화정책 발전 사》. 서울: 정보통신부·한국전산원, 13~24쪽

2 송희준 (2008). 정보화정책의 역사적 성찰과 향후 과제. 〈한국지역정보화학회지〉, 11(1), 1~15쪽; 오 광석, 박언규, 김도승, 문재형, 최종석, 진영원, 홍승천, 진선혜, 조한범, 정덕훈, 임연주, 장윤식, 김행 열, 구현도, 박은하, 박윤희, 김심석, 정문섭, 신재희, 전성우, 박근덕, 양재명, 류시원, 정영철, 이준영, 이영득, 김태동, 이운영, 강구일, 이영주, 정영수, 김은주, 하상용 (2014). 《2018-2012 전자정부 백서》. 세종: 안전행정부, 9~41쪽.

3 행정안전부 (2022. 9. 29.). 국제연합(UN), 2022년 유엔 전자정부평가 발표: 대한민국, 2022 유엔 전자 정부 평가에서 3위 기록. 세종: 저자; Department of Economic and Social Affairs, United Nations (2022). *E-government survey 2022: The future of digital government.* New York, NY: Author.

4 행정안전부 (2022. 9. 19.). "국제연합(UN), 2024년 유엔 전자정부평가 발표." 세종, 충남: 저자.

5 오광석 외 32인 (2014). 앞의 책, 13쪽.

6 Schmidt, E., & Cohen, J. (2013). *The new digital age: Reshaping the future of people, nations and business.* New York: NY: Vintage; 이진희 (옮김)(2014). 《새로운 디지털 시대》. 서울: ㈜시공사, 12쪽.

7 이근 외 (2013). 《국가의 추격, 추월, 추락: 아시아와 국제 비교》. 서울: 서울대학교출판문화원, 15쪽.

8 위의 책, 15~19쪽.

9 위의 책, 16쪽.

10 박영아 (2015). 신산업 창출, 새로운 패러다임 창출이 우선이다. 한국과학기술단체총연합회 국가발 전 포럼 (주관), 《국가발전 리더들이 토론하다》(174~191쪽). 서울: 한국과학기술단체총연합회.

11 안문석, 정충식, 성욱준, 정진우, 권헌영, 김현경, 심우민, 강상욱, 김숙희, 정국환, 이영로, 홍필기 (2017). 《전자정부 50년: 대한민국 역사상 위대한 도약》. 서울: 행정자치부, 23~24쪽.

12 위의 책, 24-25쪽.

13 위의 책, 25쪽.

14 서현진. 컴퓨터 파노라마 (6): 한글프린터 개발과 OCR 도입. 〈전자신문〉 (1996. 01. 29.)[https://www. etnews.com/199601290027](검색일 2024년 6월 22일)

15 오광석 외 32인. 앞의 책, 14쪽.

16 Rogers, E. M. (2003). *Diffusion of innovation* (5th ed.). New York, NY: Free, 이성흠, 이준, 구양미, 이경순 (2017). 《교육방법 및 교육공학: 의사소통, 교수설계 그리고 매체활용》(제4판). 파주, 경기: 교육과학사, 77쪽.

17 위의 책, 78쪽.

18 Dormant, D. (1992). Implementing human performance technology in organization. s. In H. D. Stolovitch & E. J. keeps (Eds.), *Handbook of human performance technology: A comprehensive guide for analyzing and solving performance problems in organizations* (pp. 167-187). San Francisco, CA: Jossey-Bass, 이성흠 외 3인 (2017). 앞의 책, 78쪽.

19 위의 책, 79쪽.

20 〈전자신문〉(1996년 1월 1일). [관계부처 장관·단체장 신년메시지] [https://www.etnews.com/199601010011](검색일 2024년 6월 22일)

21 〈네이버 사전〉. [주제어: 한국정보문화센터] [https://terms.naver.com/entry.naver?docId=526019&cid=46631&categoryId=46631](검색일 2024년 6월 22일)

제10장

1 안문석, 정충식, 성욱준, 정진우, 권헌영, 김현경, 심우민, 강상욱, 김숙희, 정국환, 이영로, 홍필기 (2017).《전자정부 50년, 1967-2017: 대한민국 역사상 가장 위대한 도약》. 서울: 행정안전부, 22쪽.

2 위의 책, 27쪽.

3 이번, 양재우, 김재명, 한기철, 임기욱, 이성국, 박치항, 전경표, 이규호, 김덕수, 최영범, 하원규 (2002).《한국전자통신연구원 25년사: 세계 정상을 추구하는 ETRI》. 대전: 한국전자통신연구원, 145쪽.

4 서정수 (2000).《벤처 정신으로 일구어낸 세계 정상의 꿈: 삼보컴퓨터 이용태 회장 이야기》. 서울: 한소리, 379~380쪽.

5 이용태 (1983).《컴퓨터 산책》. 서울: 매일경제신문사, 29~31쪽.

6 〈나무위키〉. [주제어: MSX] MSX는 1983년 6월 27일 일본의 아스키 미디어웍스에서 발표한 8비트 bit 개인용컴퓨터의 규격이다. 아스키에서는 규격의 사양만을 제정했고 실제로 완제품을 생산하지는 않았으며, 일종의 개방형 아키텍처 형태로 원하는 회사들이 자유롭게 참여하도록 하였다. 1980년대 다수의 일본과 한국의 메이저 전자회사들이 MSX 표준 규격을 준수하면서 개별 회사만의 특징을 가지고 있는 MSX를 발매하였다. 개별 회사가 완제품을 만들면서 규격을 공개한 IBM PC 호환기종 보다는 3DO처럼 규격만 제시한 경우와 유사하며, MSX가 이런 방식의 원조이다. 일반적으로는 '아스키와 마이크로소프트의 공동 제안 규격'으로 알려지지만, 실제로는 아스키의 독자 규격에 가까우며 사실 여기에는 약간의 뒷사정이 있다. MSX는 Machines with Software eXchangeability의 약자로서, 일본의 아스키(현재 아스키 미디어웍스)와 미국의 마이크로소프트에서 공동으로 창안한 8비트 컴퓨터의 규격이지만, 미국에서는 만드는 회사가 거의 없었고, 일본, 한국(대우전자, 삼성전자, LG전자), 네덜란드(필립스)에서 주로 생산되었다. 그러나 기존에 독자 규격의 컴퓨터를 제작하고 있던 NEC, 샤프, 후지쯔 등은 참여에 소극적이었던 반면, 소니, 마쓰시타, JVC 등의 주로 가전회사들이 이 규격의 컴퓨터를 만들었다. 이는 MSX의 개방형 아키텍처 규격이 가정용 컴퓨터 시장의 진입 장벽을 낮춰준 덕분이었다. (…) 보다 자세한 내용은 다음을 참조할 수 있다. [https://namu.wiki/w/MSX](검색일 2022년 8월 20일)

7 〈위키백과〉. [주제어: IBM PC XT] IBM PC XT(IBM Personal Computer XT, IBM XT, PC XT, XT)는 하드 드라이브가 내장된 IBM PC의 버전이다. 1983년 3월 8일 IBM 머신 타입 넘버 5160(IBM Machine Type number 5160)으로 출시되었다. 하드 드라이브 외에는 원본 PC와 똑같지만, 일부 사소한 개선사항이 있다. XT는 주로 비즈니스 사용자들을 위해 강화된 IBM PC를 목표로 개발되었

다. 나중에 플로피 전용 모델들은 원본 모델 5150 PC를 효율적으로 대체하게 된다. 3270 터미널 에 뮬레이션 기능을 갖춘 IBM 3270 PC는 1983년 10월에 출시되었다. XT는 eXtended Technology를 의미한다. (…) 자세한 내용은 다음을 참고할 수 있다. [https://ko.wikipedia.org/wiki/IBM_PC_XT](검색일 2022년 8월 20일)

8 〈위키백과〉. [주제어: 매직스테이션(Magic Station)] 1989년 삼성전자가 컴퓨터 제조 사업을 시작한 이후, 5년 만인 1994년에 매직스테이션 브랜드를 단 첫 PC가 출시된 이래 꾸준히 해당 브랜드의 제품을 출시해 왔다. 그러나, 2005년부터 해당 브랜드에 대한 광고가 거의 없는 편이었으며, 2008년부터 2010년까지는 노트북 브랜드인 센스에 통합된 형태를 취하고 있으나, 데스크톱 제품 자체에는 예전부터 사용하던 매직 스테이션 로고를 그대로 사용하였으며, 2011년 2월부터 매직스테이션이라는 브랜드는 폐지되었다. 2013년 7월 14일부터는 기존의 센스와 매직스테이션을 아티브라는 새로운 브랜드로 통합하였다. [https://ko.wikipedia.org/wiki/%EC%82%BC%EC%84%B1_%EB%A7%A4%EC%A7%81%EC%8A%A4%ED%85%8C%EC%9D%B4%EC%85%98](검색일 2022년 8월 20일)

9 〈나무위키〉. [주제어: TG삼보] [https://namu.wiki/w/TG%EC%82%BC%EB%B3%B4](검색일 2022년 8월 20일)

10 서정수 (2000). 앞의 책, 184쪽.

11 위의 책, 185쪽.

12 위의 책, 186~187쪽.

13 위의 책, 187쪽.

14 위의 책, 187~188쪽.

15 서정수 (2000). 앞의 책, 381쪽.

16 위의 책, 384~385쪽.

17 〈전자신문〉. [원로에게 듣는다] (4: 삼보컴퓨터 이용태회장). 2002년 01월 07일. [https://www.etnews.com/200201070043](검색일 2022년 10월 23일)

18 〈매일신문〉. [이용태 삼보컴퓨터 회장 고향 영덕서 특강]. 1999년 04월 30일. [http://news.imaeil.com/page/view/1999043014314824981](검색일 2022년 10월 24일)

19 이와 관련된 책은 다음과 같다. 이용태 (1983). 《컴퓨터 산책》. 서울: 매일경제신문사; 이용태 (1988). 《정보사회, 정보문화》. 서울: 정보시대; 이용태 (1992). 《컴퓨터가 세상을 어떻게 변화시킬 것인가》. 서울: 정보시대; 이용태 (1998). 《선진국, 마음먹기에 달렸다》. 서울: 정보시대.

20 이용태 (1998). 위의 책, 7쪽.

21 이용태 (1982). 정보시대의 주역 데이터통신주식회사. 〈전자진흥〉, 2(3), 4~6쪽; 이용태 (1983). 정보과학사회의 첨단 통신기술. 〈과학과 기술〉, 16(7), 31~34쪽; 이용태 (1984a). 정보통신사업 전개와 발전. 〈과학과 기술〉, 17(11), 통권 186호, 62~68쪽; 이용태 (1984b). 한국정보통신 사업의 전개와 발전. 〈한국통신학회 심포지움〉, 184-01, 19~29쪽; 이용태 (1985a). 행정전산망 구축. 〈정보과학회지〉, 3(1), 15~27쪽; 이용태 (1985b). 행정전산화와 지방행정: 지방행정전산화와 데이터통신. 〈지방행정〉, 32(356), 36~46쪽.

22 이용태 (1984a). 앞의 논문, 62~68쪽.

23 일반적으로 '정보화사회는 정보를 가공, 처리, 유통하는 활동이 활발하여 사회 및 경제의 중심이 되는 사회'로 정의되고, '정보사회는 공업을 주제로 발전해온 공업사회에서 벗어나 정보산업을 주체로 하며 다양한 정보의 생산과 전달을 중심으로 전개되는 사회'로 정의되고 있다. 그러나 이들 정의는 학문 영역과 연구자에 따라 강조점이 다른 정의가 가능하다. 특히, 정보사회는 사회의 발전단계설을 근거로 하는 문명사적 규정(文明史的 規定)임을 알 수 있다. 즉, 정보사회를 규정할 때, 인류사회는 전前문명사회에서 농업혁명을 거쳐 농업사회로, 이어서 산업혁명을 거쳐 공업사회로, 다시 정보혁명을 거쳐 정보사회로 이행하듯이 단계적으로 발전해 간다는 인식을 전제로 하고 있다. 이와 같은 관점 이들 용어는 엄격하게 구분하여 사용되어야 하지만, 이 장章을 비롯하여 이 책의 다른 부분에서도 맥락에 따서는 이들 두 용어를 상호교환적으로 사용되고 있음을 밝힌다. 상세한 내용은 전문서적이나 두산백과에서 '정보사회 및 정보화 사회'와 〈위키백과〉의 '정보화 사회' 주제어 등을 참고할 수 있다.

24 이용태 (1985b). 앞의 논문, 36쪽.

25 이용태 (1985a). 앞의 논문, 15쪽;

26 위의 논문, 15~27쪽.

27 이용태 (1985b). 앞의 논문, 36~46쪽.

제11장

1 윤용익 (2010). (사)한국정보산업연합회: IT 산업계의 살아있는 역사. 〈정보과학회지〉, 28(4), 59~62쪽.

2 〈매일경제 뉴스〉(1988년 02월 24일). [인터뷰 한국정보산업연합회 회장 이용태 박사] [http://m.mk.co.kr/onews/1988/923199](검색일 2022년 10월 25일)

3 윤용익 (2010). 앞의 논문, 59쪽.

4 우천식, 채단비, 김호균, 윤기영, 이명호, 이성호, 임정근, 정재호, 최윤희, 하원규, 황기돈 (2020).《디지털화에 따른 경제사회 변화와 대응전략(Ⅰ): 디지털경제의 전개 및 주요 이슈들》. 세종: 한국개발원, i쪽.

5 위의 보고서, 같은 쪽.

6 이용태 (2000). 서문: 21C 디지털경제를 위한 정보화 전략. 이용태 (편저).《21C 디지털경제를 위한 정보화 잔략: 정보화 Opinion Leaders의 메시지》. 서울: 한국정보산업연합회, 1~7쪽.

7 김근태 (2000). 21세기 국가경쟁력과 IT 역할. 이용태 (편저). 위의 책, 40쪽.

8 갈정웅 (2000). 디지털경영@21세기. 이용태 (편저). 위의 책, 9~18쪽.

9 김근태 (2000). 앞의 책, 39~46쪽.

10 박성득 (2000). 21세기 정보사회와 우리의 대응. 이용태 (편저). 위의 책, 65~70쪽.

11 서문교, 배은경 (2012). 오피니언 리더의 행위가 온라인 학습에서 콘텐츠 만족도와 운영 만족도에 미치는 영향: 사회적 지능의 매개효과를 중심으로. 〈한국콘텐츠학회논문지〉, 12(5), 346~356쪽.

12 박민경, 이건호 (2011). 온라인 오피니언 리더의 담론 유형 연구. 〈언론정보연구〉, 48(1), 114~149쪽.

13 허상수 (2005). 한국 정보통신기술의 사회적 형성: 행정전산망용 주전산기 개발사례. 〈한국사회학〉, 39(1), 167~193쪽.

14 이용태 (1987). 책 머리에. 한국데이타통신주신회사 (편), 《정보사회를 생각하는 사랑방》. 서울: 저자.

15 위의 책, 같은 쪽.

16 위의 책, 13쪽.

17 위의 책, 같은 쪽.

18 위의 책, 13~14쪽.

19 위의 책, 11쪽.

20 위의 책, 같은 쪽.

21 위의 책, 같은 쪽.

22 위의 책, 11~12쪽.

23 위의 책, 81쪽.

24 위의 책, 61쪽.

제12장

1 김동훈 (2023). 《리더의 언어사전: 인문학이 경영에 대해 가르쳐주는 25가지 키워드》. 서울: 민음사, 6~7쪽.

2 Reardon, K. K., Hill, L. A., Gabarro, J. J., Kaplan, R. S., Nadler, D. A., Kallasvuo, O.-P., Jackson, G., Humer, F., Gensler, A., Petrov, S., Petrov, S., Klapmeier, A., Cummings, A. B., Aluwihare, D., Ibarra, H., Hunter, M., & Kotter, J. (2007). *Harvard Buniness Review on the tests of a leaders*. Boston, MA: Harvard Business School Publishing Corporation; 민영진 (옮김))(2009). 《리더의 조건: 리더의 덕목과 스킬, 도전과 책임》. 파주: 21세기북스, 121~145쪽.

3 정옥자 (2011). 《한국의 리더십 선비를 말하다: 정옥자 역사에세이》. 서울: 문이당, 152~153쪽.

4 유영만 (2020). 변화와 혁신을 주도하는 리더십의 4대 무기. 〈HR Insight〉, 2020년 2월호. [https://www.hrinsight.co.kr/view/view.asp?in_cate=112&bi_pidx=30309](검색일 2024. 12. 21.)

5 김영호, 권동준, 박종진 (2023. 9. 20.). [창간 41주년 특집] 대한민국 디지털 변천사. 〈전자신문〉, 2면. [https://www.etnews.com/20230918000259](검색일 2024년 6월 28일)

6 위의 기사, 같은 쪽.

7 〈전자신문〉 (2023. 3. 1.). [과학기술이 미래다] 〈80〉전두환 대통령, 김재익 경제수석비서관 발탁. [https://www.etnews.com/20230228000018](검색일 2025년 6월 30일)

8 이기열 (1995). 《소리없는 혁명: 80년대 정보통신 비사》. 서울: 전자신문사, 172~178쪽.

9   고승철, 이완배 (2013).《김재익 평전》. 서울: 미래를소유한사람들, 184~185쪽.

10   〈전자신문〉 (2025. 6. 26.) [1만호 100대 사건]〈8〉전전자교환기(TDX-1) 개통, 상용서비스 시작. [https://www.etnews.com/20250625000370](검색일 2025년 6월 30일)

11   데이콤 10년사 편찬위원회 (1993).《세계를 가깝게, 미래를 가깝게: 데이콤10년사》. 서울: 주식회사 데이콤, 193~195쪽.

12   매일경제 과학기술부 (2006).《과학기술로 세상을 열다: 한국 엔지니어 60인》. 서울: 매일경제신문사, 239~245쪽.

13   김대규(2023).《나의 길: 김대규 자서전》. 서울: ㈜정보엠앤비.

14   〈나무위키〉. 주제어: 전길남 [https://namu.wiki/w/%EC%A0%84%EA%B8%B8%EB%82%A8](검색일, 2025. 5. 15.)

에필로그 1

1   데이콤 10년사 편찬위원회 (1993).《세계를 가깝게, 미래를 가깝게: 데이콤10년사》. 서울: 주식회사 데이콤, 190~191쪽.

2   이수성, 김진 (1991).《國家基幹電算網이 社會諸分野에 미친 效果分析》. 서울: 통신개발연구원, 182~183쪽.

3   위의 책, 183쪽.

4   행정안전부 (2024. 9. 19.). "국제연합(UN), '2024년 유엔 전자정부평가' 발표." 세종: 저자.

5   디지털정부기획과 (2024. 1. 31.). 관계부처합동 보도자료, 정부 "디지털행정서비스 장애재발 방지와 재도약 기반 마련": 디지털행정서비스 안전성 확보를 위한 「디지털행정서비스 국민신뢰 제고 대책」 발표. [https://www.mois.go.kr/frt/bbs/type010/commonSelectBoardArticle.do?bbsId=BBSMSTR_0000 00000008&nttId=106868](검색일 2025년 5월 25일)

6   한세억 (2021), 인공지능 전환시대의 정부모습과 지향: 인공지능정부.〈한국지역정보화학회지〉, 4(4), 137쪽.

7   정충식 (2023). 전자정부에서 디지털플랫폼정부로의 전환: 과거 정부의 경험에서 얻는 교훈들.〈한국지역정보화학회지〉, 26(4), 1쪽.

8   정지혜 (2023). 디지털플랫폼정부 성과평가 프레임워크 및 지표 개발 연구: 전자정부, 디지털 정부, 플랫폼 정부와의 차이를 중심으로.〈한국지역정보화학회지〉, 26(4), 71쪽.

찾아보기

호메이니Khomeini, Yatollah 5
팔레비Pahlavi 5
프레즈Perez, C. 218, 219

페로Perot, H. R. 4
시몬스Simons, A. D. 4
소에트Soete, L. 218, 219

원고를 마무리하면서…

《두더지 하늘로 날다》는 우연한 기회에 시작되었다.

글쓴이(백인섭)는 1980년대 데이콤 정보통신연구소장으로서 대한민국 '정보통신혁명'의 최전방에서 동분서주하다가 1990년대 초에 대학교로 이직하였다. 그 후에는 한동안 정보통신 분야에서 멀어지면서 손을 놓고 있다가, 최근에 이 분야에 관심을 가지고 인터넷을 뒤지면서 우리나라 정보통신혁명의 자료를 조사하면서 놀람을 금할 수 없었다. 그동안 이 분야에서 다양한 연구서, 보고서 등이 발간되어 있었지만, 놀랍게도 우리나라가 이룬 이러한 세계적 업적에 대한 기록이 너무나 산발적이고 피상적인 기록에 불과하였다. 또한, 이러한 기적을 일궈낸 핵심 동력에 대한 논리적이고 의미적인 파악은 고사하고, 당시 실제로 일궈낸 기적적 혁신들에 대한 형식적 파악조차도 헤아려볼 수 없는 매우 안타까운 상황임을 깨닫게 되었다.

그중에서도, 1980~90년대 정보화, 정보통신, 행정전산망 등의 주제에서는 이론과 현장을 접목한 연구는 거의 찾아볼 수 없는 형편이었다. 이러한 현실은 우리 선조들의 고려자기나 막사발을 (제대로) 재현하지 못하고 있는 것과 비슷한 상황이었으며, 특히 '행정전산망'에서는 나(백인섭)도 그 죄에서 벗어날 수가 없음을 통탄하였다. 평소에 이용태 사장은 '행정전산망' 구축을 자신의 최고 업적 가운데 하나로 생각하고 있었다. 따라서 지금 시점에서 비록 많이 늦었지만, 그래도 아직 내 뇌리에 생생하게 남아 있는 기억들과 아직 현존하는 당시 정보통신혁명에 참여했던 전사戰士들의 기억을 수집해서 함께 조그마한 책자로 엮고자 다짐하였다.

이 책은 1980~90년대 이루어진 '제1차 행정전산망 사업'의 알려지지 않은 거대한 비사祕史를 중심으로 범위를 정하고 자료 찾기를 시작하였다. 그러나 자료 찾기는 어려운 작업의 연속이었으며, 책의 원고작성에서도 일이 빠르게 처리되지 않고 어물어물 미루어지기만 하는 지난持難한 작업의 연속이었다. 특히, 행정전산망 사업과 관련되는 자료는 공개되지 않는 정부 자료가 대부분이고, 사업에 관련되는 당사자도 뿔뿔이 흩어져 있는 관계로 필요한 자료 찾기와 당사자의 생생한 체험을 듣는 것도 기억이 정확하지 않은 경우가 많았다. 이러한 상황에서 정보화, 정보통신, 행정전산망 분야에서 이론 공부와 실제 경험을 쌓은 이성흠 교수가 책 집필에 참여하게 되었다. 이것을 계기로 공동집필자들도 심기일전하여 빠르게 일을 진행할 수 있었다.

이러한 어려운 과정을 거쳐 책이 거의 완성단계에 이르렀다. 그런데 갑자기 2025년 4월 14일 일간신문에 이 책의 제1저자 '행파 이용태' 사장의 부고訃告 기사가 실렸다. 모두가 황망하면서도 놀라움을 감출 수 없었다. 돌아가시기 보름 전인 3월 말까지만 하여도 이용태 사장님은 활발한 활동으로 동분서주하시면서 세계 최고의 K-정보화와 K-전자정부를 넘어 도덕성도 갖춘 진정한 선진 대한민국 만들기에 골몰하시던 모습이 아직도 생생하다. (…)

삼가 고인의 극락왕생極樂往生과 명복冥福을 빌면서, 이 조그만 책자를 행파 이용태 사장님의 영전靈前에 바칩니다.

2025년 8월 28일

지은이를 대표하여 백인섭 삼가 올립니다.